大学英语教学理论及实践应用研究

田东婷　著

中国商业出版社

图书在版编目(CIP)数据

大学英语教学理论及实践应用研究 / 田东婷著. 北京 : 中国商业出版社, 2024. 8. -- ISBN 978-7-5208-3091-1

Ⅰ. H319.3

中国国家版本馆 CIP 数据核字第 2024HM9289 号

责任编辑:朱丽丽

中国商业出版社出版发行

(www.zgsycb.com　100053　北京广安门内报国寺 1 号)

总编室:010-63180647　编辑室:010-63033100

发行部:010-83120835 / 8286

新华书店经销

北京协力旁普包装制品有限公司印刷

*

787 毫米×1092 毫米　16 开　13 印张　212 千字

2024 年 8 月第 1 版　2024 年 8 月第 1 次印刷

定价:69.80 元

* * * *

(如有印装质量问题可更换)

前　言

当今世界，随着科学技术的突飞猛进，知识经济初见端倪，国力竞争日趋激烈。自改革开放以来，中国经济腾飞，人民生活显著改善，综合国力不断增强。英语不仅是人们交流和沟通的工具，更重要的，还是提升国际竞争力的重要手段。在国际交往中，英语被广泛使用，英语的普及性体现在国际政治、经济商贸、信息交流等领域。掌握了英语这个“筹码”，能使我们更加有效地参与国际竞争。高等教育要培养能满足社会经济、科技文化等领域需要的具有国际竞争力的高质量人才，必须进一步改进大学英语教学模式，我国已将英语教育提升到民族振兴、提高国际竞争力的高度来认识。

本书通过六个章节的介绍，从英语的本真特性到英语教学方法的研究以及重点板块的研究，融合了大学英语教学的先进理念与模式，介绍大学英语教学的方法，涉及大学英语教学内容以及大学英语的听力、口语、阅读、写作等方面。同时，对大学英语未来的发展也做了探讨，希望对英语教学有一定的帮助。

本书观点新颖、语言朴实、思维严谨、条理清晰，在继承传统教学成果的基础上，充分吸收了最新的研究理论与成果，论述全面客观，重点突出。本书旨在为从事大学英语教学工作的同行和英语学习者提供借鉴和启迪。由于作者水平有限，本书难免存在不足之处，在此恳请广大读者批评指正。

目　　录

第一章 大学英语教学概述

第一节　大学英语教学的发展历程

近年来,英语逐渐成为与全国大学生学业密切相关的公共基础课程。改革开放对我国高校非英语专业的英语教学起到了重要的推动作用,而大学英语教育水平的进步又提升了大学生乃至整个社会的英语水平,对国家的发展起到了积极的促进作用。当前,我国正处于进入社会发展新阶段的关键节点,回顾和总结我国大学英语教学的发展历程,对未来的大学英语教学进行展望,对于推动英语教育的进一步发展具有重要的现实意义。

纵观我国大学英语教学的发展历程,可以分为萌芽、起步、快速发展和深化改革四个阶段。过去,大学英语教学注重培养学生的阅读理解能力,以读懂和理解英文文本为主要目标。然而,随着社会的发展和国际交流的日益频繁,仅仅具备阅读能力已经不能满足学生的工作、学习需求。因此,教育部门在教学大纲的修订过程中,逐渐把培养学生的英语应用能力和综合文化素养确定为更加重要的教学目标。

与此同时,英语教学模式也在不断发展和创新。大学英语教学从最初的仅由教师讲授的单一模式,逐渐转变为更加注重师生互动和学生自主学习的“互联网+”模式。通过互联网和软硬件教育技术,学生可以在课堂内外获得更丰富的学习资源,提高他们的学习效果和兴趣。在这个过程中,教师也扮演着偏重辅导和引导的角色,以此激发学生的学习兴趣和创造力。因此,在大学英语教育的未来发展中,大学英语教育工作者应潜心钻研、锐意进取,不断创新教学内容和方法,提升大学英语教学质量和水平,为培养具有国际竞争力的人才,推动中国的现代化进程做出积极贡献。

一、我国大学英语教学的发展历程

大学英语是为非英语专业的大学生设计的一门必修基础课程，对于培养学生的英语语言能力和国际交流能力至关重要。1986 年之前，大学英语课程被称为公共英语，是大学课程的重要组成部分。随着改革开放的推进和国家教育体制的改革，大学英语教育经历了一系列的发展和转变。从最初被称为公共英语课程，到现在的大学英语课程，其目标和教学方法都得到了不断的完善和提升。回顾我国大学英语教学的发展历程，可以将其划分为四个阶段。

1. 萌芽阶段

我国大学英语教学发展的第一阶段是 20 世纪 50 年代至 70 年代，这一阶段可以称为萌芽阶段。我国开展大学英语教学的历史可以追溯到 1956 年，从那时起，各个高校相继开设了大学公共英语课程。特别是在 1960 年后，修读英语课的学生人数迅速增加。1962 年 6 月，教育部公布了第一份大学英语教学大纲——《英语教学大纲(试行草案)》。这个大纲对英语教学的要求相对较低，教学目标是为学生打下阅读本专业英文书刊的语言基础。教学以阅读为主，采用语法翻译法等方式进行教学。当时的教材一般是由各校的英语教师为本校非英语专业学生编写的非公开出版的讲义，也就是各校结合学生所学专业自编的教材。

教学内容体现出人文性和工具性。人文性体现在教学的目标上即培养学生对英文书刊的阅读能力，为他们以后的专业学习和研究提供必要的语言基础。工具性体现在教学方法的选择上，采用语法翻译法等方式，帮助学生掌握英文的基本语法和词汇，以便其能够理解和翻译专业书刊中的内容。同时，这一阶段的大学英语教学也有明确的价值导向，即为学生打下阅读本专业英文书刊的语言基础，这反映了教学目标的实用性和对学生未来专业发展的重视。

为满足教学要求，教材由各校的英语教师自编，以便与学生所学专业结合。这样可以更好地满足学生的学习需求，使学习内容更贴近他们的专业领域。然而，由于当时社会对大学英语教育的关注度不足，教学资源有限，因此教学发展受到一定限制，发展速度较为缓慢。

总体来说，这一阶段奠定了大学英语教育的基础，为后续英语教学的发展铺设了道路。然而由于当时社会对大学英语教育的关注度不足，教学大纲和教学方法相对简单,教学资源也较为有限。

2. 起步阶段

20世纪80年代初期,我国大学英语教学的发展进入了第二阶段,可以称之为起步阶段,这一阶段一直延续至20世纪90年代初期。

1977年,我国恢复了高考制度;1978年8月,教育部在北京召开了全国外语教育座谈会。在会议上讨论了加强外语教育、提高外语教育水平,为实现四个现代化培养外语人才的办法和措施。尽管这篇讲话的重点是外语专业人才的培养,但也涉及了大、中、小学外语教育的相关内容,反映出英语教学受重视程度的提升。1982年,公共外语教学研究会的成立以及高等学校公共英语课教学经验交流会的召开,进一步加强了社会对我国公共英语教学的重视。在这个阶段,人们开始思考如何提高公共英语教学的质量,积极进行英语教学研究和经验交流。

在我国大学英语教育的起步阶段中,1985年的《大学英语教学大纲(理工科本科用)》和1986年的《大学英语教学大纲(文理科本科用)》是新中国成立之后第一批颁布的完整、详尽的英语教学大纲。两份大纲中的重点内容如下。

(1)教学目的:培养学生具备较强的阅读能力、一定的听和译的能力及初步的写和说的能力,学生能以英语为工具,获取专业学习所需的信息,并为进一步提高英语水平打下较好的基础。

(2)教学重点:基础阶段必须把重点放在语言共核的教学上,以帮助学生打好基础。在重视语言共核教学的同时,必须注意科技英语的特点。

(3)培养目标:培养学生以书面或口头的方式进行交际的能力,不仅要重视语句水平上的语言训练,还要逐步发展在语篇水平上进行交际的能力。

(4)课堂教学:提出了分级教学的举措。基础阶段共分6级,修完第4级达到基本要求,修完第6级则认为达到较高水平。

根据大纲中的内容,可以看到在起步阶段,阅读能力培养仍然是大学英语教学的主要目标,但已开始强调"实用性"在教学中的地位,并开始注重培养学生运用语言进行交际的能力。同时,开始对教学内容进行较为科学的定性和定量,标准化考试的形式也开始运用在教学实践中。接下来的几年里,陆续出现了多套重要的教材,包括引进的《现代英语》(*Modern English*)、复旦大学的《大学英语》、上海交通大学的《大学核心英语》及清华大学的《新英语教程》等。

1986年11月,中国公共外语教学研究会改名为中国大学外语教学研究会,公共英语则被改称作大学英语,此后大学英语的称谓一直沿用至今。1987 年 4 月,国家教育委员会正式通知全国试行大学英语四级考试,并于同年 9 月 20 日举行了第一次考试,两年后,大学英语六级考试也开始进行。在这一阶段,中国的大学英语教学引入了国外的语言学理论,开始用理论指导教学实践。大学英语教师的教学质量和理论水平有了显著提高,教学模式也向交际式教学法倾斜。与此同时,大学英语作为一门独立学科,教学设备也得到了极大改善。

20 世纪 80 年代初期,电子化教学手段不断涌入大学英语教学领域。许多教师开始利用录音机、幻灯机等电教手段来提高教学效果,许多学校通过校园广播、开放自由听音室、周末影院等形式来营造英语学习的氛围。此外,1992 年 3 月,在天津师范大学举行的中国英语教学研讨会上,专家们专门讨论了如何使用计算机辅助教学等现代化教育技术的问题。

总体来看,起步阶段的大学英语教学虽然还停留在语言知识的传授上,但教学内容和方式发生了翻天覆地的变化。特别是从 1985 年和 1986 年大学英语教学大纲的颁布以及全国大学英语四、六级考试实施后,大学英语教育的发展速度继续提升。这一时期标志着我国的大学英语教学迈向了一个新的阶段。

起步阶段的大学英语教学内容包括阅读、听力、译写和口语能力等方面的培养。目的是培养学生具有较强的阅读能力、一定的听和译的能力及初步的写和说的能力,使学生能利用英语获取专业所需的信息,并为进一步提高英语水平打下基础。

这一阶段教学内容中,人文性体现在培养学生运用语言进行交际的能力上,注重培养语篇水平上进行交际的能力。工具性体现在强调英语作为工具的实用性上,以满足学生获取专业所需信息的需求。教学内容也体现了明确的价值导向,即培养学生以书面或口头的方式进行交际的能力,注重学生语言训练的发展和交际能力的培养。为满足教学要求,大学英语教学引入了国外的语言学理论,用理论指导教学实践。教学质量和理论水平有了提高,教学模式向交际式教学法倾斜。教师开始利用电化教学手段和现代化教育技术来提高教学效果,如录音机、幻灯机、计算机等,英语教学发展取得了显著的进步,为后续的大学英语教育奠定了基础。

3. 快速发展阶段

20 世纪 90 年代中期至 20 世纪末叶,是我国大学英语教学发展的第三个阶段,也是一个快速发展的阶段。1999 年,我国高校开始扩招,为了适应改革开放不断深入发展的新形势,教育部采取了一系列措施,改变了过去以阅读理解为主的指导思想。此时,社会教育开始鼓励开展双语教学,并广泛采用先进的信息技术来推动基于计算机的英语教学改革。同时,大学英语教学指导委员会也在 1999 年推出了《大学英语教学大纲(修订本)》。这个修订本统一了 1985 年的《大学英语教学大纲(理工科本科用)》和 1986 年的《大学英语教学大纲(文理科本科用)》的教学理念,在全国范围内首次提出了统一的教学目标和要求。《大学英语教学大纲(修订本)》的制定也被视为中国大学英语教学史上的第二次重大改革。1999 年的《大学英语教学大纲(修订本)》的主要内容如下。

(1)教学对象:针对全国各高等院校的本科生,提出了“因地制宜,分类指导”的要求。

(2)教学重点:提出大学英语“四年不断线”的原则,要求在大学三、四年级持续进行专业英语的教学。

(3)教学要求:提出学生需要掌握良好的学习方法,提高文化素养;第一次把通过大学英语四级考试确定各高校毕业生都应达到的基本要求;提出使用网络、多媒体等现代化教学方式辅助英语教学,并要求积极推广合理使用网络和多媒体课件的教学手段。

在这一阶段,中国大学英语教育进行了一系列重要的变革,以推动教学质量的提升和教学方法的创新。教学大纲的合并意味着打破了过去文理分科的传统,强调了培养学生的英语交流能力和提高文化素养的重要性。尽管在这个阶段没有出现质的突破,但这标志着大学英语教育进入了一个新的发展阶段。

通过引入双语教学方法和信息技术,大学英语教学方法和手段得到了显著改善。双语教学使学生能够更好地理解和运用英语,同时提高他们的英语学习自信心。信息技术的发展为英语教学提供了新的平台,使学生可以通过电子课件、多媒体光盘等多种形式进行学习。这些先进的技术不仅提高了教学效果,还激发了学生的学习兴趣。

同时,统一的教学目标和要求为教师提供了明确的指导,促进了教学的标准化和提高质量。教师可以根据统一的教学目标来设计课程和教学活动,确保教学的有效性和一致性。这种标准化的教学有助于提高教学质量,使学生能够更好地掌握英语知识和技能。

在这一阶段,教材编写也取得了巨大的进步。如《21 世纪大学英语》《新编大学英语》《全新版大学英语》等教材,均配备了多媒体光盘,为学生提供了更多的学习资源和互动体验。然而,由于当时多媒体网络教学尚处于起步阶段,经验和技术不太成熟,这些多媒体光盘存在许多局限性,缺乏互动功能。尽管如此,这仍然是一个重要的进步,为学生提供了更加灵活和多样化的学习方式。

为了推进高等教育改革,教育部于 1998 年 12 月印发了《面向 21 世纪教育振兴行动计划》。该计划明确指出,要实施“现代远程教育工程”,以构建终身学习体系。这一计划的推出为高等教育的改革和创新提供了战略指导,也为教育体制的现代化奠定了基础。另外,全国大学英语考试委员会在 1999 年开始实行大学英语四、六级口语考试,这被认为是这一阶段最具意义的改革成果之一。这项改革的实施使学生在口语表达能力方面得到更全面的评估,推动了大学英语教学的全面发展。

总之,这一阶段的改革被认为是中国大学英语教育史上的一个重要里程碑。通过引入双语教学和信息技术,统一教学目标和要求,以及改进教材编写和考试评估体系,为后续的发展奠定了坚实的基础。这一时期的改革推动了大学英语教育的现代化和优质化,为学生提供了更多的学习机会和更丰富的学术资源。

快速发展阶段,大学英语教学内容依然坚持培养学生的阅读、听力、译写和口语等能力,以培养学生良好的学习方法和文化素养,以及掌握英语交流能力作为主要教学目标。教学要求还突出了使用网络、多媒体等现代化教学方式,并积极推广合理使用这些教学手段。

大学英语教学的快速发展阶段同样兼具人文性和工具性。人文性体现在培养学生的文化素养和英语交流能力,重视培养语篇水平上进行交际的能力上。工具性体现在使用网络和多媒体等现代化教学方式,为学生提供更灵活、多样化的学习方式上。

为满足教学要求,大学英语教学引入了双语课堂和信息技术等来对英语课堂进行拓展,以推动教学质量的提高。这一阶段的教材编写也取得了巨大的进步,还配备了多媒体光盘等现代化教学资源,为学生提供更多学习资源和互动体验。同时,全国大学英语考试委员会的改革成果包括推行大学英语四、六级口语考试,使学生在口语表达能力方面得到更全面的评估。

4. 深化改革阶段

进入 21 世纪,大学英语教育进入了深化改革阶段,以适应我国高校教育发展的新形势和社会对人才培养的需求。2007 年 7 月，教育部高教司颁布了《大学英语课程教学要求》(以下简称《要求》)，旨在推动学生的英语综合应用能力、自主学习策略和综合文化素养的培养。这一要求的出台为该阶段大学英语教学的开发和建设提供了指导。

在《要求》的指引下，基于计算机和网络的课程成为该阶段大学英语教学的重要内容。一系列获得好评的教材相继推出，如《新时代交互英语》《新视野大学英语》《新体验大学英语》《新理念大学英语》和《新标准大学英语》。其中，《新视野大学英语》和《新标准大学英语》在全国范围内率先将计算机网络技术系统地引入大学英语教学，探索并引领了大学英语教学模式的改革。校园网、自主学习中心、网络学习平台、听说读写训练软件等网络环境下的教学新模式如雨后春笋般不断涌现。

全国各高校纷纷开展了"计算机技术+课堂教学"的大学英语教学改革，旨在培养学生的综合能力，特别是听说能力成为教学的核心。网络技术赋予了教学更多的可能性，不局限于传统的课堂教学模式。新的教学模式通过校园网、在线学习平台等提供了更加灵活和个性化的学习环境，学生可以根据自己的学习进度和需求进行选择性学习。这种改革深化了大学英语教学内涵，为学生全面提升英语能力创造了更好的机会。

这一阶段的改革对于推动大学英语教育的改革起到了重要的作用。通过引入计算机和网络技术，大学英语教学向着更加灵活、个性化和多样化的方向发展。学生可以获得更全面的英语学习体验，提升听说能力并拓展文化素养。这些改革也为后续大学英语教育的进一步创新奠定了基础。

在全球化背景下，中国在处理国际事务中的地位不断提升，国家对人才的需求也愈加迫切。要实现中国建设信息化的科技强国的目标，高校需要培养具备创新思维和技术能力的国际化人才。因此，大学英语教学不断面临新的压力和挑战。

为了应对新形势下的挑战，教育部高教司于 2017 年颁布了《大学英语教学指南》(以下简称《指南》)。《指南》明确了高校英语教学的核心目标，即培养学生的英语综合运用能力。这不仅要求学生能够熟练掌握英语基本技能，如听、说、读、写，还要求他们能够灵活运用英语解决实际问题，并将英语与学科专业相结合。下面分别列出《要求》和《指南》中的主要内容。

2007 年《要求》的主要内容：教学目标是培养学生的英语综合应用能力，重点强调对听说能力的培养，提出学生要能用英语有效地进行交际，还要增强他们的自主学习能力，提高自身综合文化素养。教学手段方面提出了以网络技术为支撑，突破教学时间和地点的限制。此外，还提出了要改进以教师为主的单一教学模式，采用“计算机+课堂”的模式，让学生处于英语教育的中心地位。在课程设置方面，要求各高校应根据本校实际情况设计各自的大学英语课程体系，让各个学习阶段的学生都能接受适合的英语教学和训练。

2017 年《指南》的主要内容：大学英语教学旨在培养学生的英语应用能力，包括跨文化交际意识和能力的提升，以及自主学习能力的发展。教学手段方面，建议高校设计和构建移动英语学习平台，充分利用信息技术的自主性、移动性和随时性特点。教学模式方面，推崇混合式教学模式，包括微课、慕课和基于课堂和在线课程的翻转课堂。课程设置方面，包括通用英语、专门用途英语和跨文化交际三个部分，以及相应的必修课、限定选修课和任意选修课。

《指南》第一次将专门用途英语和跨文化交际课程加入大学英语教学，旨在提升学生的职业素养和跨文化交际能力。经过 21 世纪第一个十年的实践，重视听说教学的理念已根植于广大师生的心中，变成了一种自觉的教学行为，教学目标因此由《要求》中强调的对学生“听说能力”的培养转变为“应用能力”的培养。目前大学英语教学在教学模式、教学手段方面既传承了《要求》的思想，又对其进行了创新，如课堂模式由“网络+课堂”的模式发展成为基于课堂和在线课程的翻转课堂等混合式教学模式，教学手段也发展成为移动英语学习平台的构建，更强调英语学习的自主性、移动性、随时性等特点。课程设置、教学评估的目标也更为具体、明确。《指南》的颁布标志着大学英语教学进入了一个崭新的发展时期。

大学英语的教学内容主要包括听说读写等基本技能的培养，以及英语综合应用能力、自主学习策略和综合文化素养的培养。通过引入计算机和网络技术，大学英语教学不再局限于传统的课堂教学模式，而是通过校园网、在线学习平台等提供更加灵活和个性化的学习环境。教学内容中体现了人文性和工具性，既注重培养学生的英语应用能力，又注重培养他们的自主学习能力和综合文化素养。通过培养学生的英语应用能力，使学生能够有效地进行交际，并能够灵活运用英语解决实际问题。而通过培养学生的自主学习能力和综合文化素养，更加注重学生的个人发展和综合素质提升。教学内容既要满足学生的英语学习需求，也要培养学生的人文素养和全面发展。

这一阶段的大学英语教学注重对学生综合能力的培养，特别是将听说能力的培养作为教学的核心。通过引入计算机和网络技术教学，满足了学生自主学习和个性化学习的需求，同时也创造了更好的机会来提高学生的英语能力。为了满足教学要求，大学英语教学在教学模式、教学方法和课程设置方面进行了创新和改进。通过这些创新和改进，大学英语教学满足了学生的不同学习需求，推动了教学的全面发展。

二、大学英语教学发展的总结与展望

回顾大学英语教学的发展历程，我们可以看到大学英语教学需要兼顾人文性和工具性。大学英语教学不仅是帮助学生学习语言，更是通过英语学习来提升学生的跨文化交际能力，培养学生的国际视野和文化自信，并践行用英语传播中华民族传统文化的历史使命。

在课程设置方面，根据《指南》的要求，大学英语课程被划分为普通英语、专门用途英语学习和跨文化交际三个部分。为了平衡这三个部分的比例，我们需要构建更加科学完整的大学英语课程体系。普通英语作为基础阶段，需要学生扎实地掌握语言基本技能，为后续的专门用途英语学习和跨文化交际打下坚实的基础。同时，我们也需要积极探索、开发和建设更具针对性的专门用途英语和跨文化交际系列课程，以达到课程设置的“必修课和选修课平衡、输入与输出平衡、语言与文化平衡”的要求。

21 世纪的大学英语教师，除了需要掌握扎实的专业理论知识，还应该与时俱进，不断提高自身专业素养和信息素养。随着信息技术的快速发展，教师需要不断学习和掌握新的教学方法和技术，积极应用信息技术于教学实践中。同时，教师还需要持续提升自己的跨文化交际能力和跨学科教学能力，以更好地适应和引导学生在全球化时代背景下的英语学习。

在当下的大学英语教学实践中，需要平衡人文性和工具性的双重特点，注重培养学生的语言应用能力和综合文化素养。在课程设置和教师的专业素养上也要与时俱进，不断适应新的教学需求和社会变化。这样才能更好地满足国家、社会、学校和个人发展的需要，培养具备国际视野和创新能力的国际化人才。

大学英语教学的发展历程中,社会的不断发展对教学大纲的修订、新教材的开发以及综合评估体系的完善起到了推动作用。这种相互促进的关系形成了一个良性循环。进入新的历史时期,大学英语教育肩负着培养掌握英语、具备国际视野的复合型人才的重要使命。在这个全球化的时代,大学英语教育的关键在于打破语言壁垒,培养学生的跨文化交际能力和全球竞争力。教师们应该不断改进教学方法和教学模式,借助信息技术和创新教学模式来激发学生的学习兴趣和积极性。同时,大学英语教育也需要关注学生的综合素质培养,包括思维能力、创新能力、合作能力等方面的培养,以提高学生的综合竞争力。大学英语教育应该注重学科交叉和融合。英语教学应该与其他学科相互渗透,形成有机结合,帮助学生更好地应对日益复杂的社会需求和工作需求。

今天的大学英语教育的成果是通过不断努力取得的,而未来的大学英语教育任重道远。因此,大学英语教育工作者需要保持开放的思维,密切关注学科前沿,与其他学科教师进行合作交流,促进学科间的互动和创新。只有教育工作者不断努力,积极创新,才能使大学英语教育不断进步,为培养具备国际竞争力的人才做出更大的贡献。

第二节　大学英语教学的核心概念

随着全球化的加速推进,英语作为国际通用语言的地位日益凸显。在我国,大学英语教学一直备受重视,被视为培养国际化人才的关键途径之一。为了更好地推进大学英语教学的改革和发展,我们有必要深入了解其核心概念及理念。

随着信息技术的飞速发展,教育领域出现了许多新的教学方式和工具。通过信息技术的应用,大学英语教学不再局限于传统的教室教学,而是可以借助多媒体、网络和移动设备等工具,实现更加灵活、便捷和个性化的教学方式。这不仅可以提高学生的学习主动性和积极性,还可以提升他们的学习效果和应用能力。参考美国高等教育信息化协会(EDUCAUSE)发布的《2021 地平线报告:教与学版》和《2022 地平线报告:教与学版》中关于高等教育的内容,混合学习的方式将是未来教学的侧重点,这也符合数字化时代背景下的高等教育的发展方向。在教育部发布的《大学英语教学指南(教育部 2020 年版)》[以下简称《指南》

(2020 年版)]中也强调了信息技术的应用在高等教育中的重要地位。《指南》(2020 年版)中明确指出大学英语课程的教学目标不仅是为了提升学生的综合文化素养,还应该结合学生自身的专业和未来的工作需求,培养学生的学术素养和职业素养,并发展他们的自主学习能力。

信息技术的广泛应用为学生提供了更多自主学习的机会和资源,它可以更好地满足学生的学习需求,从而提高教学质量。学生可以通过网络获取丰富的学习资料,通过更多的在线渠道进行学习交流。教师应该引导学生合理利用信息技术,培养他们的自主学习能力,让他们在学习过程中思考和解决问题,成为积极主动的学习者。

为了推进大学英语教学核心目标的实现,教师需要具备较高的信息素养,善于运用信息技术手段进行教学活动设计和实施。此外,教师还需要在教学评价中充分考虑深度学习的效果,在培养学生英语应用能力的同时,帮助他们建立批判性的思维模式,培养具备创新能力和批判性思维的复合型人才。

一、大学英语教育的培养目标

大学英语教育承接高中阶段,在教育过程中,既要做好二者之间的衔接,也要对学生的英语综合素养进行进一步的培养。《普通高中英语课程标准》(2017 年版)和《指南》(2020 年版)都强调了英语学习的核心素养和培养目标,通过对比其具体内容,我们可以总结出大学英语培养的核心目标。

《普通高中英语课程标准》(2017 年版)强调了文化品格和思维品质是英语学科核心素养的重要组成部分。也就是说,学生在高中英语的学习阶段,应该培养对英语国家和地区的文化了解和欣赏的能力,同时培养批判性思维、创新思维和问题解决能力。这样的培养有助于学生更好地理解和运用英语,同时也能提升学生的综合素养和跨学科能力。

而《指南》(2020 年版)则强调了将提升学生职业和学术素养作主要目标。由此可见,在大学阶段的英语教学应主要关注学生的职业发展和学术能力,以提高英语应用能力为核心,使学生可以在专业工作中运用英语进行交流和表达。同时,该指南还强调了跨文化交际能力的重要性,这也对学生的英语应用能力提出了要求,意味着学生需要了解和尊重不同文化背景下的差异,并能够适应不同文化之间的交流和合作。此外,在这版大学英语教学指南中也强调了学生自主学习的重要性。因此,在大学阶段的英语教学中,还需要重视大学生自主学习能力的培养,让大学生在课堂之外也能够主动获取和应用英语知识,不断提升自己的英语水平。

综合来看,《普通高中英语课程标准》(2017 年版)和《指南》(2020 年版)都重视语言能力和学习能力的培养,大学英语教育在高中英语教育的标准之上多出了对英语应用能力的强调。需要注意的是,此标准和《指南》(2020 年版)只是提供了一个大致的框架和理论指导,具体的教学内容和方法还需要教师根据实际情况进行调整和采用。因此,在实际教学中,教师应根据学生的特点和需要,灵活运用这些教学标准和指南,确保学生能够全面地提高自己的英语水平。

在制定教学目标时,大学英语教师应该充分考虑学生的专业背景和未来的职业需求。一方面,学生的专业背景决定了他们在将来的职业领域中是否需要用英语进行专业学习和研究,教师应该根据学生所学专业的特点和要求,确定相应的英语学习目标,帮助学生掌握专业所需的英语词汇和表达方式,提高学生在专业领域中使用英语进行学习和研究的能力。

另一方面,学生的跨文化交际能力也是重要的考虑因素。随着全球化的发展,跨国公司和国际化的工作环境越来越常见。大学英语教师应该注重培养学生的跨文化交际能力和职业素养,使他们能够在职业生涯中与国际同行进行有效的交流与合作。教师可以通过开展跨文化交际活动、组织实践课程和提供实习机会等方式,帮助学生在真实的职场环境中锻炼和提高英语交际能力,提高职业素养,为学生的职业生涯打下良好的基础。

此外,大学英语教学还应重视培养学生的自主学习能力。世界已进入信息化时代,学生可以通过互联网和各种技术手段获取丰富的学习资源和信息。因此,教师应引导学生合理利用信息技术进行自主学习,培养他们主动获取和应用英语知识的能力。教师可以设计开放性的学习任务和项目,鼓励学生进行自主探究和研究,激发学生的学习兴趣和创新能力。

二、大学英语教学的基本原则

1. 交际性原则

(1)充分认识英语课程的性质。英语课首先是一种技能培养型的课程,要把语言当作一种交际的工具来教,而不是把教会学生一套语法规则和零碎的词语用法作为语言教学的最终目标,要使学生能用所学的语言完成人际交流,获取信息。

(2)创设情景,开展多种形式的交际活动。语言是交际的工具,而交际的发生总是处于特定的情景之中。情景包括时间、地点、参与者、交际方式、谈论的题目等要素。在某一特定的情景中,讲话者所处的时间、地点以及本人的身份都制约着他说话的内容、语气等。

(3)注意培养学生语言使用的得体性。英语教学的首要目标在于培养学生进行有效交际的能力,传统的英语教学只偏重语法结构的正确性,而根据交际性原则,学生要具备良好的交际能力,需要能够在适当的时间、适当的地点,以适当的方式,面对适当的人,讲适当的话。

(4)精讲多练。英语课堂的教学工作不外乎讲和练两种,前者是指讲授语言知识,后者是进行语言训练。在课堂上,适当讲授一些语言知识是必要的,可以提升学习效果。在语言训练的过程中要针对学生的具体问题给以"画龙点睛"式的点拨。

(5)注重教学内容与教学活动的真实性,贴近学生的生活。语言与现实生活密切相关,教学活动的设计与教学内容的选择一定要考虑该因素。在英语教学中,要把语言学习和学生所关心的话题结合起来,要给学生提供足够的、内容丰富的、题材广泛的、贴近学生生活的信息材料。

2. 兴趣性原则

(1)充分了解学生的生理特点与心理特点,尊重学生的主体性。学生是学习的主体,也是整个学习过程的核心承载者。英语教学必须从学生的心理和生理特点出发,遵循语言学习规律,从改善学生的学习方式入手,通过听做、说唱、玩演、读写和视听等多种活动方式,达到培养兴趣、形成语感和提高交流能力的目的。

(2)防止过于强调死记硬背、机械操练式的教学倾向。英语学习需要一定的死记硬背和机械操练的活动,但不宜过多,否则很容易导致课堂教学变得死板与乏味,容易使学生降低甚至失去学习英语的兴趣。学生在获得交际能力的同时,综合素质也会得到相应的提高,学生的学习兴趣才会得到巩固与提高。

(3)挖掘教材,激情引趣。教材是英语教学的核心,教师要想最大限度地调动学生的积极性,就要在备课时认真研究教材,挖掘教材中的兴趣点,使每节课都保持新鲜感,都有让学生感兴趣的内容和活动。

(4)善于发现学生的进步,多鼓励表扬,增强学生的自信心和成就感。对于学生来说,学习兴趣的保持在很大程度上取决于学习效果,取决于他们能否获得成就感。

(5)注意发现和收集学生感兴趣的问题,并把这些问题作为设计教学活动的素材。如有的教师能将一节枯燥的数字课上得生动有趣、笑声不断。还有的教师为了讲授英文字母,自己编排了英语字母体操。

(6)增强教师与学生之间的交流。一个班级的学生来自不同的家庭与环境,教师要平等地对待每一个学生,对学生充满爱心,通过各种形式与学生进行交流,真心地与学生交朋友,用自己对工作、对学生的热爱去影响学生,而且教师要性格活泼、富有幽默感,更容易赢得学生的尊重与喜欢。稳定的情绪渲染到学习中就会变为一种兴趣和动力。教师在严格要求学生的同时,还要给学生创造一种和谐的学习氛围。

(7)改变传统的英语测试方式。应试教育是学习兴趣的最大杀手。基础英语课程的评价应以形成性评价为主,采用学生平时教学活动中常见的方式进行,重视学生的态度、参与的积极性、努力的程度、交流的能力以及合作的精神等。

3. 灵活性原则

(1)教学方法的灵活性。在英语教学史上曾经出现多种不同的教学方法和流派,如语法翻译教学法、视听教学法、交际教学法等,每种方法都有其自身的优势与不足,教师应该兼收并蓄、集各家所长,切忌拘泥于某一种所谓流行的教学方法。英语教学包括语言知识和语言技能两个方面,语言知识包括语音、词汇、语法等内容,不同的语音、不同的词汇、不同的语法项目都具有不同的特点。语言技能包括听、说、读、写四个方面,其中又包括许多微技能。而学习者存在个体差异。因此,在英语教学过程中要综合学生、教学内容以及教师自身的特点,创造性地开展多种多样的教学活动,充分体现教学方法的多样性和创新性,使英语课堂新鲜有趣,从而激发学生学习英语的热情,挖掘学生的潜能。教学的内容也要体现灵活性的原则,不光要教英语,还要教学习方法,结合英语教学教如何做人。

(2)学习方式的灵活性。教学方法和教学内容的灵活性可以有效地带动学生英语学习方式的灵活性。教师要努力改变以往单纯地让学生死记硬背的机械性学习方法，帮助学生探索合乎英语语言学习规律和符合学生生理、心理特点的自主性学习模式，使学生能够自我导向、自我激励、自我监控；静态资源与动态活动相结合，基本功操练与自由练习相结合；单项和综合练习相结合。

(3)语言使用的灵活性。英语学习的关键在于实践，教师要通过自身灵活地使用英语来带动学生多使用英语。

4. 宽严结合的原则

所谓的宽与严是指教师如何对待学生在学习过程中出现的语言错误，也就是如何处理准确和流利之间的关系。外语学习是一个漫长的内化过程，学生从开始只懂母语，直到最后掌握一种新的语言系统，需要经过不同的阶段，从中介语的观点来看，在各个阶段，学生所使用的语言是一种过渡性语言，它既不是母语的翻译，也不是将来要学好的目标语。对于各种错误的分析，是第二语言习得研究的重要课题，因为通过对这些错误的分析，可以发现学生的学习策略，其实这些策略也正是学生产生这些错误的原因。

宽严结合的原则实际上就是要正确处理准确和流利之间的关系。“没有准确，流利就失去基础”这句话是对的，但是这种说法只是强调了准确的重要性，正确的态度应该是“既要强调表达准确性，又要重视流利程度”。越到高年级，越要强调准确性。

5. 输入输出原则

所谓输入是指学生通过听和读接触英语语言材料，所谓输出是指学生通过说和写来进行表达。心理语言学研究表明，输出建立在输入的基础上，从这个意义上讲，输入是第一位的，输出是第二位的。教师在教学过程中应该注意以下几点。

(1)尽可能多地让学生接触英语。教师要通过视、听和读等手段，多给学生输入可理解的语言，如声像材料要选择贴近学生日常生活和学习、适合学生的英语水平、具有时代特色的读物等。

(2)输入内容和输入形式的多样化。学生接触的英语既要有声的，又要有图像的，还要有文字的，而且语言的题材和体裁以及内容要广泛，来源要多样化。另外，教师还要注意根据上述语言输入的分类，尽可能地为学生提供多种形式的内容输入。

(3)强调学生的理解能力。只要学生能理解的，就可以让他们听，让他们读。就教学目标而言,对语言技能应该有全面的要求,但是从教学的方法来看,应该先输入,后输出。

(4)因材施教。为学生提供的语言材料要符合学生的实际情况,要符合可理解性、趣味性与恰当性的要求。在增加可理解的语言输入的同时,在理解的基础上不断进行有效的实践活动。这些实践活动在基础英语教学中包括一定的模仿练习。学习语言的确需要模仿,问题的关键在于如何模仿和模仿什么。尤其是在结对练习、小组练习时,善于引导他们根据实际的情况使用所学习的语言,学生才能把声音和语言的意义结合起来。

三、大学英语教育的能力塑造

在大学阶段,学生的创新能力和合作能力尤为重要。创新能力可以帮助学生在面对各种挑战和问题时能够主动寻找解决方案和创新的方法,而合作能力则能够帮助学生在团队合作中与他人建立有效的协作和交流。在这个背景下,文秋芳教授提出了"关键能力说"理论。根据"关键能力说",大学英语课程应该从学习能力、语言能力、文化品格、思维品质、合作能力以及创新能力六个方面培养学生能力。由此学生不仅可以提升自己的英语水平,还可以让自己的综合学习和应用能力得到强化,为自己的职业发展打下坚实的基础。

1. 学习能力

学习能力是学生能够正确认知和理解课上学习内容知识并且不断进行学习迁移的能力。良好的学习能力是学生学好英语的前提。当代大学生应具备较强的学习能力。《指南》(2020 年版)对于学生自主学习的能力进行了强调。自主学习要求学生能够根据自身的需求和兴趣,独立地进行学习,并能够进行自我评估、监控和调整学习过程。这种学习方式要求学生对已有知识进行进一步的迁移和思考,不仅要学习新知识,还要掌握学习的方法和技巧。

自主学习能力是学生在大学阶段应该重点培养的能力之一,学生应该学会将已有的知识进行归纳和总结,形成自己的学习体系。在英语学习中,仅依靠传统的学习方法和死记硬背是远远不够的。学生需要具备总结和归纳的能力,将所学的英语知识整理出有条理的框架,形成自己的学习体系,从而更好地理解、运用和迁移知识。通过总结和归纳,学生可以将零散的知识点串联起来,形成知识网络,大大提高学习的效果和效率。通过自主学习的方式,学生可以寻找适合自己的学习资源和学习工具,如语言学习软件、在线教育平台、英语学习网站等以提高学习效果。同时,学生还应该养成良好的学习习惯,如制订合理的学习计划、保持专注和坚持学习等。

2. 语言能力

语言能力是学生在社会情境中运用语言进行交流的能力,是理解语言和表达思想的关键能力。语言能力涵盖了多个方面,包括对语法规则的运用、对词汇和短语的理解与应用,以及对使用英语的国家背后文化的理解和运用能力等。

在语言能力的培养中,除了学习语言知识和规则,学生还需要通过实际的语言运用来提高自己的交际能力。通过与他人的交流和互动,学生可以学会更准确地理解别人的意图和表达,并能够用恰当的方式进行回应和交流。在语言发展的高级阶段,学生学习语言的目的是发展自己的思维能力。通过分析、思考、推理和总结等思辨过程,学生能够以语言为媒介将自己的思考表达出来,形成较强的表达力。因此,在大学英语教育中,语言能力与思辨能力需要进行融合发展,达到相互促进的效果。

3. 文化品格

跨文化能力的培养是当前语言教学与跨文化教育相结合的新模式,也是大学英语教育的重要发展方向。它强调在语言教学过程中,要着重培养学生跨文化交际的意识和能力,提升学生的实际交流能力和范围,此外还可以通过语言的传播,让学生在尊重各国文化的同时,传播本国的优秀文化。

根据《国家中长期教育改革和发展规划纲要(2010—2020年)》《中国教育现代化2035》和《指南》(2020年版)(以下简称指南)的要求,高质量的英语教学对于学生树立世界眼光、培养国际意识、提高人文素养非常重要。在全球化时代,学生面临着各种挑战和机遇,跨文化能力的培养使学生能够更好地适应多元化、多文化的现实环境。

大学英语教学中,教师需要增强学生的跨文化交际能力和意识,引导学生理解和尊重世界文化的多样性,培养学生跨文化交际的技能,让他们能够在不同文化背景下进行有效的交流和合作。这样的培养有助于学生成长为具有国际视野和跨文化适应能力的人才。同时,大学英语教学也应该引导学生坚定自己的文化自信,在学习外语和外国文化的同时,增强对本国文化的认同和自信心,这也有利于学生更好地理解和尊重外国文化,促进不同文化之间的交流与吸收,提高学生的综合文化素养。

4. 思维品质

思维品质在英语学习中的重要性不言而喻。除了要了解科学理论、尊重事实,学生还需要能够以理论或实验作为依据进行语言学习。这意味着学生需要具备一定的逻辑思维能力,能够从多个角度去理解英语知识,并对自己的思维过程进行反思和分析。只有通过这样的思维活动,学生才能做出更加准确和合理的选择。

思维品质的表现形式是多元化的。首先,它体现在广度上,即学生要能够跳出狭隘的思维框架,拓宽思维边界,从而更加全面地理解和应用英语知识。其次,思维品质还体现在深度上,学生应该能够深入思考问题,思考其内在逻辑和原理。迎难而上也是思维品质的体现之一,学生要能够面对各种复杂和困难的问题,并积极寻找解决方法。再次,学生应该能够灵活运用所学知识,创造性地解决问题。最后,思维品质还要求学生需要具备独立分析和批评能力,即学生应该能够对所学知识进行独立思考和评价,形成自己的观点和见解。

教育部发布的指南强调了思辨能力的培养。这不仅是因为思辨能力是英语学习核心素养的心智特征,更是因为思辨能力是培养学生创新思维、批判思维和解决问题能力的要素。通过培养学生的思辨能力,可以激发学生的英语学习兴趣和主动性,提高他们的学习效果和能力。

5. 合作能力

合作能力一直是高等教育中的一项不可忽视的教学目标,在学科教育中增强学生的合作能力培养对于学生的成长有长远的好处。随着5G网络、云技术在线教学等现代教学手段的发展,合作学习模式的应用范围也越来越广泛,在大学英语教育中的地位也日益凸显,发挥着提高学生语言学习效果的关键作用。

学生通过小组合作的方式互相交流和学习,不仅可以拓宽自己的知识面,而且能够更好地提高自身对英语学习的兴趣。通过合作学习,学生之间可以分享彼此的经验和思考,不仅可以取长补短,还可以相互激励和支持,提高学习效率。合作学习的方式可以帮助学生更好地理解和掌握知识,也能够培养他们的团队合作能力和解决问题的能力,为其今后的发展打下坚实的基础。

6. 创新能力

创新能力是学习者在解决新问题时能打破旧观念的限制,以多元开放性的思维去思考和解决问题的能力。具备较强创新能力的学习者可以凭借现有的理论知识,提出未被书本涵盖的其他观点,并能将这种创新能力迁移到其他问题上,获得举一反三的能力。

我国未来的社会发展过程中,对创新型人才的需求将会日益增长,而教育对于培养创新型人才具有决定性的作用。英语作为一门应用最广泛的国际语言,学生不仅应该掌握其应用的方式,准确使用英语进行表达和沟通,同时也需要具备一定的创新能力,拓宽视野,敢于提出自己的独特观点。

学生通过英语学习,不仅能够掌握一种全球通用的交流工具,还能够开拓自己的思维和视野。英语学习可以帮助学生与世界各地的人进行交流沟通,从而接触到其他国家文化的观点和思维方式,激发学生的创新思维。通过英语学习,学生可以不受限于本土教育和思维模式,更加自由地去思考和表达自己的观点,从而培养和提升自己的创新能力。

第三节　大学英语教学的基本理论

随着经济全球化进程的持续推进,英语学习的重要性愈加凸显,这对大学阶段的英语教育提出了新的挑战。如何培养学生的英语综合应用能力,增强他们的自主学习能力已经成了大学英语教学中需要思考和解决的重要问题。教学实践已经证明,教学理论可以对大学英语的教学思路和课程安排起到十分重要的指导作用,下面介绍大学英语教学中三个重要的基本理论。

一、任务型教学理论

任务型教学理论是一种注重学生主体性和实际应用能力培养的教学模式。在具体的教学场景中,教师可以通过设置模拟现实应用环境的任务,帮助学生掌握语言知识,培养他们对知识的运用能力和创新能力。

根据任务型教学理论,在英语教学中教师可以设置“前任务”“任务环”和“后任务”三个阶段,各个教学阶段环环相扣,深化学生对知识的掌握和运用能力。在任务型教学中,教师扮演着引导者和指导者的角色,通过设计具有挑战性和趣味性的教学任务,激发学生的学习动力和积极性。同时,教师还会提供必要的指导和反馈，帮助学生克服困难，纠正错误，并及时评价学生的学习成果，更好地实现教学目标。

1. 任务型教学理论溯源

任务型教学(Task-Based Language Teaching)理论始于20世纪80年代，是国际外语教学研究者在不断的理论探索和实践反思的基础上提出的一种重要的语言教学方法。这种方法以学生为主体，以实际任务为核心，旨在帮助学生在真实的语言使用情境中掌握语言知识和培养实际应用能力。

最先在教学场景中引入任务概念的是印度学者勃雷泊(P. J. Prabhu)。他将教学分为任务前和任务后两个阶段。任务前阶段，教师通过预任务活动激发学生的兴趣，提供所需的语言知识和技能，为任务的完成做好准备。任务后阶段，学生通过任务完成后的反思和总结，深化对语言知识和技能的理解。

后来，英国学者简·威利斯(Jane Willis)提出了任务型教学的三个阶段。分别为任务准备、任务实施和任务反思三个阶段。任务准备阶段，教师通过一系列的预处理活动，激发学生的思维和语言准备，引导他们进入任务的话题和语言要求。任务实施阶段，学生以小组或个人形式完成具体的任务，积极运用所学的语言知识和技能。任务反思阶段，学生对任务完成过程进行反思分析，讨论语言使用中的困难和改进方法，从中提取有价值的语言经验。三段式的任务教学方法成为目前比较通用的教学模型。

这些学者的探索加强了任务型教学理论的实践性和可操作性，为这一教学理论的应用奠定了坚实的基础。任务型教学将传统以教师为中心的教学转变为以学生为中心的教学，增强了学生的参与度和学习动机。通过丰富的任务场景设置，学生能够在语言使用情境中进行真实的交际，从而培养他们的实际应用能力和创新能力。如今任务型教学法成为当今语言教学中一种重要而有效的教学方法，在大学英语教育中被频繁使用。

2. 任务型教学理论的基本特征

任务型教学的目的是提高学生综合运用语言的能力，使他们能够在现实世界中完成各种任务。简言之，任务型教学是围绕学生制定教学任务，使学生在任务完成过程中获得知识和技能。

首先，任务型教学理论是以学生为主体，教学过程中把学生放在核心的位置，学生在学习的过程中会掌握更多的主动权，这是任务型教学理论的主要特征。其次,在模拟场景或真实的语言使用环境中,学生可以通过亲身实践来强化自己的英语应用能力,主动思考并解决实际问题,这样的教学模式可以切实缩小语言学习与语言运用之间的差距,避免“哑巴英语”等问题的出现。

任务型教学理论的要点在于设置真实的、有意义的任务,使学生在任务中运用所学的语言知识和技能,不仅增强了语言学习的动机,还提高了语言运用的有效性。通过任务的设计和实施,学生能够在模拟或真实的情境中进行语言交际,培养实际应用能力和创新能力。同时,任务型教学也促进了学生对语言的深入思考和反思,使他们能够更好地理解和运用所学的语言知识。

总体而言,实施任务型教学可以打破传统的以教师为主体的“填鸭式”灌输性教学模式,激发学生的学习自主性,将学生被动学习的过程转变为主动获取知识的过程。因此,任务型教学理论在大学英语教育中具有广阔的应用前景。通过任务型教学,学生可以在语言学习环境中,通过与他人的合作和互动,在实际任务的完成过程中不断提升语言能力和实践能力。

二、范畴化理论

一直以来大学英语词汇教学都是一个关键点和难点。很多学生都存在词汇理解方面的问题,无法全面理解词汇的含义,特别是在不同的语境中词汇即时的语用意义,以及词语的引申含义和象征义等,这成为大学生英语能力提升的一大瓶颈。

为了解决这些问题,教师可以将范畴化理论应用到词汇教学中,帮助解决学生在词汇学习中的理解障碍。具体而言,教师可以引导学生从不同的范畴角度去理解词汇的各种意义。比如,通过辐射范畴的分析,让学生准确把握词汇的核心含义,进而更好地理解和运用它们;又如,通过相似范畴的比较,让学生掌握词汇的近义词、近感词等扩展词汇意义,提升词汇使用的灵活性等。

通过应用范畴化理论进行英语教学,教师可以帮助学生增加词汇量,全面掌握词汇的含义,并加强词汇教学的效果。而学生也能够在范畴化理论的指引下,有效地积累词汇,充分利用词汇的多个层次和语用范畴进行表达,提高他们的英语水平,在各种语境中更好地运用词汇。下面对范畴化理论进行具体介绍。

1.范畴化理论的概念

从心理学角度讲,范畴化是一种复杂的心理过程,它能将我们认为相似的事物归为一类，形成不同的分类。在范畴化过程中，大脑利用分析、判断和归类等认知手段，对事物进行分类和定位。事物的特性是范畴化的基础，我们根据这些特性来赋予事物以意义和定义。通过范畴化，我们能够将各种多样的事物和现象归于统一的类别，建立起概念网络，进一步理解和组织世界。

在认知语言学中，范畴化被视为概念和词义形成以及语言运用的起点，这是其核心内容之一。根据王寅的观点，范畴化是基于个体的主观体验和与外界事物的互动的心智过程。它通过主观概括和类属划分来赋予世界一定的结构，将复杂的外部现象转化为内部符号，使我们能够理解和认识世界，同时能够通过对事物的整合和分类，快速获取和处理信息，提高认知效率。此外，范畴化也有助于我们建立共享的语义系统，使得我们能够进行有效的交流和理解，这也是范畴化理论对于英语学习有重要意义的原因。

2. 范畴化理论的应用思路

范畴化词汇教学的研究目标是通过深入了解人类的范畴化能力，揭示语言形成背后的内部认知机制，以便更好地探索人类语言学习和词汇学习的规律性特征。魏洁进一步指出范畴化词汇研究中的一些典型原则，包括范畴化的典型性原则、相似性原则、基本层次原则和创造性原则。这些原则被视为词汇教学和学习中必须遵循的基本准则。

例如，在英语词汇意义教学的过程中，教师可以从词汇范畴内部结构的角度入手，通过使用隐喻、转喻、引申和意象图式等认知手段，解释词汇之间近义性、多义性、上下位关系以及语境语用含义之间的内在联系，这就是典型的范畴化理论在教学中的应用方法。学生可以在学习词汇时更全面地理解和掌握词汇的意义，尤其是可以消除学生在词语辨析方面的很多困难，并提高他们在不同语境中的词汇运用能力，使学生的综合应用能力得到提升。

3. 范畴化理论在词汇教学中的应用价值

(1)词汇网络的建立。范畴化在词汇学习中发挥着重要的作用，它能帮助学生建立起词汇的语义网络，使词汇知识更加系统化、词汇掌握得更加全面。通过范畴化学习，学生可以将词汇按照它们之间的关联性归类到相应的范畴中，从而建立起一个清晰的词汇分类系统，进而更容易理解和掌握不同词汇之间的关系和共性。通过将词汇归类到不同的范畴中，学生能够更好地理解词汇之间的联系和特性，逐渐形成对词汇更为细致的分析和理解能力，从而在语言表达中更加准确地选择和使用合适的词汇。范畴化的学习过程使学生对词汇的意义有了更深刻的认识,促进了对词汇的全面掌握和运用。因此,范畴化在词汇学习中的应用是值得重视和探索的。

(2)学习策略的建立。通过范畴化学习词汇,学生能够培养更为全面的学习策略意识。在词汇学习过程中,学生不仅仅是简单地记忆单词,而是通过使用一系列学习策略来更好地理解和掌握词汇。

比如,学生可以通过关联词联想来学习词汇。当遇到一个新的单词时,学生可以尝试将它与已知的词汇进行关联,通过它们之间的联系来加深记忆。又如,当学生学习到单词"pen"(笔)时,可以将其与"paper"(纸)或者"write"(写)进行关联词联想,从而更好地理解和记忆这个词汇。再如,学生可以利用上下义切分聚合的策略来学习词汇。这种策略要求学生将一个单词拆解成多个部分,并理解每个部分的含义。复如,当学生学习到单词"unbelievable"(难以置信的)时,他们可以先将其拆解成"un-"和"believable"两个部分,然后理解"un-"表示否定,"believable"表示可信的,从而推断出"unbelievable"的含义。此外,学生还可以运用隐喻转喻拓展、语境分析等策略来学习词汇,从而更全面、深刻地掌握词汇,强化记忆。

这样的学习过程不仅仅是强化单词记忆,更是培养了学生的学习策略意识。随着学生不断提升词汇学习策略的运用能力,他们将逐渐变得更加独立和自信,能够更好地应对各种语言学习任务。

(3)词汇运用的增强。将范畴化融入英语词汇教学,不仅能够有效提高学生的词汇变通运用能力,还可以提升学生的其他能力。学生将会掌握在语境中如何利用本意联想到延伸义、比喻义,并能够在写作和阅读中更好地理解和运用词汇。

传统的词汇教学往往只注重单词的本义,而忽略了单词的延伸义和比喻义。通过范畴化学习,学生可以学会将词汇的本义延伸到其他相关领域,从而丰富词汇的使用范围。例如,当学生学习到单词"bright"时,仅仅了解其本义为"明亮的"是远远不够的。通过范畴化学习,他们可以将"bright"延伸到其他概念,如"智慧的"或"希望的",从而能够在不同语境中更好地运用这个词汇。

范畴化教学也能提升学生的写作能力。在写作中,学生需要能够准确地选择和组织词汇以表达自己的意思。通过范畴化学习,学生可以学会如何利用本意到延伸义、比喻义的扩展来丰富自己的写作词汇。他们可以运用这些扩展义来描述人物、场景或情境，使文章更加生动形象。例如，当学生在写作中要描述一个人的外貌时，他们可以将“beautiful”（美丽的）扩展到“graceful”（优雅的）或“radiant”（光彩照人的），从而使描述更加精确、生动，准确表达自己的思想和观点。

三、人本主义学习理论

从教育学的角度来看，人本主义学习理论是一种关注学生主体性和发展潜能的教育理论。而大学英语课程思政教育则强调培养学生的思想道德素质和社会责任感。两者的内在逻辑关系在于，人本主义学习理论提倡以学生为中心的教学模式，关注学生的特点、需求和情感；而大学英语课程思政教育则通过培养学生的思想品德和社会责任感来实现全面发展。因此，将人本主义学习理论融入大学英语课程思政教学中，可以更好地满足学生的发展需求，并促进他们的思想道德成长。下面对人本主义学习理论的概念和应用进行展开介绍。

1. 人本主义学习理论溯源

20世纪中叶，人本主义心理学在马斯洛和罗杰斯的带领下形成并发展起来，其对传统行为主义观点进行了批判。他们对教育领域进行了深入探索，关注个体的发展和自我实现。特别是罗杰斯，他着重研究了学习过程，提出了人本主义学习理论。在他的经典著作《自由学习》中，他详细阐述了以学生为中心的教育思想，强调尊重个体的价值和尊严，并认为每个人都具备自我发现、自我尊重和自我指导的发展潜能。

罗杰斯的教育思想对人们对教育教学的认识产生了深远的影响，引发了全球范围内的一系列教育改革浪潮。1998年，联合国教科文组织在首届高等教育大会宣言中提出了“以学生为中心”的要求。《国家中长期教育改革和发展规划纲要（2010—2020）》中也明确提出了“以学生为主体，以教师为主导”的教育原则，强调充分发挥学生的主动性，将促进学生健康成长作为学校教育工作的出发点和落脚点。

人本主义学习理论注重学生的全面发展，关注学生的价值观培养和人格塑造，这与课程思政要求中的知识传授、能力培养和价值育人三位一体的理念是一致的，为课程思政的实践研究提供了有力的理论支撑，这一学习理论在大学英语教育实践中也有积极意义。

2. 人本主义学习的实践思路

在教学实践中，大学英语课程思政教育应突出学生主体的地位，灵活选择教学模式。根据不同的教学内容和学生群体，教师可以采用多种教学方法，如讲授、讨论、案例分析等，以提高教学的针对性和有效性。同时，教师还可以引入情境教学等活动，使学生能够在实践中运用所学知识和技能，增强他们的思辨能力和创新意识。

教学实践表明，以人本主义学习理论为指导的大学英语课程思政教育能够有效地实现育人目标。学生在参与主体性学习的过程中，能够更好地理解和应用知识，增强自我意识和自主能力。在教师的引导下，他们也能够更好地培养思想品德和社会责任感，成为具有发展潜能和社会意识的终身学习者。

因此，将人本主义学习理论融入大学英语课程思政教学中，不仅能够促进学生的学习发展，还能够推进大学英语课程思政教学体系的构建，实现育人目标的有效实施。这样的教学模式可以为学生提供更为丰富和有意义的学习体验，提升他们的综合素养和社会责任感，为其未来的个人和职业发展奠定坚实的基础。

3. 人本主义学习理论与大学英语课程思政教育的内在逻辑

(1)教育目标契合。人本主义学习理论强调学生整体发展，旨在培养学生的智力和认知能力，以及培养良好的人生观、价值观，这与大学英语课程思政教育的理念相契合。在大学英语课程思政教育中，教师应注重培养学生的知识、能力和文化素养，倡导学生的全面发展。在这两种理念的共同指导下，教育工作者应以学生为中心，全面关注学生的发展需求，为学生提供全方位的教育支持。

在大学英语课程思政教育的实践中，教育者应注重学生的个体差异，尊重学生的独特需求和发展潜力，以及培养他们的自主学习能力。教育者应该创造积极的学习环境，鼓励学生参与学习，发展他们的自我认知和自我指导能力。通过教学模式的灵活运用，促进学生的主动学习和思考能力，提高他们的学习效果，让学生学有所得。

(2)教育理念一致。人本主义学习理论和大学英语课程思政教育的教学理念之间具有一致性。

首先，两者都强调教师的角色转变。在人本主义学习理论中，教师扮演着学生的引导者和支持者的角色，他们的任务是创造一个积极的学习环境，为学生提供必要的资源和指导,并激发他们的学习动力。而在大学英语课程的思政教育中,教师不仅仅是知识的传授者,更要充当学生的学习伴侣和指导者,引导学生积极参与学术讨论和思考,鼓励他们发表独立见解,并帮助他们建立批判性思维和判断力。从这个角度上来看,人本主义学习与大学思政教育的教育理念具有一致性。

其次,人本主义学习理论和大学英语课程思政教育都强调要重视学生的个体差异。根据人本主义学习理论,每个学生都是不同的个体,具有不同的学习需求、兴趣和能力。因此,在教学的过程中应该尊重学生的个体差异,给予他们个性化的学习支持和指导,使每个学生都获得最适合自己的教育。在大学英语课程思政教育中,教师也需要关注每个学生的实际情况,尊重他们的学习方式和节奏,因材施教。这种关注个体差异的教学方法有助于最大限度地发挥每个学生的潜能,促进他们的个人发展。因此,在重视学生个体差异这方面,人本主义学习理论与大学英语思政教育具有一致性。

最后,人本主义学习理论和大学英语课程思政教育理念都关注学生的潜能和探究能力。人本主义学习理论认为,学生具有达到自我实现境界的基本潜能,他们具备发现问题和解决问题的能力。根据这一理论,教育应该激发学生内在的动力和潜能,引导他们进行探究学习,让他们具备解决学习问题的能力,使他们成为独立、自由的学习者。

在大学英语课程思政教育中,同样注重学生的潜能和探究能力。思政教育强调学生的发展具有现实意义,可以为知识创新、发挥潜能和全面发展提供基础保障。大学英语课程思政教育的目标是培养学生的人文精神和思辨能力,在实践中,教师可以通过引导学生参与探究学习活动,使其发掘自身潜力和创造力,促进他们在知识、能力和价值观方面的统一发展。这种注重潜能和探究能力的教学方法,可以激发学生的主动性和创造性思维。通过引导学生提出问题、进行探究和解决问题,可以激发他们的学习热情和内在动力,培养他们的批判性思维和判断力。同时,这种教学方法也能够培养学生的自主学习能力和问题解决能力,为他们未来的学习和工作奠定坚实的基础。

第二章
大学英语教学现状

第一节　大学英语教学的观念问题

高校作为为社会和祖国培养高素质人才的重要机构，承担着促进学生全面发展及提升其英语能力的任务。在社会发展进程中，随着英语的重要性日益凸显，高校相应地开设了公共英语教学课程，旨在提高学生的英语素质。然而，目前高校的公共英语教学仍然存在一系列问题，阻碍了学生英语能力的有效培养。因此，本节内容旨在通过简要概述当前高校公共英语教学的现状和问题，进一步深入分析这些问题出现的原因。

目前，高校公共英语教学存在诸多不足之处。首先，教学内容过于注重英语基础知识的传授，忽视了学生英语实际运用能力的培养。其次，教学方法单一，缺乏灵活多样性和个性化的教学手段。最后，教学资源分配不均衡，无法满足学生个体差异化学习的需求。此外，评价体系相对单一，主要以考试成绩为导向，无法全面评估学生的英语综合能力。这些问题的存在，限制了学生英语能力的全面发展。目前，高校公共英语教学主要存在的观念问题如下。

一、仍将考试成绩作为重要考核标准

目前，高校选拔优秀学生或评奖学金等级主要依据学生成绩，尤其是英语成绩，这种现象暴露出了一些问题。许多学生将公共英语考试取得高分作为学习英语的主要目标，而非真正地全面掌握英语知识。这种以应试为导向的学习态度往往忽视了学生的语言实际运用能力，导致学生在考试之外的情境中难以有效运用英语。从高校教师的角度出发，他们的教学评价和职业发展很大程度上依赖于所教授班级的考试成绩，这导致教学内容和方法可能与社会的实际需求

脱节。因此,尽管学生能在考试中取得优异成绩,但他们的英语能力并未得到实质性的提升,这与社会对学生的英语水平期望存在明显差距。

这种现象的原因是多方面的。首先,教育体制对学生学习贡献不平衡的评估方式早已存在,而这种方式是公共英语考试成绩的唯一评估标准。这种评估方式非常片面,只关注学生的考试成绩,忽视了其他重要的英语技能,如口语表达能力和实际应用能力。因此,这种评估方式无法全面衡量学生的英语能力。其次,公共英语教材所涵盖的内容有限,难以真正地反映社会对英语能力的全面需求。当前的公共英语教材主要侧重于基础语法、词汇和阅读理解等方面的训练,而忽略了英语口语和写作等实际应用能力的培养。这导致学生在实际场景中运用英语时出现困难,无法满足社会对英语能力的全面要求。最后,英语教师因评职称和评优等制度而必须通过教授公共英语教材来提高班级的考试成绩,这使得教学内容过于依赖于公共英语考试。为了追求高分,教师可能会过多地注重教授应试技巧和策略,而忽略培养学生的综合能力。这种教学方式不仅限制了学生的英语学习,也限制了教师的教学能力发展。

二、重视读写练习胜过听说练习

在许多高校的公共英语教学中,存在一种趋势,即对英语读写能力的培养过于重视,而相对忽视了英语听说能力的提升。这种现象主要表现在以下两个方面。

首先,在英语考试中,阅读和写作部分的分数权重较大,这使得学生和教师普遍偏向于过度关注这两项技能的提升,而忽视了听力和口语的训练。然而,听力和口语作为语言交流的重要组成部分,同样需要得到充分的关注和培养。

其次,要想有效进行听力和读写教学,需要依赖于适当的听力设备以及高校提供的资源。然而,许多普通高校在资源配置上相对有限,为了满足公共英语课程的基本需求,往往不得不减少听力和口语的教学时数。这种做法进一步加剧了学生听说能力的不足。

三、传统的教学观念依然根深蒂固

尽管素质教育对普通高校的教学改革起到了积极的推动作用,然而在公共英语课程中,仍然存在着根深蒂固的传统教学观念,这影响了素质教育在该领域的应用。具体表现在以下方面。首先,调查显示,当前普通高校的教师仍然是公共英语课程的主导者,采用教师授课学生听讲模式,导致学生的积极性无法得到充分激发,从而影响了公共英语课程的教学效果。其次,许多教师仍然采用较为传统的教学方法进行公共英语课程的教学,例如让学生死记硬背单词或者英语高频句子等。这种教学方法可以提高学生的分数,但却无法进一步提高学生的英语能力。

在大学英语课堂教学中,忽略文化教学的重要性往往是教学效果不佳的主要因素之一。现实课堂中,许多教师往往忽视了文化背景知识对阅读理解的重要性,导致学生过分注重词汇和句子本身的理解,而忽略了其所处的文化语境。此现象进一步加剧了在英语课堂中"就词论词""就句论句"的倾向。尤其是在高校学生面临专业学习压力巨大的情况下,他们往往无法将大量精力投入文化背景知识的学习和扩展中。这种情况导致了学生在阅读中频繁出现理解错误的现象。

对于普通高校来讲,做好公共英语教学工作是非常重要的,同时也是社会对普通高校的人才培养要求。因此,需要对目前的公共英语教学课程进行相应的改革,从而能够不断提高公共英语教学效果。相信,普通高校对公共英语教学课程的调整,能够更好地适应社会对英语人才的培养需求,为社会和国家培养更多的高素质英语人才。

第二节　大学英语教学的现状和问题

当前,中国特色社会主义进入了新的发展阶段,对高层次、全面发展的人才需求更加迫切。新形势下,普通高校的英语教育亟须追求高质量发展,因此课程教学在培养学生方面起着至关重要的作用。公共外语作为大学生教育课程体系的重要组成部分,在课程体系中占据着核心地位。然而,近年来随着许多地方的本科院校的招生规模不断扩大,传统教学模式下的公共英语课教学与当前社会的实际需求产生了明显的脱节。因此,为了提高课程质量,使英语教学更好地服务于大学生的培养目标,有必要对英语教学的课程体系、教学目标、内容、教学方式和评估等方面进行优化,并寻找解决路径,为普通高校英语教学目标制定与改革提供参考。

一、普通高校大学生公共英语教学现状

(一)教学模式单一,实用性不足

目前,大多数地方的本科院校在公共英语课程方面存在一些共性问题。首先,一般来说课程的开课时间通常为两个学年,这限制了学生在有限的时间内提升语言能力的机会。其次,多数地方高校的大学生公共英语课程只开设英语读写课和听说课,课程设置单一,无法满足不同专业学生的学习需求。此外,不同专业的学生使用同一种教材,这导致教学内容对于不同专业的学生来说没有针对性,在课堂教学模式中也往往只局限于教材内容的介绍,主要侧重于语法、词汇和英美文化等方面的讲解。然而,这些内容对学生英语能力的提高作用有限,且缺乏实用性。

课堂教学内容的格式化和教学模式的固定化是当前高校教育中普遍存在的问题。教师们往往将重点放在语言知识的传授上,而忽视了学生的实际需求。此外,课堂内容也未能突出学生所学专业的特点,更没有体现出其实用性优势。本科当前的英语教育更加侧重于通用英语的阅读理解,导致学生对所学专业领域的英文理解和使用是一项短板,同时由于课堂上的写作和口语练习的比重较小,学生往往不熟悉英文写作,缺乏查阅外文文献的能力,也无法流利地进行英语对外交流,总体来说实际应用的能力仍有欠缺。

(二)普通高校学生英语水平参差不齐

在普通高校中,学生的英语水平存在着明显的差异。这种差异可能源自多种因素,比如学生来自不同省份,各自的学习背景、学校教学质量、家庭环境等都各不相同,在课堂教学中可能反映在学生的基础英语水平和接受新知识的速度有较大的差异性。一些学生可能具备较高水平的英语能力,能够流畅地使用、理解复杂的英文文本,并在英语考试中取得好成绩。然而,另一些学生可能英语水平较低,表现出口语不流利、阅读理解能力较弱等特点。这种差异不仅在听说读写方面存在,也体现在词汇量、语法掌握等方面,这些问题也会给教师的课堂教学开展和课堂进度安排等方面带来一定的考验。

(三)英语考试和教学目标存在脱节

英语测试作为英语教学中必不可少的一环,在教学过程中与其相辅相成、互

相影响。教学的核心在于知识和技能的传授，而测试旨在检验教学的有效性，评估学生通过教学所获得的外语语言能力水平。教学方法的改革常常催生测试手段的创新，而测试方法又能对教学实践产生深远影响。然而，在课程考核评价体系方面，传统的考核方式过于依赖期末考试，且以笔试形式为主，往往将教材内容考核作为衡量学生学习成效的唯一标准。常规英语听说教学的评价方式主要侧重于实施终结性测评，这种方法虽然包括平时成绩的考核，但整体上仍然偏向单一的终结性评价。这意味着，教学过程中的教育价值、个性化需求等方面被忽视了，教师的重点在于评估学生的学习效果，而非过程。这种倾向导致了评价的狭隘性。同时，以教师为主导的英语听说教学评价过程中，英语学习的结果往往被看作最终目标，而非学习的过程本身。这就意味着，教育过程中强调的是学生的书本知识，而不是发掘、激发学生的个人发展潜力。此外，评价过程还忽视了学生的人文素养，这将会导致学生在未来的职业发展中存在局限性。这种英语测试形式所带来的问题包括学生在考试前仅仅为了追求高分而急于背诵复习教材，课堂学习只注重与考试相关的知识点，既无法全面反映教学效果，也限制了教师调整教学过程的能力。此外，试卷受篇幅限制，考查内容和知识面存在明显的局限，从而极大地影响了教师教学与学生学习的效果。

二、大学英语公共课教学的现存问题

（一）对话教学的现存问题

当前高校英语对话教学的实效性不佳主要归因于对话教学空间的狭窄。这一状况的显著特征包括教师对于对话的意识不足，对话教学仍然主要依赖于教师的单向讲授，并且存在将增加课堂内师生交流频率等简单技术手段误解为对话教学的改进措施的情况。此外，对话教学在执行过程中往往过度依赖线性方法，未能为学生提供充分的参与空间。此外，有限的课堂时间也成为对话教学开展的一大障碍。这种局面若持续下去，学生将失去自信、流畅表达个人观点的能力，口语基础薄弱，从而影响英语口语教学的实效性。

当前的大学英语对话教学涉及三种类型，即主体间对话、理解性对话和反思性对话。主体间对话包括师生对话和生生对话。然而，在当前的英语课堂中，主体间交往的结构存在异化问题，这主要表现在教师通过教育制度获取对英语课堂的控制权，而学生则被置于从属课题的地位。因此，双方的交往被局限在教师角色和学生角色之间的交流,交流内容仅限于以知识为核心的工具性交流,而非生活经验和价值个性的分享。由于这种局面,学生缺乏积极参与教师对话的主动性。理解性对话包括教师与英语文本的对话以及学生与英语文本的对话。然而,在当前的英语课堂中,教师独白式对话占据主导地位,学生缺乏对于对话进程、话题以及发言的决定权。长此以往,这将使学生成为被动的观众,缺乏对话的参与性。反思性对话指的是教师与学生之间的自我对话。然而,部分英语教师错误地将对话理解为简单的问答形式,片面追求对话形式,导致对话缺乏深度。

(二)阅读教学的现存问题

大学英语阅读教学面临的主要问题之一是教师在教学过程中忽略了文化教学的重要性。一直以来,大学英语的专业阅读课程对精读和泛读在课程安排策略上存在较大的差异。在大学英语阅读课程的设置中,一个普遍存在的现象就是精读课程的课时通常明显多于泛读课程。精读课程以教师为中心,教师引导学生进行“就句论句”的浅层次阅读,而学生在此过程中缺乏明确的目标、背景知识和心理准备。这种教学模式看似让学生掌握了材料中的词句语法,但是却没有充分展现阅读材料的功能性,并忽略了对阅读方法的指导,让学生很难获得自主阅读的锻炼,分析英文材料和发掘原文信息的能力很难得到提升,这样的课程安排也很难让学生在有限的英语学习时间中获得充分的阅读理解锻炼。长此以往,学生的文化背景知识相对贫乏,阅读速度和跨文化理解能力容易出现明显的短板。

(三)听力教学的现存问题

在高校英语听力教学领域,线上教育平台为教师提供了一个探索语言发展与专业结合之路的契机。然而,由于时间和精力的限制,他们在在线听力课程的开发技术方面存在明显的不足。教师往往倾向于选择他们个人较为熟悉的领域作为听力教学的开展方向,比如英语语言教学和英语国家文化方面的听力材料练习。而在专业技术开发方面,特别是针对英语听力教学的需求来对线上教育的模式和技术进行优化方面,教师们的关心程度不足,参与意愿较低。与此同时,大多数教师未能意识到学生听力教学资源的匮乏是一个比较严重的问题,这也导致了很多教师缺乏及时提升听力课堂组织设计能力的意识。出现这些问题有主客观的多方面因素,既包括教师个人的认知水平和能力,也涉及教育平台的技术支持和资源供给等，这些因素共同作用，限制了英语听力教学的有效开展。

第三节　大学英语教学现存问题的优化思路

一、拓展英语对话教学的物理空间

为了顺利推进英语对话教学，教师需要明确对话教学的内涵。对话教学不仅是一种教学方法，更是一种教学原则和目标。从哲学视角来看，对话教学是为了将教学空间从个体意见表达的场域转变为多种意见认同、完善和交汇的场所。在这个场所内，教师应该积极倾听学生的意见和建议，将个人和学生的场域融合在一起，从而提高对话教学的效果。

对话空间的创设包括课堂物理空间等因素。课堂物理空间是对话教学形式的重要约束因素，它与教室布置、座位排列和学生人数之间存在一定的关系，直接影响学生的课堂行为。过去，高校英语课堂常采用"秧田式"课桌摆放方式（行列座位编排，位置固定），这是以教师为课堂中心理念的结果，直接形成了教师讲解、学生被动聆听的对话教学模式。因此，教师应根据对话教学的要求，将课堂物理空间内的桌椅摆放调整为圆周形式。这种布置方式可以促进学生之间的互动和交流，使对话更为自然流畅。

调整课堂物理空间为圆周形式有以下优势。首先，它能够让学生感受到课堂氛围的变化，从而激发学生的学习兴趣和积极性。其次，圆周形式的座位安排可以促进学生之间的面对面交流，增强学生之间的互动和合作能力。此外，圆周形式的座位布置还能够缩短学生和教师之间的距离，营造出一种更加平等和开放的教学环境。最后，圆周形式的座位摆放有利于教师更好地观察和引导学生的学习情况，及时进行调整。

在调整桌椅摆放形式的基础上，引入分组对话形式是为了更好地促进学生间的交流。为了确保每个学生都能充分参与对话，每个分组的人数应控制在20人左右。在分组对话的过程中，所有学生都享有同等的参与权利，他们可以对某个特定话题进行解释、发表观点、提出建议、进行论证，甚至对相关话语的有效性提出质疑或表示反对。这种分组对话的教学形式，不仅仅是为了促进学生的思维发展和表达能力的培养,也是为了促进学生与教师之间的相互关切和合作,从而形成一个平等互助的共同体。通过这种方式,学生的主体地位得到了充分的体现,而教师则回归到客体化的角色,以更好地引导和支持学生的学习。

在构建师生合作共同体的基础上,教师应该提高自己的对话技巧。教师的对话技巧应该以激发学生求知、检测学生知识掌握和启发学生思维为立足点,提出更多的参考问题。教师应根据课堂教学情况和学生的理解程度,及时提出问题,促使学生进行综合推理、分析等高层次的思维活动,并产生复杂的结果语言。同时,教师在展示对话智慧的过程中,可以进行对话性讲授、辩论和主题探究等多种对话活动,以培养学生的问题意识。其中,对话性讲授的目标是追求客观真理,常见的形式是问答。教师应以问题作为知识探究的起点,引导学生提出各种类型的问题,如理解型问题、记忆型问题、综合型问题、应用型问题、分析型问题和评价型问题,并在提出问题后积极联想,朝着预设的结果不断探索。辩论是一种以支持或反对某种观点为基础的活动,充满着逻辑性、批判性、质疑性和怀疑精神。在对话式教学中进行辩论活动可以培养学生的严密思维能力。主题探究活动是将问题提出转化为有意义的主题探究的结果。在这种探究过程中,学生被允许发表个人观点,并且对话的焦点从具体问题回答转向形成一致的结果。这种活动是高校英语课堂中实施教育观的创造性体现。

二、开发线上资源,增强听力教学

在传统的英语听力教学模式中,教师们需意识到慕课(MOOC)平台所倡导的学习者至上理念。这一理念强调个性化学习,要求教师根据学生的个体差异制定高度贴合的任务。在此背景下,教师需要将基础英语听力教学与语言辅导相结合,扩展英语听力教学的范围,紧密关注学生的潜在需求,从而为学生英语听力能力的提升提供有效支持。

Coursera 也可以为师生提供在线交流环境,教师可根据不同专业领域的需求开发课程资源,为高校学习者提供更多的选择。在此基础上,教师可以“career”为话题,通过播放 Coursera 涉及的专业学生职业视频,帮助学生从专业角度大致了解职业英语表达方式。随后,教师可将学生分为若干小组,以小组为单位就职业英语常见词汇、句型进行深入讨论,从而促进学生对职场英语的理解和掌握。接下来,教师可以通过提出问题,如“Have you tried university part-time jobs?”引导学生猜测听力材料中的内容,激发学生学习英语的兴趣。此外,教师还可适时发送链接,引导学生利用课下时间搜索、分享与听力话题相关的歌曲、视频、影片、图片等资源,自觉巩固听力知识。这种利用网络技术的方式不仅为学生提供了更为丰富的学习资源,也为网络技术成为学生强有力的英语学习工具提供了有效依据。

三、增强文化背景导入,优化阅读教学

面对当前阅读教学中学生理解错误的问题,教师应积极贯彻落实吸收原则、认知原则、对比原则。吸收原则指的是教师在教学中应促进学生吸收并理解所学知识,使其能够运用于实际情境中。教师可以通过提供丰富多样的阅读材料,引导学生进行深入思考和准确理解。学生理解错误时,教师需要适时给予反馈和纠正,以帮助学生正确掌握知识。认知原则是指教师应关注学生的认知过程,引导学生主动思考和探索,培养其独立思考和问题解决能力。对比原则是指教师应引导学生进行对比分析,帮助他们理解和运用所学知识。在阅读教学中,教师可以引导学生对比不同文化背景下的阅读材料,帮助他们理解不同文化的思维方式和表达习惯。通过对比分析,学生可以加深对阅读材料的理解,提高阅读的准确性和深度。

在阅读教学中,教师可以通过提问、讨论等方式激发学生的思维,帮助他们理解阅读材料中的难点和重点内容。同时,教师还要关注学生的学习策略,指导他们如何有效地运用阅读技巧和方法。为了更好地达成阅读教学中的文化教学目标,教师可以将其细化。例如,在课堂教学中,教师可以要求学生用英语短句发表关于学习的意见,用英语清晰讲述视频中显示问题现状、根源与解决对策,以及学习生活中遇到的突发状况及解决过程等,以此提高学生的应变能力和语言表达能力。

四、对教学评价进行量化改良

教学评价对于改进英语教学来说是一项非常重要的任务,然而在英语教学中常常被忽视。综合考虑学生的英语学习情况、教学目标、教学内容、教学媒体、教学资源、教学方法和策略等多方面因素,设计一个有效的英语听说教学评价表是优化英语教学的关键。该评价量表应包括英语口语教学和英语听力教学两个

方面。

综上所述,现代教育技术的引入使高校英语教学资源极为丰富。教师们不能再局限于传统的课堂教学方式,而是需要利用在线平台获取各类教学资源,灵活调整教学方式与内容。在这一背景下,教师的角色不仅仅是知识的传授者,更是学生学习之路的导航者和激励者。教师应当充分利用各类教育资源,精准把握学生需求,从实际出发对大学英语教学的各个维度进行优化和改造,从而更好地实现高校英语教学的目标与使命。

第三章

大学英语教学理论

第一节　任务型教学理论视域下的大学英语教学探究

随着经济全球化和世界一体化的发展，以及我国在经济、社会、文化等领域与世界各国的交流日益增多，英语学习的重要性愈加凸显，这也对我国的大学英语教育提出了严峻的挑战。如何按照教育部颁发的《要求》，培养学生的英语综合应用能力，增强他们的自主学习能力，以满足我国社会发展和国际交流的需求，是大学英语教育中需要不断探索和思考的问题。

任务型教学理论是一种以学生为中心，通过设置模拟现实场景的任务，以培养学生的知识运用能力和创新能力为目标的新型教学模式。任务型教学法基于任务型教学理论，是以任务组织教学，在任务完成过程中，以参与、体验、互动、交流、合作等学习方式充分发挥学习者自身能力，调动已有资源，在实践中感知、认识应用目的语的教学方法。教学实践表明，在大学英语课堂中采用任务型教学理论，根据教学目标实施任务型教学法，是解决大学英语传统教育模式下部分问题的一种有效途径。

一、任务型教学法的应用价值

1. 有利于调动学生的学习积极性

通过任务型教学法，学生能够积极主动地探索学习内容，这个过程可以激发他们的学习兴趣和好奇心，提升教学效果。教师首先布置任务并提出问题，以引导学生主动收集资料，并将教材内容与课外资料结合起来，培养学生的自主学习能力。此外，任务型教学法还有助于学生养成主动学习的习惯，拓宽知识获取渠道，培养自我促进、自我学习的能力。

在任务型教学法的模式下，学生可以在课前完成教师指定的任务，利用多种手段收集所需信息，有助于将知识进行融会贯通，提高学习效果。同时，任务型教学法也能够培养学生的语言表达能力，增强学生的沟通与协作能力，激发学生的创新精神和学习的主观能动性，使学生更有效地吸收知识，实现教学目标。学生通过深入学习和实践，在课堂内外都能不断拓展自身的专业知识，符合当今社会对高素质人才培养的需求。

2. 淡化教师在课堂中的绝对权威性

在课堂上实施任务型教学法，会让教师与学生之间的关系发生比较显著的变化，这种变化是良性的，有利于促进教学效果的提高。在任务型教学法下，教师不再是扮演知识传授过程中的主导角色，而是转变为监督和评估学生学习情况的角色，在课堂中的绝对权威性被淡化了。在这样的教学模式下，学生的主动性更大程度地发挥，能够更好地理解和掌握知识，并能够更有效地完成学习任务。例如，在教学开始之前，学生会根据教师提出的任务积极收集资料、探究问题根源、寻找问题的解决方案。

随着时代的发展，社会对培养实用型人才的需求日益强烈，因此，在大学英语课堂上打造以学生为中心的课堂教学模式是十分必要的。英语教师应该改变传统的教学观念，帮助学生提升语言表达能力和阅读理解能力，指导他们掌握有效的学习方法，激发他们的自主思考能力，提升学生参与课堂沟通与互动的积极性。这种教学方式不仅能够激发学生的学习热情，还能够促使他们更好地理解教学内容，这样他们积累知识的速度会比传统授课方式中以教师为中心的授课方式更快，知识的内化效果也会更好。因此，任务型教学法可以真正体现以学生为中心的教学理念，有利于为大学英语教学创设良好的课堂氛围。

3. 利于培养多功能型人才

随着经济的快速发展，多功能型人才的培养成为当今教育的重要任务。在英语学习中，培养学生的语言意识至关重要，任务型教学法在大学英语教学中的运用可以让学生在更加真实的语言环境中学习专业知识，尤其是强化了学生主动使用英语语言的体验。相较于传统的教学模式，任务型教学法可以让学生获得更贴近实际生活的英语体验，对于英语的掌握和运用具有重要的意义。

通过任务型教学法，学生能够在课堂上模拟现实生活中的问题或情景，将理论知识与实际应用紧密结合。在这样的授课模式下，他们不再是被动地接受知识,而是被赋予了用自身的英语知识来解决问题和完成任务的责任,从而有效提升语言的真实运用能力。在课前准备阶段,每个学生都有自己的学习任务需要完成。通过收集资料、探索问题根源、寻找解决方案和积累知识,学生不仅丰富了自己的知识,还在活动中积累了更多的经验。过程中,他们可以不断锻炼沟通技巧和应变能力,逐渐成为更具自信和独立思考能力的学习者。这种学习方式不仅提升了学生的决策能力和思维能力,也为他们的身心全面健康发展提供了契机。这样的学习方式不仅能够提升教学效果,让学生更好地掌握知识,还能够营造积极向上的课堂氛围,让学生在充实的学习过程中充分发展自我,逐步成为社会需求的多功能型人才。

二、如何通过任务型教学法解决大学英语教育中存在的问题

在传统的应用型本科英语课堂中,存在许多需要改进的问题。为了更好地提升学生综合素养,任务型教学法被引入英语教学中。任务型教学法强调培养学生的探究性学习能力,以及独立学习、分析和解决问题的能力。在高等教育体系中,培养适应各行各业的专业人才是英语教学的主要目标。

我国大学英语教育面临诸多挑战,有必要进行改革和优化。在本科英语教学中,教师的目标是帮助学生掌握英语基础知识和技能,并增强他们的语言交流能力。为了实现这一目标,课程的内容应该更加实用、真实且具有针对性。任务型教学法能够帮助学生在真实情境中进行学习任务,使他们能够更好地将理论知识运用到实际中。通过完成任务,学生能够提高自己的实践能力,并更好地适应职场需求。

首先,教学模式的陈旧化是一个明显的问题。传统的教学模式以教师在课堂上单一讲授为主,缺乏对学生主体性的重视,导致学生对学习的兴趣不够浓厚。随着多媒体语音设备的普及,网络化课堂教学的手段愈加丰富,但课堂模式还是偏向于单一的语言知识的传授,教学方式过于依赖教师,忽视了学生的主体性和参与度。学生在课堂上被动接受知识,缺乏实际应用和交流的机会,难以培养和提升语言表达和解决问题的能力,这种模式限制了学生的个性发展和创新思维的培养。为了应对这一问题,教师可以引入任务型教学法等创新教学方法,以激发学生的学习热情和主动性,让他们能够更积极地参与到英语学习中。

其次,改善教师讲授方式缺乏针对性,无法改变学生英语基础参差不齐的情

况。在当前的大学英语教育中,存在部分学生英语基础薄弱以及由于地域经济、文化和教育水平差异引起的英语能力差异问题。如果学生的英语基础并不牢固,往往会在学习中面临很大的困难,导致学生在学习中的收获非常有限,针对这一问题,也可以通过任务型教学法进行改善,针对不同水平的学生,教师可以布置不同的英语学习任务,如难度呈阶梯式上升,以此让学生根据自己的能力来完成对应的英语学习任务,使每个学生都能够根据自己的实际情况进行有效的学习,达到更好的学习效果。

此外,评价体系过于单一的问题也普遍存在于大学英语课堂教学之中,很多老师过分强调考试成绩在教学中的导向作用,这也是亟须解决的问题。过度强调考试成绩会导致学生将外语学习仅仅视为应试手段,而忽视自身英语能力的真正提升。任务型教学法有利于调整英语课程的评价体系,把学生的语言实际应用能力和综合素质的提升放到英语评价体系中更加重要的位置上。

三、任务型教学法在应用型本科英语教学中的应用分析

(一)任务型教学法在大学英语听说教学中的应用

任务型教学法,注重实际应用和语言交流,在大学英语听说教学中的应用可以帮助学生更好地提高英语听说能力。教师在听说教学中可以根据学生的水平和学习目标,设计具有挑战性和实际应用性的任务。例如,可以设置角色扮演的任务,让学生在特定情境中模拟真实交流。或者设计一个小组讨论任务,让学生就某个话题进行小组交流和互动。在任务开始前,教师可以通过引入新词汇、介绍相关背景信息或播放相关音频、视频材料,为学生创造一个逼真的语言环境。这有助于激发学生的学习兴趣,并提供一定的语言支持。学生按照任务要求进行实际操作,如进行听力训练、口语表达、角色扮演等。学生也可以自主选择和组织学习材料,积极思考和运用语言,与小组成员进行合作和交流,在实践中提高英语听说能力。

(二)任务型教学法在大学英语阅读教学中的应用

在大学英语阅读教学中使用任务型教学法能帮助学生更好地提高阅读理解能力,培养学生的阅读策略和批判性思维。教师可以根据学生的水平和学习目标,设计具有挑战性和实际应用性的阅读任务。例如,可以要求学生针对一篇文

章进行摘要写作,或者进行文本分析和评论,培养学生的批判性思维和写作能力。在开始任务前,教师可以先通过提问引入相关话题,并提供一定的语言支持和背景知识,激发学生对文章主题和内容的兴趣。然后让学生按照任务要求进行阅读,并尝试速读、精读、扫读等不同的阅读策略,理解文章的主旨、细节和推理,回答相关问题或完成特定的任务,在此过程中学生能够锻炼自身阅读技巧,提高英语阅读理解能力。

(三)任务型教学法在大学英语写作教学中的应用

在大学英语写作教学中,可以使用任务型教学法来提高学生的写作能力,比如通过向学生抛出可以反映当代社会的重要议题,让学生思考、交流、讨论,完成议论文的写作。在这一过程中,可以让学生从不同的角度出发对写作话题进行交流探讨,培养学生的批判性思维和表达能力。学生能够通过任务的完成,深入思考和探究问题,并通过写作表达自己的观点和想法。同时,任务型教学法也注重对学生写作练习中的主体性和自主学习能力的培养,帮助他们更好地进行自我反思和改进。这样的教学方式能够较好地激发学生的学习动机,提高他们的参与度和学习效果。

四、基于任务型教学理论的大学英语教学课堂设计

(一)任务型教学课堂设计要点

1. 任务设定清晰合理

良好的任务设计是任务型教学能够顺利实施的前提条件。在任务设计过程中,教师需要考虑到多个因素,确保任务的清晰性、合理性和适应性。

(1)任务设计应当与教学大纲和教材对本课时的要求一致。教师需要明确任务的目标和预期效果,确保任务的设计符合教学大纲的要求。任务应充分考虑到学生在英语知识、技能和能力等方面的发展需求,设计符合学生实际情况的课堂任务,以达到最好的学习效果。任务设计还需要充分考虑学生现有的英语水平。教师应根据学生的语言能力和学习特点,合理设置任务的难易程度。任务的设置应既具有挑战性,又能够保证他们的完成能力,以激发学生的学习兴趣和动力。

(2)任务设计需要关注教学内容的重点和难点。教师应根据教材的内容和

学生的学习情况，确定任务中的重点知识点、重要技能或需要突破的难点。任务应以这些重点和难点为依托，帮助学生加深理解和掌握。

（3）任务设计也需要考虑到知识点之间的逻辑关系。任务的设置应尽量遵循一定的逻辑规律，使学生在任务完成的过程中能够建立起知识的框架和联系。当设计由多个任务串联起来的任务模式时，教师需要设计好任务之间的衔接和延伸方式，以使学生更好地掌握知识并进行知识的迁移与应用。

良好的任务设计能够为任务型教学提供广阔的发展空间，帮助学生全面发展并提高英语能力。教师通过合理设计任务，使学生在实践中学习和应用知识，培养他们的合作与沟通、创新与解决问题的能力。同时，良好的任务设计也能够促进学生对所学知识的巩固和运用，提高思维能力和语言表达能力。

2. 让学生做好完成任务的充分准备

"前任务"阶段，教师应当为学生提供相关的背景知识，以便他们对即将执行的任务有所了解和准备。避免学生在完全没有任何知识和心理准备的情况下进入任务，从而影响他们的学习效果。同时，教师还应当对相关重点词汇进行深入讲解。在针对研究生进行的教学过程中，理解一些本土语言使用方式和隐喻投射等词汇用法可以帮助学生更深入地体会英语的语言环境，这样可以提高他们的思维活跃性，更好地了解和准备即将进行的任务，提高他们的学习效果和参与度。

3. 在"任务环节"中做到学生自主实践与教师辅导的统一

"任务环节"阶段，学生将成为课堂学习的主体，并经历执行任务、准备任务汇报以及汇报任务完成情况三个步骤。这一阶段是任务型教学的核心环节，旨在让学生充分参与并展示他们在"前任务"阶段的准备工作。

经过"前任务"阶段的准备，学生已经具备了与学习相关的知识基础。学生可以结合自己的理解和所学知识，执行教师所布置的任务并进行深入的讨论和思考。在这个过程中，教师可以采取不同意见的讨论组之间进行辩论等交流方式，促使学生更加深入地思考问题，同时也有利于学生之间的相互交流和协作，培养他们的批判性思维，掌握解决问题、分析观点、辩证思考等重要的学术技能。此外，他们还能培养团队合作的能力，学会倾听和尊重他人不同的观点。

4. 在"后任务"阶段深化语言知识的运用能力

在任务型教学中，语言学习是一个反复刺激和强化的过程。在"任务环节"

阶段,学生有机会通过任务的执行和讨论来提高他们的语言表达能力。在任务完成的过程中,教师可以要求学生对自己的语言表述进行自我评价和总结,如对词汇使用的准确性、语法结构使用的合理性以及表述的流利程度等。通过自我评价和总结,学生能够更加深入地理解和运用新知识和表达技能。他们可以发现自己在语言表达方面存在的问题和不足,并通过反思和修正来提高自己的语言运用能力。此外,教师还可以提供针对性的反馈和指导,帮助学生更好地理解和运用语言知识。教师可以指出学生在语言表达中的错误或不足之处,并示范正确的语言用法和表达方式。这样,学生可以从教师的指导中吸取经验和教训,进一步提高语言运用能力。通过反复刺激和强化,学生可以逐渐提高他们在任务执行中的语言运用能力,并且将这些新的知识和技能逐步运用到实际的语言交流中。

(二)任务型教学的实施流程

1. 确定任务主题

在设置任务主题时,考虑学生的专业背景和兴趣是很重要的。通过将英语教学与其他学科的教学内容相结合,可以提高学生的跨学科学习能力和应用能力。例如,可以在商务英语课堂上让学生模拟国际商务洽谈的场景,并进行口语表达和写作练习。这样的任务既能帮助学生提高英语能力,又能让他们了解国际商务的实际运作方式。此外,任务型教学法也可以用于探讨日常生活和社会问题,帮助学生理解英语学习的实际应用。例如,通过讨论和写作任务,让学生就环境保护、社会公益等议题展开思考和行动,使他们认识到英语学习不仅与学科有关,也与社会责任和时代话题有关。

任务型教学法的实施方式各不相同,教师可以根据具体的教学目标和学生的需求进行有针对性的设计。例如,任务可以由个人独立完成,也可以进行小组合作。任务的设计可以包括阅读理解、听力训练、口语表达、写作练习等不同的环节,要尽量设计成一个综合性的任务活动,让学生在任务中综合运用所学的知识和技能,以提高自身的语言综合能力。

2. 信息资料收集及处理

在任务型教学过程中,教师应鼓励学生使用多种方式来收集有关任务内容的信息,通过不同途径来获取相关的知识,如通过图书馆查阅书籍、浏览互联网网页、观看教学视频等,尽可能多地通过不同的方式来收集有用的信息,在这个过程中,学生可以自发地从不同的角度思考问题,同时扩展自身的知识视野。

现代科技的发展为教学提供了许多便利。例如,教师可以利用电子白板来呈现课程内容,使学生更直观地理解和掌握知识。同时,教师还可以利用在线学习平台和教学软件来进行课后作业和测试,以评估学生的学习情况。除收集信息之外,教师还需要指导学生如何将这些信息进行分类和整理,这个过程同样是学生获取知识的重要环节,让学生通过自己的思考更好地理解信息的内涵,并引导学生将获取的信息应用于解决实际问题的过程中,帮助他们培养和提升分析、判断和解决问题的能力。

3. 学生完成任务内容

在任务型教学实践过程中,学生首先需要仔细阅读和理解教师给出的任务要求,如教师要求学生收集相关信息、进行分析和探讨、展示自己的观点或完成某些具体的活动等。其次教师要引导学生通过自主查阅资料、阅读教材和相关文献、观看视频等多种途径来收集相关信息,提取有用的信息并厘清逻辑关联,以备后续使用。

基于收集到的信息,学生需要进行一定程度的分析和探讨,从而形成自己的见解和观点。这可能涉及比较、对比、解释、评估等操作,学生需要运用自己的英语知识和思维能力进行分析和探讨。

任务型教学理论强调学生之间的合作与协作,因此小组合作的方式在大学英语任务型教学活动中是比较常用的。在小组合作中,学生们需要相互协作,共同完成任务,不同能力的学生在小组合作中可以找到适合自己的定位,各个成员彼此之间取长补短、互相促进,从而更好地参与到任务的完成中。在小组中,学生可以相互交流,分享自己的想法和观点,协作努力解决问题。学生可以共同讨论和完善各自的见解,提供反馈和建议,并在小组中协调分工,分别承担不同的任务,以便高效地完成任务。这种合作形式不仅能够培养学生的团队合作意识和沟通能力,还能够激发他们的创造力和解决问题的能力。

为了顺利完成任务,学生们需要具备相关的主题知识和语言基础知识以及听、说、读、写技巧。在任务型英语教学实践中,教师需要帮助学生掌握必要的知识和技能以确保他们能够顺利完成任务。教师可以通过引导学生阅读相关的文献资料、观看教学视频,以及参与讨论和案例分析等方式,帮助学生理解和掌握主题知识。同时,教师还可以通过有针对性地听、说、读、写训练,提高学生的语言表达能力和语言运用能力，把教学活动融入任务完成的环节中，帮助学生更好地完成。

4. 任务成果展示与评价

在任务型教学模式的结束阶段，教师需要组织学生进行的任务作品演示、小组内部的互评等。学生可以通过写作任务报告、制作 PPT、口头演讲等方式向教师和同学展示自己的学习成果。教师可以根据学生的任务完成情况，有针对性地给予反馈和指导，帮助他们发现并解决问题。

任务报告撰写是学生对任务完成过程的总结和归纳，也是对所学知识的回顾与反思。教师可以指导学生如何写出清晰、准确的报告，要求学生将任务的目标、完成过程、发现和成果等进行详细的描述和分析。通过这样的指导，学生可以进一步提高自己的英语写作能力，并将所学知识转化为实践中可以自如使用的技能。

在任务成果展示与评价中，学生通过展示自己的任务成果，能够加深对所学知识的理解和应用，并锻炼自己的表达能力。教师在演示过程中需要对学生的任务成果及时做出反馈和指导，帮助学生发现和改进自己的不足之处，这种在实际语言应用过程中发现的问题对于学生提高语言使用能力的价值极大。通过多次任务训练和教师反馈，学生可以逐渐提高自己的演示能力和英语表达能力，补齐自身在语言实际应用中的短板。

学生在小组内部的互评活动也是任务型教学评价阶段中的重点之一。学生在互评中可以了解小组成员的优点和缺点，并从中获得启发和借鉴。教师可以引导学生挖掘同学在语言使用中的优势，取长补短，这样的互评过程能够培养学生的批判性思维和团队合作能力，帮助他们进一步提高自己的英语运用能力。

教师在任务成果评价的过程中，应该制定合理的任务标准，并严格遵循因材施教原则，对学生进行客观的评价和指导，保证每个学生都能够获得最适合自身的教学评价，将任务型教学的学习成果最大化。同时，教师应不断更新自身的知识体系，积极参加英语教学培训和研讨会，不断提升自身的教学能力和知识储备，从而更好地指导学生，推动任务型教学模式的有效实施，实现预期的教学目标。

五、任务型教学理论在大学英语教育中的应用意义

任务型教学是一种注重实践和培养能力的教学模式，特别适合大学英语教

育中的应用型本科教学。在这种教学模式下,任务的设计和场景的选择非常重要,教师需要根据学生的兴趣和需求,设置富有挑战性和实践性的任务,以激发学生的学习兴趣和参与积极性。这样的任务设计能够让学生在实际情境中运用语言来解决问题,培养他们的语言应用能力和创新能力。

在任务型教学中,学生可以通过分组讨论和合作学习的方式进行任务的完成。这种合作学习的方式可以让学生积累经验和信心,发展他们的合作能力和团队协作精神。通过彼此间的合作,学生可以分享知识、交流观点,并从中获取更广阔的视野和思维方式。

推广任务型教学对大学英语教学效果的提升有着积极的意义。任务型教学能够使学生更加主动地参与学习,强化他们的学习动机和学习效果。同时,任务型教学也能够培养学生的综合应用能力,使他们在未来的就业环境中具备更强的竞争力和发展潜力。

随着时代的变化,大学英语教育对学生综合素质提升方面提出了更多的要求。教师应积极探索和整合教学经验,努力提升英语教学质量,以满足社会对高素质全能型人才的需求。任务型教学理论与教学实践的结合,对于提升大学英语教学效果和培养学生英语综合应用能力具有重要意义。

第二节　产出导向法视域下的大学英语教学探究

产出导向法(Production-oriented Approach,POA)是一种专门针对英语教学的全新教学理论,它通过结合应用与探究实践来提供一种独特的大学英语课堂教学方法,并在文秋芳教授的大力推广下取得了广泛的应用。产出导向法的优势在于充分结合了传统教学的各项优点,并实现了教学假设、教学理念和教学流程的有机结合。该方法强调尊重学生的主体地位,并发挥教师在课堂中的主导作用,同时有效融合了输入性和产出性的教学过程,以确保学生所学知识的实际应用。此外,该方法还强调兼顾英语知识教学和人文素质培养的重要性。在应用产出导向法进行大学英语教学时,教师必须积极发挥自身的课堂驱动作用,有效结合教学场景和任务,为学生提供充分的输入材料,以激发学生对英语学习的热情,并提高他们的英语学习产出。

大学英语作为一门公共基础课程,其教学一直存在费时低效、学用分离等问题,往往容易导致英语教学质量不高、学生的英语应用能力存在较大缺陷等后果。“产出导向法”的提出为解决这些问题提供了一种新的思路,将“产出导向法”应用于本科院校的大学英语教学实践中,可以更好地培养学生的英语实际应用能力,通过设置实际情境任务,让学生在真实的语境中使用英语解决问题。这样的教学方法能够让学生更加主动地参与学习,提高其学习动机和学习效果。“产出导向法”作为一种新型的教学模式,为本科院校的大学英语教学改革提供了一定的借鉴和参考。通过应用这一教学方法,可以提高学生的英语应用能力和解决问题的能力,提高教学质量。

一、产出导向法的提出及其发展

产出导向法是北京外国语大学文秋芳教授在 2007 年基于中国外语教育存在的问题而提出的一种教学方法。在产出导向法的整个应用过程中,教师需要发挥主导作用,充分调动学生的主观能动性,以发挥出更好的教学效果。本章从教学理念、教学假设和教学流程三个方面来介绍产出导向法这一教学模式。

1. 产出导向法的教学理念

教学理念是产出导向法的核心,综合了学习中心说、学用一体说、文化交流说和关键能力说四项主要内容。其中,学习中心说强调了学生在学习过程中的主体地位,教师应该根据学生的学习需求和兴趣设置任务;学用一体说强调语言学习和语言应用的结合,使学生在实际语境中运用所学知识;文化交流说强调培养学生的跨文化交际能力,使其具备在国际交流中进行文化理解和交流的能力;关键能力说强调培养学生的关键能力,如批判性思维、问题解决能力等。

2. 产出导向法的教学假设

产出导向法的教学假设包括输出驱动、输入促成、选择学习和以评为学四个阶段。

输出驱动是指通过实际运用语言进行交流的过程来促进学习。学生需要主动地参与真实的语言使用情境,如参加讨论、写作或演讲。通过彼此间交流,学生可以将自己的语言技能应用到实际情境中,从而提高自己的语言应用能力。

输入促成是指通过提供合适的输入材料来帮助学生学习语言。如阅读书籍、报纸、文章、观看电影或听音频材料等。通过接触和理解不同类型的语言输入,学生可以扩展自己的词汇量和语法知识,从而提升语言表达能力。

选择学习强调根据学生的兴趣和需求来进行个性化的学习选择。每个学生都有自己的学习风格和偏好,因此教师应该鼓励学生选择适合自己的学习方式和内容。这可以通过提供不同的学习资源、活动和项目来实现。

以评为学是指通过评价和反馈来促进学生的学习和发展。教师可以通过定期的评估和反馈机制,帮助学生了解自己的语言能力水平,有针对性地改进和提高。这可以是口头的反馈、书面的评价或评分制度,旨在激发学生的学习动力,并帮助他们实现自己的学习目标。

总体而言,这四个概念都是为了促进学生的语言学习而设计的。通过实际运用语言进行交流、提供适当的输入材料、个性化学习选择和评估反馈,可以帮助学生有效地提高自己的语言能力,达到更好的学习效果。因此,“产出导向法”在大学英语教学中具有重要意义。基于此,教师可以激发学生的学习兴趣和积极性,帮助他们提高语言学习能力和表达能力。

3. 产出导向法的教学流程

教学流程,即产出导向法的具体实施方案,由驱动、促成和评价等循环构成。在整个教学过程中,教师在驱动阶段设置任务,促成阶段提供适当的输入材料和指导,评价阶段对学生的表现进行评价和反馈。在这个过程中,教师要发挥主导作用,充分调动学生的主观能动性,使他们积极运用所学知识。概括来说,产出导向法在教学流程中大致可以分为课前、课中和课后三部分,以下分别介绍。

(1)课前制定教学任务。应用产出导向法进行大学英语教学时,教师需要在合理布置教学场景的基础上制定相应的教学任务。具体而言,教师应以英语教材内容为依据,合理设计教学场景,为学生提供必要的线上指导。在教学过程中,教师可以适时提出相关问题让学生解答,或者布置一些学习任务由学生完成,以激发学生的创造性思维和学习动力。此外,教师还可以组织学生参与线上讨论,鼓励他们在班级大群中提出个人遇到的学习问题,然后进行统一解答。

教师在制定教学任务时可以考虑以下方面。首先,教师应根据学生的学习需求和能力水平,合理设定任务的难度和目标。这样既可以确保任务对学生具有一定的挑战性,同时又保证学生完成任务并取得进步。其次,教师可以结合教材的内容,设计与实际生活相关的情境和任务,以增加学生学习英语的兴趣和动机。例如,教师可以要求学生用英语写作一篇关于旅行经历的文章,或者组织学生进行角色扮演,模拟实际交流情境。最后,教师还可以将学生在线上学习任务的完成情况作为一项评价指标,罗列学生所提出的问题,并根据学生的问题进行相应的教学调整。

通过合理布置教学场景和制定相应的教学任务,有助于激发学生的学习主动性和积极性。学生在完成任务的过程中,不仅可以巩固所学的知识和技能,还能拓展自己的思维和表达能力。同时,教师可以通过对学生任务完成情况的评估,及时掌握学生的学习进展和问题,从而更好地调整教学内容和方法,提高教学效果。

(2)课中实施教学指导。在应用产出导向法进行大学英语教学时,教师需要结合学生在线上提出的问题明确线下教学重点,并在课堂教学过程中合理布置学生任务。教师可以组织学生以小组形式共同讨论,并合力解决相关问题,从而有效提高学生的自主学习能力。在这个过程中,教师必须提供必要的指导,仔细分析小组讨论的情况,找出其中存在的问题,并在后续的教学过程中进行统一解答。

在课堂上,教师可以布置一些小组任务,让学生在小组内共同讨论并解决。通过小组讨论,学生可以互相交流和分享观点,提高问题解决的效率和质量。同时,教师也可以在小组讨论过程中担任指导者的角色,及时给予学生必要的指导和反馈,帮助他们顺利解决问题。此外,在应用产出导向法进行大学英语教学时,教师还可以适时加入课堂小测验,以精准地掌握学生的学习情况。小测验可以帮助教师了解学生在学习过程中遇到的困难和问题,及时调整教学策略。在小组讨论环节之后,教师可以安排各小组代表汇报其所在小组的讨论结果和解决方案,以促进知识的共享和全班的互动。

(3)课后迁移性学习。迁移性学习是指将在一个领域学到的知识和技能应用到另一个领域的能力。它能够有效地增强知识的多样性,充分拓展学生的知识范围。因此,在结束课堂教学后,教师应该结合教学内容布置课后练习作业,以巩固学生在课堂上所学的知识,并提高学生的知识应用能力。这些练习可以包括书面作业、口头演讲、小组讨论等形式,要求学生主动思考和应用他们在课堂上学到的知识。此外,教师还应该对学生进行延时评价,以帮助他们更好地掌握课堂上所学的知识。延时评价是指在适当的时间点对学生进行评估和反馈,以检查他们对知识的掌握情况,并发现和纠正可能存在的问题。教师可以利用小测验、考试、作业批改等方式进行延时评价，向学生提供及时的反馈和指导。由此，学生可以更好地理解和运用课堂上所学的知识，提高他们的学习效果。

二、产出导向法在大学英语教学中的应用价值

（一）提高学生大学英语学习的驱动力

传统的大学英语教学模式中，教师通常只注重教学内容的传授，而忽视了学生所学内容的输出。相比之下，产出导向法更加关注教学效果，强调将学生所学知识转化为实际的学习成果。而这种转化的驱动力主要通过增强学生的学习动力来实现，帮助学生养成良好的自主学习习惯，并帮助他们深入认识到大学英语教学的价值所在，认识到这门课程不仅不是无聊的学习过程，而是能够赋予他们实用知识和技能的实用性课程。

在这里需要注意的是，实用性并不是产出导向法驱动部分的出发点和落脚点，而是通过增加实用元素来有效提高学生的英语学习动力。在整个大学英语教学过程中，教师必须明确教学目标和探究方向，而学生也需要深入思考和探究英语知识和技能的获取路径，从而培养出自主学习的能力，并在后续的英语学习过程中逐步提升。

产出导向法的实施对于提升学生的英语学习驱动力具有积极的影响。首先，通过将学生所学知识转化为实际的学习成果，学生能够更好地理解和应用所学的英语知识和技能，从而提高他们的实际应用能力。其次，通过增加实用元素，可以激发学生的学习动力，使他们更加主动地去探索和学习英语知识。这样的学习方式不仅能够提高学生的学习效果，还能够培养学生的自主学习能力和解决问题的能力。最后，通过明确教学目标和探究方向，学生能够更加清晰地知道自己需要学习什么，从而有针对性地进行学习，提高学习效率。只有在教师和学生共同努力下，产出导向法才能发挥出最大的效果，从而促进学生英语学习能力和认知能力的有效提高。

（二）助力学生达成大学英语阶段的学习目标

将产出导向法应用于大学英语的教学过程，不仅能够调动学生的英语学习积极性，还能够提高他们的英语学习驱动力。传统的教学模式注重教师的内容传授，而产出导向法则更注重学生与教师之间的合作关系，帮助学生更好地掌握

英语理论知识和沟通技能,实现个人的英语学习目标。这种教学方法成功地解决了传统灌输式教学模式的弊端,即不再以教师为中心,同时也为以学生为中心的教学模式增添了逻辑可行性。

在应用产出导向法的大学英语教学过程中,教师与学生可以成为合作伙伴,从而更加顺利地进行沟通和交流。教师可以在尊重学生个体差异和学习特点的基础上,充分发挥自身的专业优势,帮助学生解决学习过程中遇到的问题,并为他们提供行之有效的学习建议。教师通过充当学生学习的导师和指导者的角色,能够为学生提供有效的学习策略和方法,帮助他们更好地掌握英语知识和技能。同时,产出导向法的应用还能够激发学生的学习兴趣和动力。通过将学生所学知识转化为实际应用需求,学生能够更加直观地感受到学习的成果和回报,这对于提高他们的学习动力具有积极的影响。由此学生会更加主动地去探索和学习英语知识,积极参与到英语知识学习中,从而更好地提高他们的英语水平。在这个过程中,教师与学生的合作关系和学生的主动性能够为以学生为中心的教学模式提供很大的助力。

(三)进一步完善大学英语中的教学评价体系

产出导向法在大学英语教学评价环节同样具有显著的优势,主要体现在完善评价体系的建立上。产出导向法基于丰富的语言学习成果构建了大学英语评价体系,通过驱动阶段和学习合作阶段提出一定的语言学习产出要求,能够更好地评估学生在口译和笔译方面的成果。

产出导向法注重将学生所学知识转化为实际的学习成果。在评价环节,学生需要展示他们在口译和笔译方面的能力,包括理解和运用英语的听、说、读、写技能。通过这种方式,学生不再是被动地接受知识,而是能够在实际应用中展现他们的语言运用能力和技能。这种评价体系的优势不局限于英语专业学生,即使是非英语专业的学生,在学习大学英语基础课程的过程中,也能够通过练习提升口译和笔译能力,至少可以尝试进行深层次的学习,这对于他们今后的职业发展和国际交流都具有重要意义。此外,产出导向法的评价体系还可以激发学生的学习动力和自主学习能力。通过要求学生展示他们的口译和笔译成果,学生会更加主动地去学习和提高自己的语言能力,为了取得好的评价结果而努力。

由此可见,产出导向法在大学英语教学评价环节具有突出的优势,通过构建完善的评价体系,能够更好地评估学生在口译和笔译方面的成果。这种评价方式还可以激发学生的学习动力,使他们更加积极地参与英语学习,并取得更好的学习效果。

三、产出导向法在大学英语教学中的实践路径

如果能将“产出导向法”更大范围地应用于大学英语教学中,对师生的个人发展和教学效果的提高都具有重要意义。采用产出导向法后,学生将从“要我学”转变为“我要学”,更加主动和积极地参与学习过程。

传统的教学方法注重知识传授和考试结果,容易使学生产生厌倦感和消极情绪。而“产出导向法”则注重培养学生的实践能力和解决问题的能力,使他们能够在实际应用中将所学知识转化为实际成果。学生在解决问题的过程中会感受到学习的乐趣,从而激发起学习的主动性和动力。

对于教师而言,产出导向法也带来了一系列的变革和挑战。采用产出导向法后,教师将转变角色定位,成为学生学习的引导者和协助者。教师不再是单纯地传授知识,而是要鼓励学生提出问题、追求自己的兴趣和目标,并提供指导和帮助。这种教学方式能够更好地满足学生的学习需求,激发他们的学习兴趣和创造力。同时,将新的教学理论应用于英语教学中也是产出导向法在大学英语教学中的重要意义之一。随着教育理论的不断发展和进步,教学方法也在不断更新和改进。将新的教学理论与产出导向法相结合,不仅可以提高教学效果,还可以促进教师的教学研究和创新。教师可以根据学生的需要和学科特点灵活运用不同的教学方法,使学生能够更好地理解和掌握英语知识,提高学习成效。

从教学效果的角度来看,采用产出导向法有望找到激发学生学习兴趣和促进学生自主学习的有效方法。学生在实际解决问题的过程中,能够真实运用所学知识,并在实际操作中不断完善和提高自己的能力。这样的学习方式能够帮助学生更好地掌握知识,提高学习的深度和广度。同时,学生通过实际产出能够获得实践经验和提升独立思考的能力,为未来的工作和研究奠定坚实的基础。同时,它还能够带来教师角色的转变和教学方法的更新,促进教师的教学创新和科研发展。因此,我们应该深入实践和探究产出导向法在大学英语教学中的应用。

(一)开课前进行学情分析

由于在中学阶段经历了应试教育的洗礼,学生的学习动力往往不足,普遍存

在着语言技能不平衡、学用分离和思辨缺乏等问题。大多数学生进入大学后，学习英语主要是为了通过期末考试以及大学英语四六级考试，目的和动机都相对功利化。

从听、说、读、写、译等各项技能来看，学生的阅读和写作技能相对较为强大，而口语和听力能力相对较弱。这可能是由于传统教育模式中仅重视课文内容的阅读和写作训练。学生在多年的英语学习中积累了大量的语言知识，但在实际运用中却无法灵活运用。这种学习与运用的分离使得学生在真实语境中表达自己的能力受到制约，而且，很多学生热衷于手机和计算机的使用，可以采取学生惯用的数字化方式来作为教学的载体，以期得到更好的教学效果。

（二）结合学生学情设计教学流程

1. 输出驱动环节设计

驱动环节是产出导向法中的一个重要环节，其目的是通过让学生尝试完成产出任务，从而意识到自身的不足，激发学生学习新知识的积极性和产出的意愿。例如，在设计以“个性发展”为主题的单元学习中，教师可以设计针对个性主题的任务，以帮助学生熟悉“个性”这一概念，并进行相关讨论，理解影响个性的要素。在单元学习的知识目标方面，学生需要熟悉与话题相关的词汇，理解主题句和支撑句的句式构造，并在语言表达中更准确地运用新学的单词、句式和篇章衔接手段。在能力目标方面，学生需要能够运用所学知识，分享交流自己对性格的描述，使语言表达准确且具有逻辑性。在素养目标方面，学生需要客观认知自身的性格特点，提高跨文化沟通能力，并增强爱国情感。

为了更好地达成这些教学目标，教师可以设计一系列输出任务，例如可以要求学生录制一条 3~5 分钟的视频。学生可以运用所学的语言和内容，从情感、社交、智力等方面对自己选定目标的个性特征进行介绍，并通过人物故事分析其性格形成的因素。

通过产出导向法教学模式，学生不仅能够在语言技能方面得到提升，还能够培养跨学科学习能力和综合素养。他们将通过实际操作和产出任务的完成感受到学习的乐趣和成就感，从而激发学习的主动性和积极性。同时，这样的任务设计也能够促进学生的创造力和批判思维能力的发展，为他们今后的专业发展和实践能力的培养奠定坚实的基础。

2. 输入促成环节设计

促成环节设计是一个系统性工程,需要有机地融合精准性、渐进性和多样性三个标准。针对前文提到的输出任务,在实施过程中可以分为课前、课中和课后三个环节来完成。

课前阶段,教师可以在线上教学平台上发布纪录片,让他们自行观看。同时,学生需要查阅相关资料,了解视频中提到的人物的生平,以便理解视频内容的大意。通过这样的预习活动,学生能够在课堂上更好地参与讨论和活动,为后续的促成活动做好充分准备。

课中阶段,教师可以通过三个子任务来促成内容、结构和语言方面的学习。首先,让学生回顾课前观看的视频,并结合预习准备,同时在多媒体上展示人物的图片。其次,选取几名学生代表回答相关的问题,引导学生深入探讨"个性"这一主题。通过这样的讨论,学生可以在互动中理解个性的定义、特点和重要性。教师可以引导学生进行小组讨论,探讨描述个性应该包含哪些方面的内容,以及影响个性形成的因素有哪些。可以参考课本的相关内容,并提炼出个性描述的三个要素以及两个影响因素。通过这样的小组讨论,学生能够在合作学习中相互启发,加深对个性主题的理解和认识。

课后阶段,教师可以布置作业,让学生以小组为单位,完成某位著名人物的个性介绍视频。这样的作业可以激发学生的创造力和表达能力,同时也增加了任务的实践性和趣味性。

通过这样的促成环节设计,学生可以在课前进行预习,积极参与课中的讨论和活动,并在课后完成相应的作业。这样的设计能够帮助学生逐步掌握所学的内容,从而达到"渐进性"的教学目标。教师应该在"产出导向法"教学模式中不断探索和实践促成活动的设计和实施,为学生提供更好的学习机会和发展空间。

3. 活动评价环节设计

师生合作评价(TSCA)作为产出导向法的重要组成部分,是课堂教学的最后一个环节,主要评价学生课外的产出任务。在这一环节中,评价主体包括学生、教师和机器自动评分系统。评价形式包括课内合作评价和课外自评、互评以及机器评分等。

学生通过相互评价,可以共同探讨所学知识和纠正错误,加深对学习内容的理解。同时,教师也要参与评价过程并提供指导,帮助学生在评价中发现问题并加以改进。而在课外评价中,学生可以使用自评、互评以及机器自动评分等形式进行评价。自评是学生对自己完成的作品进行评价和反思,通过自我评价,学生可以更加客观地认识自己的学习成果和不足之处。互评则是学生之间相互评价对方的作品,可以促进学生之间的交流和学习。另外,当条件允许时,对特定活动进行机器自动评分,机器会根据一定的标准对学生的作品进行评价,提供客观的评分结果。

在评价环节中,应以单元教学目标为参照点,既关注学生在交际目标方面的实现质量,又应考查学生对所学语言形式和话语结构的应用效果,并制定详细的评分标准,包括内容、结构、语音、视频质量等方面的要求。教师可以播放各小组制作的视频短片作业,并选取其中的两组学生作品进行示范点评。通过示范点评,教师指出并讨论优秀作品中的亮点和可改进之处,帮助学生深入理解评分标准并提高自己的产出质量。最后,小组之间进行相互评价,学生可以互相交流和分享评价意见。

每组学生的最终成绩由教师评分和学生评分两部分构成。通过这样的评价方式,学生不仅可以得到教师的专业评价和指导,还可以对自己的学习过程和成果进行回顾和总结,加深对所学内容的理解和应用。

(三)教学效果总结

教学内容与学生的生活息息相关,这是产出导向法在课堂中的一个重要特点。通过将教学内容与学生的生活实际联系起来,学生可以更好地理解和应用所学知识。同时,输出任务也与学生所学专业紧密相连,使学生能够将所学的知识和技能直接应用到实际工作中。

在引入产出导向法的课堂上,师生互动是一个非常重要的环节。教师必须注重与学生的互动交流,通过提问、讨论和答疑解惑等方式,激发学生的学习兴趣和积极性。这种互动方式能够促进学生与教师之间的良好关系,加强师生之间的信任和合作,进一步调动学生的学习热情。

在教学过程中,教师需要关注对学生输出技能的培养。即注重让学生在课堂上即学即用,实际运用所学知识进行交流和表达。这种实践性的学习能够帮助学生更好地掌握和应用学习内容,补齐学生英语技能发展不平衡的短板,并克服理论学习与实际应用分离的缺陷。

同时,教师在教学中需要灵活运用各种教学工具,以创造多模态学习环境。

通过多种感官的刺激,学生可以更深入地理解和吸收知识。例如,通过观看图片、视频等,学生可以更直观地了解课堂所学内容,提高学习效果。

在教学评价中,采取师生合作评价的方式。这种评价方式能够增强学生的课堂参与感,激发学生的学习动力。学生和教师之间相互合作,共同制定评价标准,确保评价的客观性和准确性。通过这样的评价方式,学生可以更好地了解自己的学习情况,并改进自己的学习策略。同时,这种合作评价也有助于提升学生的学习自信心,增强学生对自己学习成果的认同感。基于此学生能够更好地理解和应用所学知识,提高学习效果,为未来的学习和语言应用打下坚实的基础。

四、产出导向法教学应用展望

为了弥补传统的大学英语教学方法的不足,教师应该更深入地认识到产出导向法在大学英语教学中的应用价值。这种教学方法能够培养学生的综合能力和解决问题的能力,使他们更好地掌握英语知识和技能。通过合理设置英语教学场景和学习任务,能够激发学生的学习兴趣和动力,提高他们的学习效果。

产出导向法在带来较好教学效果的同时,对教师的教学能力及其所掌握的资源也提出了更高的要求。大学英语教学改革任重道远,教师要紧跟时代发展步伐,不断提高自己的教学能力。

第三节　OBE 教育理念下的大学英语教学模式探究

随着高等教育改革的日益推进和新时代对人才要求日益提高,各大高校纷纷推进大学英语课程改革以适应社会对人才的需要。在这一过程中,OBE 教育理念被广泛应用于我国大学英语课程教学中。OBE(Outcome Based Education)教育理念,即成果导向教育理念,这一教育理念强调以学生为中心,关注学生的终极目标和学习成果。大学英语教学融合了语言学习与知识学习,并以能力培养为导向,重视对学生语言运用能力、跨文化能力、思辨能力和自主学习能力的培养。

在当前的高校教学改革中,大学英语课程正在面临新的教育环境和挑战。高校可以从学生自我发展的角度出发,将 OBE 教育理念融入“大学英语”课程中,更好地进行大学英语课程教学的改革。由于 OBE 教育理念更关注学生的学习目标和学习成果,因此在这一理念指导下的大学英语课程教学会更加具有实际意义和针对性。通过设置明确的学习目标,学生可以更清晰地了解自己需要掌握和提高的英语技能和知识。教师可以根据学生的学习目标制订教学计划,并通过多种教学活动提供针对性的教学指导。同时,评价学生的学习成果也是 OBE 教育理念的一个重要环节。教师可以通过多元化的评价方式,如口语表达、写作、阅读理解等,来全面评估学生的语言综合能力。

一、OBE 教育理念的概念和特征

(一)OBE 教育理念的概念

OBE 教育理念是由美国教育学者斯派迪于 1981 年提出的,他在著作《成果导向教育:关键问题和答案》中详细阐述了该理念。OBE 的四大原则分别为明确学习目标、确定评价标准、设计有效的教学活动和提供适当的支持。斯派迪对 OBE 教育理念的定义是“清晰地聚焦和组织教育系统,确保学生获得能在未来生活中取得实质性成功的经验”。

OBE 教育理念强调培养学生的实际能力和技能,而不仅是传授知识。教师需要将学习与实际应用相结合,帮助学生理解知识的重要性和实用性。在 OBE 教育理念下,教师的角色发生了重大的转变,不再是简单地传授知识,而是成为学生学习的引导者和指导者。教师需要根据培养目标,设计和安排不同的教学活动,帮助学生实现目标。这要求教师对学生有深入的了解,包括学生的兴趣、能力和学习风格等方面的特点。学生成为学习的主体,他们不再是被动地接受知识,而是积极参与学习过程,主动发现和解决问题。这要求教师创造一个积极、合作和互动的学习环境,培养学生的自主学习能力和团队合作精神。教师需要通过不同的教学方法和策略,如通过案例分析、实践活动、项目研究等设计一系列的任务和项目,让学生在实践中运用所学知识,激发学生的学习兴趣和动力,提高他们的学习效果。

此外,OBE 教育理念还强调评估的重要性。评估不仅是对学生学习成果的检测,更重要的是对学生在实际应用中能力的评估。教师可以采用多种形式的评估方式,如口头表达、书面作业、项目评估等,从不同的角度全面地评估学生的学习成果。

斯派迪对于OBE教育理念下的成果进行了明确的定义,他强调成果是学习者在实际生活中能够用已学知识具体做到的行为。这意味着成果不是学习的终点,而是学习者能力的外化表现,也是学习成果能够在现实生活中应用的具体体现。这种实际应用的能力对于学习者来说至关重要,因为只有在真实的情境中运用所学知识,才能真正发挥学习的价值。

在OBE教育理念下,教育的核心目标是培养学生在校期间所学知识的实际应用能力,使他们能够更好地适应和应对社会的挑战。这需要明确设定学生的毕业成果,即学生在毕业前需要达到的具体目标。与传统的学习目标相比,毕业成果的设定更加具体和可操作。它不仅要求学生掌握知识和技能,还要突出学生的各项能力,并能够清晰地展示出学生在实际应用中能够做到什么。

通过设定明确的学习成果,OBE教育理念使教育与现实生活更加紧密地结合起来。学生在学习过程中,不仅仅是为了应付考试和取得好成绩,更重要的是能够将所学知识有效地运用于实际生活中,并在各个领域中展现出自己的能力。这种以学生为中心的教学模式,促进了学生的全面发展和实际能力的提升,为他们未来的发展打下了坚实的基础。

综上所述,OBE教育理念的核心是以学生为中心,强调学生的实际能力和成果导向。教师的角色发生了转变,成为学生学习的引导者和指导者,创造条件,提供支持,促进学生的综合能力的培养。通过应用OBE教育理念,可以更好地满足学生的学习需求,使他们在学习过程中更容易获得成就感。

(二)OBE教育理念的特征

OBE教育教育理念是以成果为目标导向,以学生为本,采用逆向思维的方式进行课程体系的建设理念,这一教育理念要求在学生培养体系构建的过程中,从学生的内在需求出发,以提升学生实践能力为目标,开展教学方式的改革与创新。

早在2016年,我国教育部就官方认证了OBE教育理念,之后这一教学理念在国内也开始了广泛的推广,特别是在大学英语课程改革中,这一教育理念的应用可以更好地补齐教学中的一些短板,促进英语教学质量的提升。教师可以从市场英语专业人才需求的角度出发,推动英语教学设计思路的优化,构建理论与实践结合的教学改革模式,为学生提供更为优质的教学服务。

传统的以教师为中心的教学模式正在向学生中心的教学模式转变。教师应采用灵活的教学方法,如小组讨论、角色扮演等,以激发学生的学习兴趣和参与度。在大学英语课程改革中,OBE 教育理念的融入可以将数字化时代的信息资源优势进行更好的发挥,丰富教学内容与方式,为学生的学习提供可靠保障。

在 OBE 教育理念的指导下,教师在大学英语教学中应根据标准和目标明确学习内容和学习成果,确保学生理解和掌握所学知识。教师应设计有效的教学活动,如案例分析、团队合作等,以激发学生的思维能力和创造力。教师需要将 OBE 教育理念贯穿在课程建设的全过程中,构建合理可行的教学目标与评价机制,从而实现英语课程教学体系的优化,调整课程教学内容与评估机制,实现教学改革的目标。

二、OBE 教育理念的实施前提和实施原则

(一)OBE 教育理念的实施前提

从学生主体和成果导向的角度来分析大学英语教学中的 OBE 教育理念的特征可以更深入地理解其意义与重要性,这也是在大学英语教育中实施 OBE 教育理念的关键前提。

1. 关注学生在教学中的主体性

要应用 OBE 教育理念,要将学生放在教学的核心位置,注重培养学生的自主学习能力和发展潜能。在大学英语课程中,教师需要更加重视学生的自我发展,通过创新融合 OBE 教育理念的元素,满足学生的成长需求,并促进新时代教育理念的实践。通过构建以学生为中心的教学方案,实现成果导向的价值,可以提高教学改革的针对性和时效性。此外,在 OBE 教育理念的指导下,学生能够明确自身的不足之处,展现出主动学习的能力,从而满足情感需求,并创造良好的学习氛围。这样的转变可以使学生从被动学习转变为主动学习,更好地参与和应用所学知识。

2. 关注教学中的成果导向性

要应用 OBE 教育理念,需要将学习的重点放在实际应用和成果展示上。在大学英语教学中,通过将 OBE 教育理念引入课堂教学中,并发挥其成果导向的作用,可以优化人才培养机制,确保人才培养与社会发展需求的一致性。借助成果导向的方法,可以满足企业和市场的个性化需求,调整课程评价体系与人才培养目标,通过逆向反馈思维来提升教学质量。这样的方法能够为大学英语课程改革提供指导,确保课程内容和目标与社会需求相适应。

在大学英语教学中，从学生主体和成果导向两个角度出发，融入OBE教育理念的特征可以更好地满足学生的成长需求，促进学生的学习主动性和创新思维，同时也能够提高人才培养的质量和与市场需求的匹配度。因此，在这两个实施前提的基础上，积极应用OBE教育理念，将其融入大学英语教学实践中，对于推动教育改革和培养适应社会需求的优秀人才具有重要意义。

（二）OBE教育理念实施的四大原则

1. 聚焦毕业目标

在应用OBE教育理念时，学校首先需要明确自身的人才培养目标，关注学生在毕业时所具备的具体能力和表现。教师的教学计划和学生评估都应以此为核心展开。清晰的培养目标是课程、教学和评估工作的基石和核心。教师的任务是引导学生实现这些明确可视化的目标，使他们具备在现实生活中立足的能力。

在OBE教育理念的指导下，教师需要明确学生的毕业目标，并在课堂上加强学生对这些目标的认知。这可以通过将目标明确地写入教材、进行目标导向的教学设计和实施以及与学生讨论和反思目标的达成情况来实现。教师可以将课程内容与学生的毕业目标联系起来，帮助学生理解他们正在学习的知识和技能如何与实际生活和职业发展相关联。在明确和强调毕业目标的同时，教师还应该充分关注学生的个体差异和需求。每个学生都有自己的学习风格、兴趣和发展方向，教师应该通过个性化的教学方法和策略来满足他们的需求，帮助他们实现毕业目标。

在教学过程中，教师还可以通过各种形式的评估来了解学生对毕业目标的掌握程度。这包括课堂作业、项目报告、口头演讲等形式。通过及时的反馈和指导，教师可以帮助学生发现并纠正自己在达成毕业目标方面的不足之处，加强与学生的沟通和互动，确保学生的学习成果与毕业目标保持一致。

2. 扩大成功机会

在OBE教育理念下，为了增加学生成功的机会，可以从教学时间、教学方式和方法、其他原则的执行、成果标准的设定以及课程设置等方面进行设计。在传统教学理念下，教学时间和课时数通常由学校统一规划安排，教师需要严格执行。然而，OBE教育理念下，学校和教师可以重新思考和设定教学的时长、频率等，以更好地满足学生的学习需求，并尽可能为学生提供更多的学习和成长机会。这意味着教师需要根据学生的实际情况和进展来调整教学时间，灵活安排课程内容和教学活动，使学生有更多的时间和机会去掌握和运用所学知识。

此外，OBE 教育理念强调因材施教的原则，即根据学生的个体差异和特点，采用不同的教学方式和方法，为每个学生提供成功的机会。教师应该了解学生的学习风格、兴趣和能力，根据这些特点来设计教学活动和评估方式，促进学生的学习主动性和发展。为了增加学生成功的机会，学校还应尽可能提供多样化的课程选择和设置，为学生提供更多的学习经验和机会。这不仅可以为学生的能力培养提供更多的资源和保证，还可以满足学生的不同兴趣和需求，丰富他们的学习体验。这样的改进措施可以促进学生的个体发展和学习目标的实现，为每个学生提供更多更好的学习机会，推动学生教育的良性发展。

3. 激发学习主动性

实施 OBE 教育理念有助于提升学生学习主动性，不仅可以激发学生的学习动力，还能够增加学生实现成功学习所面临的挑战，从而促使他们在学习过程中不断超越自己，取得更好的成果。

教师在制定学习目标时，不可过低，应该根据学生的水平制定有挑战性的标准。这样一来，学生在努力追求这些标准的过程中，会面临更多的难题和困难，这些挑战将促使他们付出更多的努力和思考，提高自己的学习能力和综合素养。同时，这样的标准也能够激发学生的学习兴趣，使他们更加投入。

布卢姆提出了认知领域教育目标的六个级别，即知识、理解、应用、分析、综合和评估。这些级别的难度递增，对学生的要求也逐级增加。传统教学评估主要关注学生对知识的记忆、理解和应用能力，然而，这些只是学习者知识应用能力的基础。在 OBE 教育理念指导下，应该将更高阶的认知标准作为学习目标，引领学生通过系统学习，达到较高的标准。学生将在学习过程中面临更多的挑战和困难，需要更加深入地思考和分析问题，培养自己的创新和综合能力。这样的学习过程可以激发学生的思维活跃性，提高他们的学习深度和广度。

4. 基于成果反向设计

根据 OBE 教育理念，课程的安排、教学设计以及评估活动都要基于毕业成果来设计。学校需要根据学生的特点和社会需求，首先明确毕业成果，即校级人才培养目标。基于这些目标，各专业可以设定与之相匹配的专业培养目标，并相应地进行课程安排。一旦专业培养目标确定，教师就需要严格按照这些目标来设置自己的课程目标。课程目标的设定决定了教师的课堂目标、教学设计以及教学方法的选择。通过反向设计,教育者可以确保课程的设计与学生的学习目标保持一致,使学生在课程中能够真正获得所期望的成果。

反向设计的实施基于四大原则,即明确目标、设计评价、实施教学和反思改进。明确目标是指确保学校、专业和课程的目标都明确并与毕业成果一致。设计评价是指教师需要根据目标设计相应的评价方式,以确保学生能达到所期望的成果。实施教学是指教师根据目标和评价方式进行教学活动,帮助学生达到预期的成果。反思改进则是指教师需要不断反思自己的教学实践,寻找改进的方法和策略,以提高学生的学习效果。这四大原则相互关联,共同构成了成功实施 OBE 教育理念的基石。

因为反向设计并不是一种固定的模式,而是一种理念和方法,可以根据不同的学校、专业和教师的实际情况进行灵活运用,所以在实施反向设计的过程中,各实践主体可以发挥创造性,形成自身的特色。每个学校、专业和教师都可以根据自己的特点和优势,对反向设计进行创新和改进,以实现更好的教学效果。

三、OBE 教育理念对大学英语教学模式的启发

(一)OBE 教育理念指导下的教学目标设置

1. 教学目标与毕业目标相一致

教学目标需要充分体现课程目标、专业目标与毕业要求的关联。教学目标应该与课程所追求的核心能力和知识体系相一致,与专业要求和毕业要求相呼应。这样,教学目标才能与教育目标保持一致,确保学生在完成课程和专业学习之后能够真正达到所期望的水平。

2. 聚焦能力培养

实施 OBE 要求所有教学活动都要服务于课堂目标,教师应该在设计教学活动时充分考虑,确保每一个活动都能帮助学生掌握课程内容,并锻炼他们的各项能力。通过参与一系列教学活动,学生可以在活动中逐渐掌握课堂知识,发展并提升各种能力,从而实现课堂目标。由于每个学生的基础和目标可能不同,因此教师在教学过程中要考虑学生的个体差异,包括学习能力、学习风格、教育背景等。因此,教师应该设计多种教学活动,以满足不同学生的学习需求,唤醒每一个学生的学习兴趣,激发他们的学习动力,并引导他们达到能力目标,为学生未

来的发展奠定坚实的基础。

3. 具体化、可视化

教师在制定教学目标时,选择使用具体、可视化的目标是非常重要的。这样的教学目标能够向学生传递更清晰的信息,帮助他们理解和掌握所需要达到的标准,同时也方便教师对学生的学习过程和成果进行评估。

相比于抽象的动词或词组,使用可视化动词来定义教学目标,可以让学生更加直观地理解目标所要求的行为或动作。例如,使用"分析""解决问题""撰写"等动词,可以明确要求学生进行具体的思考、处理和表达,使学生更加清楚自己需要做什么才能达到教学目标。可视化动词还能够提供具体的评估标准。教师可以根据选定的动词,设计相应的评估方法和标准,以便对学生的学习过程和成果进行评价。使用具体的动词可以帮助教师更准确地判断学生是否达到了预期的学习成果,从而调整教学策略和提供个性化的辅导和指导。

另外,使用可视化动词来制定教学目标,还可以激发学生的学习动力和参与积极性。当学生清楚地知道自己需要做什么才能达到教学目标时,他们更容易投入学习中,有明确的目标驱动他们努力学习。可视化动词能够帮助学生明确认识到自己需要发展的具体能力和技能,激发他们的学习兴趣,提高学习效果。

4. 兼顾所有学生

教师在设计教学目标时,需要兼顾所有学生的需求和水平。每个学生都是独一无二的,他们在知识、技能和兴趣方面都有所不同。因此不能仅仅将目标定为适应大多数学生,而是要根据每个学生的实际情况制定个性化的教学目标。

在教学中,教师应该关注每个学生的特长和优势,并在目标设置中予以重视。例如,对于那些学习能力较强的学生,教师可以设定更高水平的目标,以激发他们的学习潜能;对于一些学习困难的学生,我们可以制定相对简单但有一定挑战性的目标,帮助他们逐步提高。同时,教学目标也应该具有一定程度的挑战性。挑战可以激发学生的学习动力和探索精神,让他们在学习中不断超越自我。如果教学目标过于简单,学生可能会感到无聊和缺乏动力;而过于困难,学生可能会感到沮丧和无助。因此,在制定教学目标时,教师需要根据学生的能力和潜力合理地设定挑战,以确保他们能够有积极的学习体验。

5. 设置难度梯度

教学目标的难易程度应该有一定的梯度,这是为了逐步引导学生提高自己的学习能力和水平。根据反向设计的原则,教学目标应该被视为帮助学生达到毕业要求的阶梯,每个目标都应该为后续的稳定提升打下坚实的基础。

在制定教学目标时,教师应该考虑学生当前的能力水平和已经掌握的知识技能,设定适当的难度和挑战程度。通过逐步增加目标的难度,可以让学生在适当的挑战下持续提高自己,培养他们的学习兴趣和自信心。

学习目标的难度和挑战逐级增加还有助于学生适应更高级的学习目标和要求。教育是一个循序渐进的过程,学生需要从基础知识和能力开始逐步发展。通过设定一定梯度的目标,可以将学生带入更高层次的学习,引导他们逐渐掌握更深入的知识和技能,为未来的学习和职业发展打下坚实的基础。

此外,难度逐渐增加的教学目标还可以帮助教师更好地进行教学安排和教学评估。通过分阶段设定目标,教师可以有针对性地设计教学活动和资源,以满足学生在不同阶段的学习需求。同时,在教学评估中,教师可以根据目标的设定,对学生的学习情况进行有针对性的评价和反馈,帮助他们更好地认识自己的学习水平和进步空间。

(二)OBE 教育理念指导下的教学活动设计

在 OBE 教育理念下,教学活动既要形式多样,又要充分体现课堂目标的要求。这是因为 OBE 教育理念的实施需要考虑学生的个别差异,确保每个学生都有成长的机会,并通过一系列教学活动来激发学生的学习兴趣和引导他们达到课堂标准。

教师需要认识到学生之间的差异性,并为他们提供多样化的学习机会。通过设计多种教学活动,满足不同学生的学习需求和学习风格,激发他们对学习的兴趣,并帮助他们实现预定的课堂目标。这不仅能够增强学生的自信心,还能够激发他们的学习动力,使他们更积极主动地参与到学习中。

所有的教学设计都必须服务于课堂目标。这就要求教师在设计教学活动时要充分考虑课堂目标,并确保教学活动能够有效地帮助学生达成这些目标。通过有意识地参与一系列教学活动,学生可以在潜移默化中掌握课堂知识,同时也能够锻炼他们的各项能力,全面提高自身综合素养。

因此,在教学活动的设计中,教师应该注重多样性和个性化,以充分满足学生的多元化需求。通过多种形式的教学活动,激发每个学生的学习兴趣和学习动力,引导他们达到课堂标准。同时,教师还应该密切关注课堂目标,确保教学活动能够有效地促进学生的学习和发展。

（三）OBE 教育理念指导下的教学评估开展

教师需要创新教学评估方式，以确保学生达成课堂目标。根据 OBE 教育理念的原则，无论哪个层次的目标，都需要有相应的评估细则来明确学生需要达成的目标和达成途径。因此，在制定评估细则时，教师需要注意以下三点。

1. 依照教学目标来制定

评估细则应该与教学目标直接相关，反映学生对各个目标的掌握程度。这样可以确保评估的准确性和有效性，同时也能够帮助学生更清楚地了解他们需要达到的目标，并为之努力。

2. 准确定义评估细则

教学评估细则的措辞应该明确，用清晰、具体的语言表述，明确告知学生需要达成什么样的目标，以及如何评判目标是否达成。避免使用模棱两可的措辞，以防止学生对评估标准理解不清。师生对评估标准达成共同的认知是顺利执行这一标准的必要前提。

3. 易于观察和量化

教学评估需要易于观察和量化，方便在实际教学中去执行。评估细则要具有明确的行为和表现，能够被观察和量化。这样可以确保评估过程的客观性和公正性，同时也为学生提供了具体的参考，帮助他们更好地了解自己的学习进展和需要改进的方面。

通过以上三点，教师可以制定出切实可行的教学评估细则，以确保教学目标的达成情况能够准确地被评估。同时，这样的评估细则也能够提供给学生明确的标准和指导，帮助他们更好地规划和管理自己的学习节奏。通过创新教学评估方式，教师可以真正了解学生的学习情况，提供个性化的指导和反馈，促进学生的持续学习和发展。

除了制定评估细则，教师还可以创新教学评估形式，采用多种有效的评估方法。传统的评估方式主要是期末考试，通过最终的分数来衡量学生对知识的记忆、理解和应用情况。然而，这种评估方式往往导致学生采用突击方式应付考试，通过短期记忆大量词汇和需要掌握的知识来追求高分。这样的评估机制不利于激发学生的学习热情和培养其综合能力。

基于 OBE 教育理念，教师可以更加注重对学生的过程性评价。例如，教师可以参照课堂目标制定评估细则,对照学生真实的表现,进行有效的总结和指导。过程性评价强调学生的学习过程和发展,注重学生思考、探索和合作的能力,而不仅仅关注单一的成绩结果。通过细致观察、记录和反馈,教师可以全面了解学生的学习情况,为每个学生制订个性化的学习计划提供有针对性的支持。

此外,教师还需要考虑改善评估形式,使评估更加多样化和综合化。试卷只是一种评估方式,除此之外,教师还可以根据课程特点和学生的能力,设置更多形式的评估,如演讲、辩论、表演等,从而更全面地判断学生掌握和应用语言的能力。

通过创新教学评估形式和强调过程性评价,教师可以更准确地了解学生的学习状况,为他们提供精准的指导和支持。同时,多样化的评估形式也能够更好地激发学生的学习主动性和积极性,培养他们的综合能力和创新思维。这样的评估方式更符合 OBE 教育理念,真正促进学生的个性化发展和全面提高。

四、OBE 教育理念在大学英语教育中的应用总结

在 OBE 教育理念的指导下,教育的目标不再仅仅是传授知识和影响情感态度价值观,而是注重学生能够将所学知识应用于现实生活中的行为。这种教育理念的出现对于大学英语课程改革提供了新的思路。在应用 OBE 教育理念进行大学英语教学时,教师需要充分考虑学生个性与特点,制定明确的教学目标,并丰富教学内容,以推动教学理念的革新。

在落实教学设计工作时,应基于成果导向,突出英语的实用性,积极开展英语实践教学工作。教师要注重培养学生的解决问题能力,让学生能够将所学知识应用于实际情境中来解决问题。而不仅仅是在课堂上进行理论的讲解。通过理论与实践的结合,在实际的语言环境中进行交流和实践活动,学生可以更好地提高英语的实际运用能力。

OBE 教育理念的运用还能满足新时期大学英语课程改革的需求,促进学生综合素养的提升。在过去,大学英语课程注重语言技能的培养,而忽视了对学生的综合素养的培养。然而,现今社会对大学生的要求已经不仅局限于语言技能,还包括如领导力、团队合作能力、创新思维等综合素养。通过运用 OBE 教育理念,教师可以更加注重以学生为中心,培养学生的各种能力,使学生毕业后能够更好地进入和立足于社会。

第四节　多模态教学模式

近年来,教育改革的不断深入使得教育界对高校英语教学实践提出了越来越多的新要求。《国家中长期教育改革和发展规划纲要(2010—2020年)》提出了培养具有国际视野、通晓国际规则、能够参与国际事务和国际竞争的国际化人才的目标。与此同时,指南也明确指出了大学英语教育在促进学生的知识、能力和综合素质协调发展方面的重要意义。这意味着如何提高大学生的英语应用能力成为高等教育亟须解决的问题。

高校教育在我国教育教学体系中起到非常重要的作用,其主要任务是培养高素质的人才。英语作为一门重要学科,对于培养学生的国际交流能力和综合素质具有重要意义。为了更好地满足学生的学习和发展需求,英语教师需要在应用多模态教学模式的背景下不断创新和突破,从而促进高校英语教学的发展。

多模态教学模式对于高校英语教学的发展具有重要的推动作用。英语教师应该不断创新和突破传统教学模式,运用多种教学方法和工具,以提高学生的英语应用能力和综合素质。

一、多模态教学模式的概念

多模态教学模式作为一种创新的教学方法,起源于英国。多模态即多个模态的结合,指把听觉、视觉、触觉等多种感觉,通过语言、图像、声音、动作等多种手段和符号资源进行交际的现象。其主要目标是通过应用视频、音频等多种感知模式的教学资源,充分调动学生的感知器官,实现相互配合,取得最佳的教学效果。这种教学模式的核心理念是让学生能够全身心地投入英语学习中。在多模态教学模式下开展英语教学可以有效地完成教学任务,让学生更好地掌握各项英语知识和技能,并能够在日常生活中灵活运用所学的知识。

传统的英语教学模式往往以讲授为主,学生被动接受知识。然而,随着教育教学的发展,这种传统教学模式已经无法满足教学的需求。多模态教学模式则能够有效地弥补传统教学模式的不足之处。

传统的英语教学模式往往过于依赖书本和纸质教材,学生只是被动地接受知识,难以激发学生的学习主动性和积极性。而多模态教学模式更注重以学生为中心,充分调动学生的感知器官,通过视听等多种感知方式提供更丰富和多样的学习体验。在多模态教学模式下,教师可以利用视频、音频等多种媒体资源来呈现教学内容。例如,通过播放有关生活场景的视频,可以让学生身临其境般感受英语在实际生活中的应用场景,提高学生的语言理解和应用能力。同时,通过配合音频资源,学生可以进一步提高听力和口语交际能力。此外,教师还可以引入图片、图表等视觉资料,帮助学生更直观地理解知识。这种多模态教学模式提供了更加多元化和丰富的学习体验,使学生更加积极主动地参与学习。

多模态教学模式注重教学过程中多种感官的刺激和信息的呈现,让学生能够通过不同的方式感知和理解知识。这种多模态的教学方式使得每一名学生都能够全身心地投入英语学习中,提高学习效果。

在多模态教学模式下,学生不再只是被动地接受知识,而是被鼓励主动参与到学习过程中。教师可以设计各种实践活动和项目学习,让学生通过实践探究、团队合作等方式来运用所学知识和技能。这种学以致用的教学模式能够培养学生的问题解决能力、创新思维和团队合作精神,更好地促进学生的综合素养和能力的发展。

二、大学英语教学中应用多模态教学模式的意义

(一)多模态教学模式应用的重要性

随着网络技术的快速发展和电脑、手机等智能设备的广泛应用,传统的英语教学模式已经无法满足信息时代人才培养的需求。随着信息时代的发展,各种高新技术逐渐渗透到教育领域,为英语课堂教学提供了更加多元化的方式和手段。传统的以语言为中心的教学方式已经不能满足学生的学习需求,因此,教师必须适应这一变化,开展多元化识读能力的训练与培养。

大学生可以轻松地从网络上获取各种学习信息,如生词解释、课文翻译甚至练习答案等,虽然这让学生的学习过程获得了许多便利,但是也导致了传统的教学手段无法引起学生的学习兴趣,课堂上学生玩手机而不听教师讲课的现象屡见不鲜。在新的时代背景下,对于大学英语教师的教育思想、理念以及教学模式和方法提出了更高的要求。

大学英语教师需要重新认识课堂教学与现代教育技术之间的关系,以更好

地满足学生的学习需求。教师需要掌握一定的现代课堂教学设计方法,改变传统的教学理念和模式,采用适合信息时代要求的线上线下多模态混合式教学模式。

在多模态教学的理念下,教师不再仅仅依靠语言文字进行教学,而是利用音视频、网络资源、师生的身体语言等多种符号系统来构建课堂的教学资源、教学方式和教学评价。通过多种模态复合互动的方式,师生之间的信息交流更加动态化和即时化,学生可以更全面地接触和理解教学内容。比如,教师可以与学生共同探讨和制定课堂学习目标,并充分利用网络资源,提供多样化的学习材料和活动。通过在线资源,学生可以自主选择适合自己的学习内容,从而激发他们的学习积极性和主动性。同时,教师也可以利用在线平台进行线上交流和互动,促进学生之间的合作学习和知识分享。

多模态教学的优势在于拓宽了学生获取知识的渠道。传统的教学方式往往只依赖于书本和教师的讲解,而多模态教学不仅可以通过文字来传递知识,还可以通过图像、音频和视频等方式来增强学生的理解和记忆。学生可以通过观看实物展示、听取专家讲座、观看教学视频等途径来丰富自己的知识储备。此外,多模态教学还能够促进学习范围和学习深度的拓展。传统的教学方式往往只侧重于教材的内容,而多模态教学可以通过引入各种资源和技术,使学生能够深入了解各种实际应用情境,从而加深对知识的理解和应用能力。

(二)在大学英语教学中应用多模态教学模式的意义

多模态教学在大学英语教学中的应用具有重要意义。

首先,通过多模态教学可以丰富教学过程中的英语语料、教学资料和学习资料,使学生能够在多种模态下接触和理解语言知识。音频和视频资料可以帮助学生更好地提升听力和口语能力,图形图像可以帮助学生更好地理解词汇和语法结构,而不同色彩的资料则可以帮助学生更好地把握情感色彩的表达。甚至散发出不同气味的学习资料也可以激发学生的感官,增强学习效果。

其次,多模态教学可以模拟真实的语言学习语境,为学生提供多模态交际的语言环境和学习条件。通过网络和多媒体平台,学生可以接触到真实的英语语言和文化环境,与母语人士进行实时交流,从而提高听说能力和语言交际能力。同时,多模态教学还可以提供丰富的学习资源,让学生通过实践和体验来巩固和运用所学知识。多模态教学还可以提升学生的自主学习能力。传统的教学方式往往是师生之间的单向传递,而多模态教学强调师生之间的互动与合作,学生可以通过自主选择和利用不同的教学资源来进行学习。他们可以自主选择适合自己学习风格的资源,通过参与到教学过程中来主动构建知识结构,提高自主学习的能力。

其次,多模态教学还可以激发学生对英语语言的学习兴趣和热情,促使学生积极主动地参与到大学英语的学习中。传统的以语言为中心的教学方式往往使学生感到枯燥乏味,但通过引入多种模态和多媒体教学资源,可以增加学生的学习动力。学生可以通过观看视频、听取音频等方式来感受语言的魅力和多样性,促使他们对英语学习产生浓厚的兴趣和热情。

最后,多模态教学可以提升教学效果和教学效率。通过多种模态的教学资源,教师可以更好地呈现知识,增加学生对知识的吸引力和记忆力。同时,多模态教学可以促进学生的深度思考和理解能力,培养学生的批判性思维和解决问题的能力,提高学生的学习效果和学术成就。

综上所述,多模态教学在大学英语教学中发挥着重要的作用。通过多方式、多渠道、多模态教学,可以丰富教师教学内容,提供真实的学习环境,激发学生学习兴趣和热情,以及提升教师教学效果和教学效率。因此,多模态教学应成为大学英语教学的重要策略之一,不断推动大学英语教学改革的发展。在信息时代,教师需要积极运用各种高新技术和多种符号系统来丰富课堂教学,拓宽学生获取知识的渠道和学习范围,促进师生之间的即时交流,并提升学生的自主学习能力。这种立体式、多模态的教学模式将会为学生的全面发展提供更多机会和可能。

三、大学英语多模态教学实践中存在的问题

(一)部分教师的教学理念没有及时更新

在大学英语教学中,一些英语教师在应用多模态教学模式时会存在一些问题。其中一个普遍的问题是教师的教学理念落后,缺乏创新意识。尽管大部分英语教师接受过系统的培训,但仍然固守传统的教学方式,无法有效地应用多模态教学模式,从而无法发挥出其最大的优势。

一方面,可能是因为一些教师对于多模态教学模式的概念和应用理念不够了解。他们可能习惯于以语言为中心的教学方式,对于如何利用音视频、网络资源、图像等多种模态来构建课堂资源和教学内容感到陌生。因此,他们缺乏应用

多模态教学的方法和策略,无法将这些资源和技术有效地融入教学中。

另一方面,虽然一些教师意识到了多模态教学的重要性,但仍然存在着不能从多角度开展教学的问题。他们可能只是简单地使用音视频或图像来辅助教学,而没有从多个角度来呈现教学内容。这种情况下,学生仍然处于过往的学习状态中,无法真正体验多模态教学所带来的优势。学生可能会觉得英语学习仍然是枯燥乏味的,难以激发他们的学习兴趣和动力。

为了解决这些问题,英语教师需要更新教学理念并具备创新意识。他们应该尝试接受相关的培训和研讨会,了解多模态教学的理念、原则和方法。同时,教师也应该积极探索和尝试不同的教学策略和资源,如利用多媒体平台、在线教学工具和虚拟实验室等,以丰富教学内容,提高学生的参与度和学习效果。在教学实践中,教师需要有意识地从多个角度开展教学,确保学生在学习过程中能够从视觉、听觉、触觉等方面获得信息和体验。通过多角度的呈现和多样化的教学资源,学生可以更全面地理解和掌握所学知识。

(二)教学实践中信息化程度较低

多模态教学的实施需要信息技术的支持。如果缺乏信息技术的支持,如网络资源、多媒体设备等,教师难以实现多模态教学的目标和效果。例如,在开展多样化的交流活动时,如果没有足够的信息技术设备和网络支持,教师只能引导学生开展小范围的交流,无法真正提高教学质量和学生的语言表达能力。

教师在应用多模态教学模式时面临的负担过重是一个实际存在的问题。在设计教学方案时,教师需要根据不同的教学内容和学习目标选择适合的技术和资源。这需要教师具备丰富的教学经验和技术知识,并花费大量时间进行教学准备工作。多模态教学模式需要教师运用不同的信息技术来支持教学,增加了教师的工作负担。

有些教师认为多模态教学太过复杂,尽管有应用信息技术的想法,却仍然坚守传统的教学模式。这导致他们没有充分利用信息技术来支持多模态教学,结果信息技术的应用程度相对较低。这种情况下,教师可能无法充分发挥多模态教学的优势,无法有效地提高学生的学习积极性和参与度。

此外,高校对于多模态教学的信息化程度也不够重视,投入力度不足。虽然信息技术在教育领域发展迅速,但是一些高校仍然缺乏对多模态教学的信息化支持。缺乏投入和支持会限制多模态教学的发展和应用,对高校英语教育教学的可持续发展产生不利影响。

要解决上述问题,教师需要不断提升自己的技术和教学能力,学习并熟练掌握多种信息技术工具和资源的使用。高校也应重视多模态教学的信息化支持,加大对信息技术设备和资源的投入,为教师提供更好的教学条件。同时,教师和高校还应加强对多模态教学的培训和宣传,鼓励教师积极应用多模态教学模式,推动高校英语教育教学的创新和发展。只有这样,才能更好地彰显多模态教学的优势,提高教学质量和学生的学习效果。

四、多模态理论视角下构建新型大学英语教学模式

(一)完善多模态教学中的互动和教学模式

在多模态教学模式下,教师需要创新教学方式,以培养学生的多元识读能力为目标。传统的教学中教师是教学过程的主体,而在多模态教学中,教师则成为教学活动的组织者、引导者和督促者。因此,为了实现多模态教学的效果,教师需要创新英语教学方式,以提高学生的英语应用能力。

多模态教学模式的推进需要充分利用现代信息技术和网络资源。随着互联网的普及和发展,教师可以借助网络教学平台和在线学习资源,打破传统教学环境的局限,创造出多元、多模态的学习环境。通过微课和慕课等在线课程,教师可以将教学内容拓展到更广泛的领域,提供更丰富的学习资源。同时,借助翻转课堂和混合式教学模式,教师可以将课堂时间更多地用于学生的讨论和互动,培养学生的主动学习能力。

在多模态教学模式下,学生也不再局限于传统的被动学习角色,而是可以通过互联网进行自主学习。他们可以根据自己的学习进度和兴趣,在网络上搜索相关的学习资源,参与到各种英语学习社区和讨论中,与其他学习者进行交流和互动。这种自主学习的方式可以激发学生的学习兴趣,提高他们的学习动力和效果。同时,学生在网络学习中也能够获得更多的英语实践机会,培养英语思维和提高表达能力。

为了丰富和完善多模态教学中的互动和教学模式,教师需要积极主动地适应现代信息技术的发展趋势,学习和利用各种多媒体平台和设备。通过改变传统的单一教学模式,教师能够提高教学的积极性,并能更好地满足学生多样化的学习需求。教师可以将多媒体资源引入教学,通过多模态信息的获取和传递,以

及音频、视频等资源的利用,开展多样化的教学活动。通过多模态方式选择和组合教学环节,教师能够为学生提供更加丰富的多模态资源,组合构建多模态环境,激发学生的兴趣和好奇心。

在推进多模态教学模式的过程中,教师需要深入了解这一教学模式的科学性和可行性,并进行科学分析和教学活动规划。教师要充分发挥自身的引导作用,激发学生的学习主动性和积极性,创设趣味性的教学活动,使学生更加喜欢和接受多模态教学模式。此外,教师还应该积极与学生互动,深入了解学生的主观意愿和需求,结合学生的实际情况进行创新设计,突破传统教学环境的限制,使英语知识教学能够全面延伸。

(二)选择适合的教材辅助教学

教师在推进多模态教学模式时,需要重视当前的教育教学方法,对其中存在的问题进行科学调整。教师应该站在学生可持续学习的高度,对多模态教学的实施路径进行深入分析和研究。教师要积极运用多媒体技术,创新教学方法和途径,以提高教学效果。通过多媒体技术,教师可以将学习内容以生动形象的方式呈现给学生,激发学生的兴趣和好奇心,提高他们的学习积极性和主动性。

在多模态教学模式中,教师还需要充分考虑选材的合理性。教师应积极与学生沟通和交流,了解他们的兴趣爱好和学习需求,进而收集相应的教育教学材料。以此激发学生的学习兴趣,提高学习动力。同时,教师应确保所选材料与教学目标和学生的学习能力相匹配,教师可以帮助学生更深入地理解和消化所学的英语知识。学生可以根据自己实际掌握的英语知识,对具体教学内容进行更深层次的处理,从而加深对英语知识的理解。

(三)注重开发学生思维

在多模态教学模式的实践过程中,教师需要考虑到学生的思维习惯和特点,确保他们能够扎实掌握基础知识,培养良好的学习习惯,并实现思维的不断拓展。教师可以先引导学生自主思考,并提出学习问题,然后以自身的思维方式进行解决,这样能够持续地改进和创新多模态教学模式,同时也能够提升学生的思辨能力。

为了引导学生自主思考和解决问题,教师可以设计各种各样不同的问题,以开发学生的思维能力,并促进他们的自主探索。这些问题可以涉及不同的领域和角度,激发学生的思考和探索欲望。通过自主思考和解决问题的过程,学生能够在不知不觉中培养良好的学习习惯,提高他们的学习效率和学习质量。

此外,教师还需要全面了解学生的思维特点和方式,结合具体的英语课程内容和英语核心素养培养要求,设计多种英语问题。教师可以针对学生的思维特点和习惯,设计具体的问题,让学生摆脱过往的英语思考模式,培养独立思考和创新思维的能力。通过引导学生思考和解决问题,教师可以帮助他们形成正确的思维模式,提高他们的思维能力和英语学习水平。

(四)加大对信息技术的应用

在应用多模态教学模式时,信息技术起着至关重要的作用,因此高校必须增加资金投入,引进信息技术设备,为创新教学提供支持。高校需要认识到在多模态教学模式的应用过程中,信息技术应用存在一些问题和弊端,需要进行针对性的解决,提高教师应用信息技术的便利性和先进性。

同时,高校英语教师也需要不断提升自身的信息技术操作能力,深入探究多模态教学模式与信息技术的融合,以构建更加生动的英语课堂。除了传统的视频和音频教学,教师还可以尝试融合虚拟现实(Virtual Redit,VR)技术等创新媒体形式,使学生能够获得更好的学习体验。通过运用新兴的信息技术,教师可以创造出沉浸式的学习环境,激发学生的学习兴趣,提高他们的学习效果。

因此,高校在应用多模态教学模式时应加大对信息技术的投入,为创新教学提供支持。同时,高校英语教师也需要提升自身的信息技术操作能力,探究多模态教学模式与信息技术的深度融合,以构建更加生动的英语课堂。通过引入创新的信息技术,如虚拟现实技术,教师可以创造出沉浸式的学习环境,激发学生的学习兴趣,提高他们的学习效果。这样的多模态教学模式可以实现最大限度地创新,也能使学生对英语学习产生更大的兴趣。

五、多模态理论在大学英语教学中的应用展望

在信息技术与互联网发展日新月异的今天,大学英语教学正面临着前所未有的变革和挑战。指南对大学英语教学改革提出了要求,即应大力推进信息技术与课程教学的融合,并发挥现代教育技术的重要作用。这一要求是符合时代潮流的,也是适应当前学生学习需求和社会发展需要的必然选择。

传统的课堂教学模式已经无法满足学生的学习需求。过去的教学模式以教师为中心,学生被动接受知识的传授。而现在,电脑、网络、PPT课件、投影仪、教

学平台等现代化教育技术的运用,使得课堂教学充满了活力和多样性。教师可以通过多媒体教学手段将信息传递更直观、更生动地呈现给学生,激发学生的学习兴趣和动力。同时,网络资源的广泛应用使得学生可以获取到大量的多模态化信息和资料,有利于开阔学生的视野和提高学习效果。

多模态教学模式强调教学应根据学生的特点和实际情况进行个性化定制,充分发挥信息技术在教学中的优势。教师可以采用不同的教学手段和资源,如图片、视频、音频等,以满足学生多样化的认知需求和学习风格。通过多模态教学模式,不仅可以培养学生的英语应用能力,还可以提高学生的思维创新能力和问题解决能力。

然而,要使多模态教学模式真正发挥作用,教师需要不断进行创新。教师应站在学生的角度思考问题,了解学生的实际需求和兴趣爱好,将多模态教学模式与学生特点相结合,打造出适应学生全方位学习需求的教学模式。同时,高校还需要投入更多的人力、物力和财力,引进先进信息技术设备,为多模态教学模式的持续创新提供保障和支持。只有这样,才能进一步提升大学英语教学质量,推动学生的可持续发展。

总的来说,大学英语教学正面临着信息技术与互联网的影响和冲击。多模态教学模式的应用对于大学英语教学改革具有重要的作用和意义。教师应不断创新教学模式,满足学生的学习需求和兴趣爱好,提高教育教学质量。而高校也应加大教育投入,引进先进教学设备,为多模态教学模式的持续发展提供支持。只有这样,才能使大学英语教学与时俱进,真正适应信息技术与互联网发展的时代要求。

第四章
大学英语课堂教学

第一节　大学英语课程的教学要求

一、大学英语课程教学的目标和侧重点

大学英语课程的存在与发展是基于其所承载的价值和意义。在当前大学英语教学中，理解和明确课程的教学目标是至关重要的。审视我国大学英语课程的价值体系，有助于及时把握主导课程的价值取向，并对构建新的大学英语课程价值体系具有积极意义，还能够为提高我国大学生的英语综合应用能力提供理论指导。

(一)我国英语教育三个阶段的目标分析

在大学阶段，学生英语应用能力的重要性进一步体现，因此，大学英语教育需要将英语学习与实际生活和职业发展相结合，让大学生的英语能力得到有效的提升。大学英语教学对学生英语实际应用能力的培养意义重大，然而，英语课程的开展并不是从大学开始，而是小学，为了更好地把控大学英语阶段的教学目标，有必要对学生英语学习的全阶段目标和要求进行大致梳理。

在小学阶段，英语教育的重点是培养学生的基础英语素养，让他们对英语学习有一个深刻的理解，并为今后的英语学习奠定坚实的基础。小学生的认知水平有限，各方面能力还需提升和发展。因此，教师在这个阶段对学生进行合理的教育非常重要，这将全面提高英语教学质量，并激发学生参与实际课程教学的积极性。不同的教育模式对于小学生有着不同的适用性。教师需要根据实际情况调整教学方法，确保教学的有效性。这意味着在小学英语教育阶段，教师应根据学生的学习能力和特点来决定授课方式和内容。在小学阶段，教师应该注重培

养学生的基础英语素养,并根据学生的特点和需求进行个性化的教育。只有这样,才能真正激发学生对英语学习的兴趣,使他们积极参与到实际的英语学习中,为他们未来的语言学习打下良好的基础。

中学教育是学生英语学习的第二阶段,与小学英语教育相比,虽然仍然注重培养学生的英语基础素养,但在教材的选择和教学方法上存在一些区别。在小学英语教育中,学生接触的教材通常是一些基础英语知识的课本,内容相对简单,学生对英语的理解还比较浅显。然而,到了中学阶段,学生进入了更高层次的英语理解阶段,开始加深对英语知识的运用和理解,尤其注重英语交流能力的培养。在中学阶段,教师的重心应放在培养学生基础英语交流能力上。教师需要给予学生实际的引导,使他们能够积极运用英语进行日常生活中的交流。通过与教师和同学进行口语互动,学生可以更好地培养英语口语表达能力,并形成良好的英语交流习惯。这样的学习方式将为学生以后的英语专业素质培养奠定坚实的基础。

英语教育的第三阶段是大学教育,对即将走向社会的大学生来说,大学阶段的英语教育更加注重培养学生的综合素养,尤其是英语的实际运用能力。然而,在这个阶段,大学生在英语学习中常常面临一些问题,特别是在基础英语知识的学习方面,他们可能缺乏正确的认识,也不知道如何进行实际的运用。这导致他们对英语学习的价值观产生偏差,失去了对英语价值的正确认知,形成了多样化的甚至是差异化的理解,从而导致英语学习动力的严重不足。

针对这个问题,在大学阶段,教师需要加强对学生的引导,使他们重新审视英语学习的重要性,并正确分析自身在学习过程中所出现的不足。教师应积极配合学生的实际情况和学习需求,进行个性化的引导教学,使学生的英语素质得到全方位的提升。

(二)大学英语课程教学的侧重点

大学英语教育的教学目标是培养学生综合应用英语的能力,使他们能够在今后的工作和社交中能够有效地使用英语进行交流和沟通。为了实现这一目标,英语教师需要以英语教学理论为指导,重点培养学生的英语语言应用技能和跨文化交际能力。

1. 提升语言技能

大学英语课程应注重培养学生的语言技能。作为一门语言课程,英语课程的首要目标是帮助学生掌握语言的基本规则，提高听、说、读、写的能力。尤其是大部分学生听和说两项能力较为薄弱，在课堂教学中，教师应将重点放在英语的听说能力培养与提高上。通过各种教学方法和活动，如听力训练、口语练习、对话演练等，教师可以为学生提供更多的英语实践机会，提高他们的听力理解能力和口语表达能力。这样的教学方式将帮助学生更好地应对实际交流场景，提升他们的英语交流水平。

2. 培养跨文化交际能力

除了语言技能的培养，培养学生的跨文化交际能力也是大学英语教育的重要任务之一，大学英语课程应注重培养学生的文化意识。英语作为一门国际语言，涉及不同文化背景的交流和理解。教师应采用合适的教学方法和教学活动，引导学生了解和尊重不同文化的差异，如可以开展跨文化交际案例分析、文化交流活动等，让学生更好地理解英语语言在不同文化背景下的特点。

在大学英语教育中，通过介绍和讨论不同文化背景下的交流习惯和价值观，让学生理解并尊重多样化的文化差异，并培养他们拓宽国际视野的能力。这将培养学生的跨文化适应能力，在跨国交流等场合能够更好地与不同文化背景的人交际，从而使他们在未来的学习和职业生涯中具备更强的英语应用能力。

3. 教授学习策略

大学英语课程应注重教授学生的学习策略。英语学习是一个长期的过程，在大学阶段，学生需要掌握更多有效的学习方法和技巧，为他们以后语言能力的持续提升打好基础。教师应指导学生学习英语的方法，教授学习策略，培养学生的自主学习能力和学习兴趣。只有学会如何学习，学生才能在学习的过程中不断进步并取得好的成绩。

4. 提高综合素质

大学英语课程应注重提升学生的综合素养。英语学习不仅仅是语言技能的学习，还涉及学科知识、思维能力、情感态度等的培养。教师应注重培养学生的思维逻辑能力、创新思维、合作与交流能力，以及他们的审美情感和道德素养。

为了确保大学英语教学的实际效果，在学生的英语学习过程中，大学英语教师必须与时俱进地创新教学理念，完善价值体系。根据实际的教学要求建立健全价值体系，综合培养学生的语言技能、文化意识、学习策略和综合素养，提高学生的整体素质和语言实际运用能力，以促进整个教学水平的全面提高。通过与学生的互动和合作，教师可以更好地了解学生的学习需求，针对不同层次的学生提供适合的教学内容和方法，从而提高英语课程的教学质量。只有这样，英语课程的价值才能得到最大化的体现。

二、从《大学英语课程教学要求》分析大学英语教学目标

(一)《要求》概述

大学英语是高校英语专业和非英语专业的一门必修课程，长期以来，它被视为应试教育的一部分，学生仅仅为了应付期末考试和英语四六级考试而学习英语。这导致学生们只懂得阅读和书写，形成了所谓的“聋哑英语”。然而，随着《大学英语课程教学要求》(以下简称《要求》)的发布，这种落后的教育教学方式有了改变的机会。《要求》从大学英语教学的性质与目标、教学要求与评估、教学模式与方法、课程设置与教学管理等方方面面提出了具体的要求。

随着时代发展，传统的大学英语课程已经无法适应高等教育的发展，因此需要深化大学英语教学改革，以提高英语教学质量。教育部高等教育司于 2004 年制定编写了《要求》，试行三年后，又进行了较大的改动，使得《要求》更加科学合理、论述更加充分、重点更加突出，对于大学英语教育具有比较重要的参考意义。

《要求》的制定与完善，使得大学英语教学的目标更加明确，教学内容更加丰富多样，教学方法更加灵活多样化。它为教师提供了一个全面的教学指南，使他们能够更好地组织教学活动，提高课堂教学效果。它对英语课程的价值体系进行了研究，主要从学生英语学习的轨迹角度进行分析，不同阶段的英语学习给予学生不同的学习体验，不同层次学生的学习需求是构建英语课程价值体系的关键。

同时，《要求》也为学生提供了一个明确的学习目标和规划，帮助他们更好地学习英语，提升英语能力。通过对大学英语教学要求的严格实施，我国高校英语教学水平不断提升，培养了更多的英语应用型人才。

然而，我们也要看到，《要求》只是一个指导性文件，实际的教学工作还需要各高校根据实际情况进行调整和改进。各高校应根据自身的特点和需求，灵活运用教学要求，创新教学方法，以提高英语教学质量和学生的英语能力。同时，教师也应不断提升自身的教学水平，不断更新教育理念，以更好地适应英语教育的发展需求。

（二）《要求》中关于课程体系设置的要点

根据《要求》，大学英语课程的设置应该符合实际情况和教学目标，建立一个综合多种教学手段和模式的体系。这个体系将必修课与选修课有机结合，涵盖了英语语言技能、语言应用、语言文化和专业英语等内容，并根据不同的要求给予适当的学时和学分，以确保大学生能够在不同层次上提高英语应用能力。具体来说，《要求》在课程方面提出了如下要点，对于大学英语教学的发展和改革具有比较重要的参考价值。

1. 信息技术与大学英语教学相结合

为了满足学生多样化的学习需求，现代先进的信息技术被运用到大学英语教学中，通过开发计算机网络英语课程，为大学生创造了一个多平台的英语学习环境。学生们可以通过网络学习英语，获取更加丰富和灵活的教学资源。这种利用信息技术的教学模式不仅方便了学生的学习，还提供了更多的学习机会和资源，促进了学生在英语应用能力方面的综合发展。

多样化的课程设置有助于拓展大学生的英语知识，增加对世界文化的了解，培养他们的跨文化交际能力。通过学习英语语言技能和应用，学生可以更好地掌握听说读写的能力，提高实际运用英语进行沟通的能力。同时，了解英语的文化背景和语境，学生能够更好地理解和尊重不同文化之间的差异，培养出更强的跨文化交际能力。

在实践中，大学英语课程的设置应该根据实际情况和教学目标，建立一个综合多种教学手段和模式的体系。通过多样化的课程设置和现代信息技术，大学生能够在不同层次上提高英语应用能力，拓宽英语知识的广度和深度，增加对世界文化的了解，并培养跨文化交际能力。这将为大学生今后的学习和职业发展提供坚实的基础。

2. 教学模式创新和改革

《要求》不仅对课程内容进行了要求，还对教学模式的创新和变革提出了要求。它倡导利用现代信息技术，将计算机技术与课堂相结合，改变传统的以教师讲授为主的单一模式。高校英语教学模式的改革应立足于中国国情，注重传统文化的融入，并借鉴国外最新的教育理论和英语教学研究成果。

在改革英语教育模式时，应朝着个性化和自主性学习的方向发展。可以采用翻转式教学、分层教学、多媒体教学等先进的教学模式。翻转式教学可以使学生在课前通过在线学习资源预习课程内容,课堂上则可以更加充实地用于学生的讨论和互动。分层教学可以根据学生的不同水平和需求,提供个性化的教学内容和学习方式。多媒体教学可以利用音频、视频等多种形式,帮助学生更好地理解和掌握英语知识。这些新模式应始终遵循实用性、知识性和趣味性相结合的原则,并注重在现代网络环境下建立起英语听说教学模式。只有在多种教学手段和模式的支持下,大学英语课程才能更好地培养学生的英语能力和跨文化交际能力,使他们能够适应现代社会发展的需要。

因此,高校应积极响应这一要求,灵活运用各种教学手段和模式,为学生提供更多元化、个性化的英语学习环境。通过合理地运用现代信息技术,教师可以为学生创造一个创新和互动的学习氛围,激发他们的学习兴趣和动力。通过采用多样化的教学模式和活动,教师可以更好地培养学生的英语语言技能,提高他们的语言应用能力,并深入了解世界文化,为未来的跨文化交际做好准备。

3. 教学评估和教学管理改革

根据《要求》,大学英语教学评估和教学管理改革也是教学实践中不容忽视的重点。教学评估是评估教师教学质量和学生学习成果的重要方式。建立全面、客观和科学的高校英语教学评估体系,对于实现教学目标和保证教学质量具有重要意义。

新的课程教学要求提出了形成性评估和终结性评估相结合的评估模式。形成性评估通过学生自评、互评、教师评和教务部门评等多种形式,可以有效准确地评价学生的真实成绩,帮助学生及时了解和纠正学习中的问题。而终结性评估则通过学校组织的期中和期末考试对英语教学质量进行综合评估。对英语教师的教学质量评估也应该综合考虑学生的考试成绩以及教师的教学态度、教学手段、教学方法、教学内容和教学组织及效果等因素。这样的评估方式可以更加客观地反映教师的教学质量,帮助教师了解自己的不足并进行改进。

大学英语教学管理的水平直接关系到教学目标的实现。在《要求》中,要求加强对英语教学过程的指导和监督,为此,建立完善的教学与管理文件是必要的,以确保教学工作的规范和有序进行。此外,将大学英语课程纳入学分制体系,可以加强对课程的管理。同时,完善教师聘任管理制度,确保合理的师生比,也是教学管理的重要方面。只有保证教师的数量和质量,才能提供高质量的英语教学服务。此外,还需要建立健全教师培训体制,为教师提供持续、系统的培训和专业发展支持。

通过以上改进举措,可以更好地提高大学英语教学的质量。教学评估的科学性和完善性有助于更准确地了解学生的学习情况,并及时采取有效的教学措施。同时,强化教学管理,建立健全教学与管理体系,为教师提供更好的教学指导和培训支持,促进教师专业发展。这些举措将有助于提高大学生英语的综合运用能力和交际能力,更好地满足现代社会对人才的需求。

随着时代的不断发展,教育也在不断变迁。作为英语教师,需要不断学习,以便更好地服务于英语教学并最大限度地发挥英语课程的价值。大学英语课程实用性和应用性是英语课程价值体系的最终体现。因此,教师在英语教育教学过程中不仅要注重培养学生的听说能力,还要注重培养学生的沟通表达能力,以提高英语教学的应用性和实用性,让学生能够获得最大的收益。

传统的以教师为主体的教学模式很难提高学生的应用英语能力,也会限制学生的英语创新思维能力。因此,在教学过程中,高校英语教师需要打破传统的教学观念,以学生为主体开展教学工作。英语学习的最终目的是应用。因此,英语教育教学应该围绕英语实用性展开,以最大化体现英语课程的价值。为了实现这一目标,教师不仅要注重培养学生的语言基础,还要提升他们的语言学习和运用的能力,使他们在接下来的学习、生活和发展中具备更好的英语应用能力,让大学英语课程发挥出更大的价值。

第二节　大学英语课程的内容建构

一、大学英语课程内容建构的依据与原则

大学英语课程的内容主要包括大学英语课程计划、课程标准(大纲)和大学英语教材三个部分。尽管大学英语教学取得了巨大进步,但随着社会、学生、学科和学校的不断发展和变化,大学英语课程也逐渐显露出需要完善和建构的一面,而理论依据和建构原则的确立是我们首先要研究的问题。

随着社会、学生和学校的发展,大学英语课程的内容也在不断地完善。为了更好地实现大学英语课程内容建构的目标,首要前提是形成比较科学可行的建

构理论依据和原则。根据教育部印发的《要求》，各高校制定本校的大学英语课程标准时应充分考虑教学目标、学生需求、社会发展等因素，在此基础上选择适合本校学生的大学英语课程建构。

(一)课程内容设计

在设计课程内容时，我们需要根据课程目标来选择和组织基本材料。课程目标是对学生学习结果的具体体现，它规定了学生应该达到的知识、技能和态度。而课程计划则对课程进行了科目和课时的分配，确保每个学科都能得到适当的时间和重视。在教学过程中，教师需要结合教材目标制订适合的课程计划，灵活运用各种教学策略和方法，将抽象的知识转化为学生能够理解和应用的形式。因此课程内容的选择和组织是设计一门优质课程的重要环节。通过设计适合的课程内容，教师可以有效地引导学生学习，促进学生全面发展。

(二)大学英语课程内容建构的依据

1. 在课程目标中的价值观

一般来说，课程目标的价值取向主要体现在三个维度上。

首先，从课程职能倾向的维度上来看，课程目标的价值取向可以具体表现为个体本位或社会本位的价值取向。个体本位的价值取向关注促进学生个体发展，使他们在课程中获得个人成长和自我实现的机会。而社会本位的价值取向则强调课程内容对社会进步的推动作用，致力于培养具有社会责任感和公民素养的学生。

其次，从课程内容的遴选和组织维度来看，课程目标的价值取向可以具体体现为知识本位、能力本位或观念本位的价值取向。知识本位的价值取向强调向学生提供系统完整的知识体系，使他们能够掌握专业领域所需的知识。能力本位的价值取向则注重学生各方面能力的发展，包括思维能力、创新能力、沟通能力等。观念本位的价值取向关注形成和改变学生的特定思想观念，使他们具备正确的价值观和道德观。

最后，从课程设计和开发主体的维度来看，课程目标的价值取向主要体现为教师本位或学生本位的价值取向。教师本位的价值取向认为教师在课程设计和开发中应扮演主导角色，根据学科知识和教学经验来确定课程内容。而学生本位的价值取向则强调学生作为课程的主体，在课程设计和开发过程中应充分考虑学生的需求和兴趣，并鼓励他们参与课程设计和评价。

在课程目标具体转化为课程内容时,课程计划、课程标准和教材起到了关键的作用。课程计划是对课程的整体规划和安排,确定了课程的结构和学习进程。课程标准则对学生在各方面的学习结果进行规范和要求,是课程内容设计的依据。教材作为具体的教学资源,承载了课程内容的具体呈现和传授。

2. 大学英语课程目标的价值取向

(1)强调学生发展。过去,大学英语课程过分强调英语的工具性,即将课程设计为适应经济建设需要的工具,为社会服务。然而,现在的趋势是更加强调人的发展,将教育的本质定位为提高人的素质和个体的发展。这并不意味着人的发展与教育为社会发展和经济建设服务存在矛盾,因为只有在个体得到充分发展的基础上,才能更好地为社会发展和经济建设作出贡献。因此,在大学英语课程确立课程目标时,需要重视学生的个性发展,采用分类指导和因材施教的方法。这意味着教学应该以观念本位为出发点,引导学生发展能力和知识的本位。具体而言,在课程内容的选择和组织方面,过去强调掌握知识和培养能力,现在应更加注重培养学生对英语学习的情感、态度、学习策略和文化意识等,以此为基础,形成综合语言运用能力。

(2)学生成为课堂主体。过去,大学英语课程设计和开发主要以教师为中心,教师的角色被强调为知识的传授者和引导者。然而,现在的趋势是将学生置于课程设计和开发的中心地位,强调以学生为中心的教学模式。这意味着在课程内容的组织和选择上,需要考虑到教师不再是知识的唯一载体,他们的作用更多地体现在指导和帮助学生方面,促进学生主动、个性化地学习。

学生主体化的教学模式可以带动教师的指导化功能。教师需要成为学生的引导者和指导者,帮助他们发现和解决问题,培养他们的学习兴趣和学习能力。教师应该根据学生的个性特点和学习需求,采用不同的教学方法和策略,为学生提供个性化的指导和帮助。通过这种方式,学生将更加主动地参与学习过程,提升自主学习能力。

学生主体化的教学模式也需要教师具备一定的指导能力。教师需要不断提升自己的专业能力,了解学生的学习需求和特点,掌握适合不同学生的教学方法和策略。同时,教师还应该关注学生的情感和心理状态,提供必要的心理支持和指导,帮助他们建立自信心并克服学习困难。通过学生主体化的教学模式,可以促进学生的个性化发展和学习能力的提高。

(3)大、中、小学阶段教育目标统一。在过去,大、中、小学各阶段的英语教学相对独立,缺乏有效的衔接和沟通,导致教学内容碎片化和教学效果不理想。现今,我们需要实现大、中、小学课程衔接的统一规划,这对于英语教学改革具有重要意义。只有通过按照大、中、小学“一条龙”的教学模式来设计和实施英语教学,才能系统、连贯地培养和提升学生的实际应用能力,从根本上解决英语教育中的问题,并为我国的英语教学探索出一条适合国情的新路径。

通过明确各个教育阶段的教学目标和内容,以及教学方法和评估方式的统一,可以使学生在不同阶段的学习中形成良好的衔接和过渡,有效地积累和应用英语知识。这样,学生的学习过程将更加连贯,能够更好地适应下一个阶段的学习需求。

此外,统一规划的大、中、小学课程衔接也有助于提高学生的学习动力和自信心。学生可以在学习过程中感受到自己的进步和成长,逐渐建立起对英语学习的兴趣和自信心。他们会意识到自己的努力和付出是有意义的,从而更加积极主动地投入学习中。

在实施统一规划的大、中、小学课程衔接时,需要教育部门、学校和教师共同努力。教育部门应制定清晰的大纲和标准,确保各个阶段的教学目标和内容具有连贯性。学校需要合理安排课程和培训教师,确保教师具备实施统一规划的能力。教师应不断提升自己的专业素养和教学能力,灵活运用教学方法,满足学生的学习需求,确保教育体系的协同发展,并提供良好的学习环境和支持。

(三)大学英语课程内容选择的原则

1. 整体性原则

综合语言运用能力的形成是一个综合性的过程,包括学生语言技能、语言知识、情感态度、学习策略和文化意识的整体发展。这五个方面相互作用,共同促进综合语言运用能力的形成。

语言知识和语言技能是综合语言运用能力的基础。学生需要掌握丰富的词汇、语法和语言规则,以及有效的听、说、读、写等语言技能。语言知识和技能的充实和灵活运用,是学生能够流利、准确地进行语言表达和交际的基础。

文化意识是得体运用语言的保证。语言是文化的载体,文化意识使学生具备了解和理解不同文化背景下的语言使用方式的能力。通过学习和体验不同的文化,学生能够更好地理解词汇、表达方式和交际规则所蕴含的文化内涵,从而在语言运用中更加得体地表达自己的观点和思想。

情感态度是影响学生学习和发展的重要因素。学生对语言学习的情感态度直接影响着他们的学习动力和学习效果。积极乐观的情感态度能够激发学生的主动性和创造性，有助于他们克服困难和挫折，提高语言运用能力。

学习策略是提高学习效率、发展自主学习能力的保证。学习策略包括目标设定、计划制订、记忆方法、学习技巧等。学生通过灵活运用各种学习策略，可以更加高效地获取和整合语言知识和技能，提高学习效果，为综合语言运用能力的形成提供支持。

综上所述，学生的综合语言运用能力的形成离不开语言知识、语言技能、情感态度、学习策略和文化意识等方面的整体发展。通过提高综合素养，学生能够更加熟练地运用语言，准确表达自己的意思，增强语言交际能力，逐渐形成综合语言运用能力。

2. 灵活性原则

当前的课程改革指导思想是“大众教育”，其强调“教育为大众”和“科学为人人”。这种大众教育的理念并不排除培养少数精英，让他们掌握科学技术的前沿并创造新的技术。但是培养少数精英也需要建立在提高大众教育水平的基础上。

目前，我国有1000多所本科院校，它们的学生来源、师资条件、重点与非重点、沿海与内地等方面都存在差异。在大众化教育的背景下，采用一个统一的教学大纲和课程模式显然不太符合实际。因此，不同的大学应该制订适合自身的大学英语课程内容计划、标准和教材。每所大学应该有自己不同层次的培养目标和教学要求，以及自己不同层次的综合语言运用能力标准。

为了实现这一原则，可以通过多种措施：一是制定分级课程标准，以便各校能够调整目标，根据自身情况进行教学；二是建立国家、地区和学校三级课程，以便各校能够分类指导教学；三是加强后续教学，以便各校能够因材施教，给予学生更加个性化的教学；四是不设上限，让各校根据自身需求进行灵活调整，灵活选取所需教材和教学方法。通过以上措施，可以使各大学在大众教育的基础上建立自己的差异化课程体系，让学生能够获得更适合自身发展的教育内容，培养出更具综合语言运用能力的人才。这样的多样化课程安排将更好地适应不同学生的学习需求，提高整体的教育质量和水平。

3. 人本性原则

人本性原则的核心思想是以人为本，即课程应该符合人性，培养健全的个体。教育的本质是提高人的素质，也就是个体的全面发展。在英语教学中，学习者应该是主体，而教师不应该一味地以自己为中心而忽视学习者的需求和发展。

从教育理念的角度来看，学生的发展是英语课程的出发点和归宿。搭建英语课程的构建要突出以学生为主体的思想，让学生在教师指导下进行知识建构、技能提高、意志磨砺、思维活跃、个性展示、心智发展和视野拓展的过程。这种构建要注重学生的主动性和参与性，鼓励学生发挥自身的潜能、充分展示自己的才能，并通过教师的指导和引导来实现个体的全面发展。

教育过程是一个动态平衡的生态系统，其中强调了教师、学生、教学和环境之间的动态交互作用。教师不仅仅是传授知识的角色，更应该成为引导者、促进者和激励者，通过与学生的密切互动和交流来激发学生的学习兴趣和学习动力。学生也不仅仅是被动接受教育的对象，而是积极参与教育活动的主体，通过与教师和同学的互动来实现个体的全面发展。这样的教育模式能够更好地满足学生的需求，提高英语教学的效果和质量。

4. 衔接性原则

大学英语教学是处于不断变化的状态中的。外语教学的整个过程应该是“一条龙”的形式，大部分的教学工作应该在中小学阶段完成。因此，大学英语课程内容的建构离不开与中小学英语课程内容的衔接。

早在20世纪50年代，周恩来总理就提出了大中小学英语教学应该实行“一条龙管理”的观点。对于英语课程的组织与选择，不同阶段的课程应该使用统一的语法词汇术语，践行一致的课程理念，遵循相应的课程内容选择原则，并使用通用的课程描述方式。这样可以将基础教育阶段和高等教育阶段贯通起来，将小学、中学和大学各个阶段的英语学习作为一个整体来考虑，保证各个阶段之间有机衔接，形成科学的教育理念，有利于充分利用教育资源，解决过去英语学习中的重复或疏漏问题。因此，大学英语教学需要关注社会需求的变化，更要关注中小学英语课程的改革。需要研究新情况可能对大学英语课程造成的影响，并做好相应的准备。

通过与中小学英语课程的衔接，大学英语教学可以更好地与已有知识和能力相匹配，避免重复和疏漏，使学生能够更好地适应大学英语学习的要求。同时，也能够更好地满足社会对英语人才的需求，提供更高质量的英语教育。因此，大学英语教学应当与中小学英语教学紧密结合，建构一个完整的教育体系，促进学生英语能力的全面发展。

5. 实用性原则

合理的课程内容需要符合造就健全个体的目的，并且需要根据情景的改变而适应人们的需求，满足人们发展的需要，也就是课程内容的“有用性”和“实用性”。在大学英语课程中，内容要在符合本学科要求的基础上，同时满足社会和学生的需求。

大学英语教学的目的是为经济建设和社会发展培养人才。从语言和社会发展的关系来看，语言是社会发展的产物，随着社会经济、文化、科技等方面的进步而发展。因此，英语教学的内容也需要能够反映社会发展的现实。课程内容应该与当代社会的需求紧密结合，关注社会变化和发展带来的新要求。

有意义的学习需要学习内容与学习者具有个人相关性，能够引起学习者的主动参与。因此，大学英语课程的内容应该着重考虑社会和学生的职业发展、人际交往、教育需求和现代化进程等方面的需求。课程内容应该能够帮助学生掌握与职业发展相关的专业术语和语言技能，提高交际能力，了解社会文化背景，适应现代化进程中的求职、学术、科技、文化等方面的需求，为他们未来的发展做好准备。

在设计大学英语课程内容时，应该充分考虑学生的学习背景、需求和兴趣，通过与实际生活和社会需求相联系，使课程内容更加贴近学生的实际情况，激发学生的学习主动性和积极性。这样的课程设计才能够充分发挥教育的作用，培养出适应社会需要的英语人才。

6. 后续性原则

“学习如逆水行舟，不进则退”，如果大学生毕业后想要保持或提高他们在大学二年级时的水平，他们必须在三、四年级的专业英语和高级英语上下功夫，就像高二、高三阶段是迎接高考的关键时期一样。虽然通过大学英语四六级考试是英语学习的基础阶段，但接下来的应用提高阶段同样重要。

英语学习需要持之以恒的投入和不断的努力，不能期望仅仅通过短期的学习或少量的投入就可以终身受益。大学的专业英语和高级英语课程是帮助学生在专业领域中运用英语的重要途径，在这些课程中，学生将学习专业术语、专业写作、演讲技巧等，这对他们未来的职业发展至关重要。通过专业英语和高级英语的学习，学生可以提高他们在专业领域内的沟通和表达能力，为未来的就业选择打下坚实的基础。此外，英语学习还有助于大学生培养终身学习的习惯。英语是一门不断发展和变化的语言，学习者需要掌握最新的学习方法和技巧。通过长期的英语学习，大学生可以培养自主学习的能力，掌握自我学习的方法和技巧，为未来的自我发展奠定基础。

综上所述，建构大学英语课程内容需要与中小学英语课程统一规划，同时针对社会、学生、学科和学校的实际情况加强分类指导。在构建课程计划、标准和教材时，需要把"培养整体语言素养和综合语言运用能力的形成"放在首位，以确保学生在毕业时具备全面的英语能力，为他们的人生和职业发展奠定坚实的基础。

二、大学英语融入课程思政的路径探索

大学英语课程教学与课程思政教育同向同行是为了进一步深化大学英语课程教学改革，实现高等学校人才培养目标的需要。课程思政的实施是通过在教学内容上融入思想政治教育内容，以及在教学模式上通过中西方文化对比等路径来实现的，旨在实现大学英语课程教学全程育人、全方位育人的目标。

2020 年，教育部发布了《高等学校课程思政建设指导纲要》，指出各类课程应与课程思政同向同行，将课程思政建设作为提高人才培养质量的重要任务。

在大学英语课程中，实施课程思政的重要性不可忽视。大学英语课程是培养学生综合语言运用能力和跨文化交际能力的重要途径。通过在课程中融入思想政治教育内容，可以引导学生更深入地了解和思考世界观、人生观和价值观等重要问题，培养他们的思辨能力和社会责任感。

大学英语课程涉及中西方文化交流与对比，通过对不同文化背景下的思想政治观念、价值观念和道德观念等进行比较和分析，可以帮助学生更好地理解文化的多样性，增强他们的文化自信和跨文化交际能力。在实施课程思政的过程中，教师需要深入理解和把握课程思政的内涵和要求，合理安排教学内容和教学方法，确保课程思政的有效实施。同时，学校也需要提供教学资源和支持，为教师提供相应的培训和指导，确保课程思政能够顺利推进。

大学英语课程教学与课程思政同向同行，是为了实现高等学校人才培养目

标而进行的重要探索和实践。通过在大学英语课程中融入思想政治教育内容和路径，可以实现全程育人、全方位育人的目标，培养具有综合语言运用能力和思想政治素养的高素质人才。这对于大学英语课程的改革和提升具有重要的意义和价值。

（一）课程思政与大学英语教学的适配点

大学英语课程要培养具有中国情怀和国际视野的高素质技术技能人才。目前，大学英语课程具有学时较长、学分较多、覆盖面较广和影响面较大四大优势。这为大学英语课程在培养学生语言能力的同时，注入思想政治教育元素提供了机会。

大学英语课程本身具有工具性、人文性和思想性的特点。在工具性方面，大学英语课程致力于培养学生的英语语言能力，使他们能够在专业学习和职业发展中有效地应用英语。在人文性方面，大学英语课程通过学习英语文学、文化和历史等，帮助学生深入了解和体验英语世界的多样性和复杂性。在思想性方面，大学英语课程可以通过引入一些具有思想意义和社会关注的文本和话题，引导学生思考和探讨一些重要的社会问题，培养他们的思辨能力和社会责任感。

大学英语课程的教学目标和"课程思政"的建设目标在本质和内涵上是一致的。因此，大学英语课程教学应当率先承担起这一光荣的历史使命。教师应深入挖掘大学英语课程本身所蕴含的思想政治教育元素，并将其融入教学中。教师可以通过选取一些具有思想性的文本和话题，引导学生进行讨论和分析，帮助他们提升对社会主义核心价值观的理解和认同。同时，教师还可以通过开展相关的课外活动，如社会实践、讲座等，进一步拓宽学生的思想视野和社会参与意识。

大学英语课程和思想政治教育应该互为补充，形成协同效应。在大学英语课程中，思想政治教育可以通过听力、阅读、口语和写作等各个方面的教学环节进行渗透。同时，教师还应注重引导学生进行思想的反思和深入的思考，培养他们的独立思考和创新思维能力。通过这种方式，可以为国家培养既具有过硬的专业知识和职业素养，又具有良好思想道德修养的高素质人才提供保证。

（二）课程思政融入大学英语教学的方法策略

1. 通过中西方文化对比融入

在大学英语教学中，通过进行中西方文化对比可以提高学生的英语语言综合应用能力。这是因为中西方文化对比可以帮助学生更好地理解和运用英语语言的不同表达方式和思维方式。例如，在中英文地址表达方面，学生可以通过对比学习英文地址的“从小到大”和汉语地址的“从大到小”这一差异，使他们对英语语言的逻辑性和表达方式有更深入的认识。同时，通过中西方文化对比还可以加深学生对中华优秀传统文化的认识和理解。举例来说，英文姓名表达通常是“名在前而姓氏在后”，这反映了英语文化中个人本位的价值取向。相比之下，汉语姓名表达则是“先姓后名”，这体现了中华文化中尊重长辈、孝敬父母、谦和礼让、凡事以大局为重的传统美德和集体主义精神。通过对比，学生可以更好地理解中华文化中的价值取向和行为准则。

通过中西方文化对比，大学英语教学不仅是对英语语言知识的传授，而且要培养学生的跨文化交际能力和拓宽学生的国际视野。同时，通过中西方文化的对比，学生可以树立起自己的民族自信心和文化自信心，进一步加强自身的文化认同感和树立正确的价值观。因此，中西方文化对比在大学英语教学中具有重要的意义。

2. 通过第二课堂和第三课堂融入

要实现“全程育人、全方位育人”，单纯依靠主课堂的教学是不够的。为了培养学生的社会责任感，提高他们的实践技能和综合素质，第二课堂和第三课堂应该成为主课堂的补充和延伸，并与其形成良性互动。

第二课堂主要是指课下的社会实践锻炼。通过鼓励学生参加各种英语竞赛，如职业教育英语口语技能大赛、英语演讲比赛、英语歌唱比赛等，使学生能够在实践中运用英语，提高语言交际能力。此外，学生还可以组建英语社团、英语话剧社等，通过组织各种英语活动，加强学生的团队协作和领导能力。同时，鼓励学生关注英文版的时政热点，参与社会热点话题的分析讨论，有助于深化学生对国情的认识，增强他们的社会责任感。

第三课堂主要是指利用互联网技术进行教学与学习。借助互联网资源共享的优势，可以将思政教育与大学英语教学有效结合。例如，教师可以利用微博、微信、短视频等社交媒体平台，组织学生了解国内外大事件，进行英语时政话题的探讨。此外，学生可以利用“学习强国”App 的英文模块进行自主学习，拓宽学生的文化视野。通过在互联网平台上进行学习和讨论，学生不仅能够获得思政教育的熏陶，还能够培养自主学习和信息获取的能力。

通过将第二课堂和第三课堂与主课堂的有效结合，可以实现大学英语教学与思政教育的融合，使课程思政更加贴近学生的实际需求，发挥出更好的教育作用。这种全方位的育人方式可以培养学生的社会责任感，提高他们的实践技能和综合素质，进而实现“全程育人、全方位育人”的目标。

3. 通过提高教师的思政素质提升融入效果

如果我们将课程建设比作课程思政的“主渠道”，将课堂教学比作课程思政的“主阵地”，那么教师队伍就是实现课程思政的“主力军”。为了确保课程思政的有效实施，各高职院校应采取多种形式来鼓励和组织教师加强思想政治理论学习，树立正确的世界观和人生观，自觉成为中国特色社会主义的坚定信仰者和实践者，并在实践中不断创新。

首先，教师要转变教学理念，树立正确的课程思政观念。教师应充分意识到自己是课程思政的实施者，也是课堂教学的第一责任人。只有教师转变教学观念，才能够使课程思政取得预期的效果。

其次，教师需要明确课程思政的内涵。课程思政的根本任务是立德树人，在原有课程的“教书”功能基础上突出“育人”功能。课程思政以课程知识为载体，将相关的思想政治教育内容隐性地传授给学生，增强课程知识的教育意义，凸显课程的育人价值。

最后，教师需要增强育人意识和提升育人能力。在课程思政的大背景下，教师应该自觉增强“三全育人”（全员育人、全程育人、全方位育人）的意识，明确课程教学的最终目的是要实现“知识传授、能力培养和价值引领”三大目标。教师应该在课程教学中主动研究，加强思想政治教育功能的自觉意识，提升育人能力。

教师作为课堂教学的主导者，其政治素质直接影响着课程思政的质量和效果。教师应不断提高自身的思政水平，注重培养学生的社会主义核心价值观。同时，教师还应注重自身的道德修养和职业操守，成为学生的榜样和引路人。教师作为课程思政的主力军，需要加强学生思政理论学习、转变教学观念、明确课程思政的内涵和增强育人意识，为学生提供更加综合、全面的教育，培养他们的社会责任感和实践能力，为他们的未来发展打下坚实的基础。

第三节　大学英语课堂的教学和反思

一、大学英语课堂教学的准备

（一）大学英语课程设置

1. 影响大学英语课程设置的相关因素

（1）教学性质和目标课程理论。若要设置合理、科学的大学英语课程，必须理解课程的含义，并进行课程分析和课程规划。从《大学英语教学大纲》到《要求》的发展遵循了课程理论发展的趋势——现代课程理论转向后现代课程理论。现代课程理论认为课程结构应遵循泰勒原理。这是一种基于行为科学的课程理论，它强调规划课程时应该遵循以下必要程序。

第一，目标分析——调查社会生活、学科知识和学习者以确定教育目标。

第二，开发研究——根据学校种类和不同学科的目标决定教育内容。

第三，推广研究——在学校教育中实施具体化的课程。

第四，评价研究——评价课程实施效果以检测课程的有效性并确定推广策略。

这种线性的现代课程理论根植于经验主义、科技主义与实证主义的课程观，旨在预测与控制课程规划。后现代课程理论认为课程是在满足社会种种需求的过程中生成的，是不确定的。后现代课程论以认知主义和建构主义为基础，强调课程的适应性、变化性和不确定性。每个学校新建立的大学英语课程体系应具有“适量”不确定性，这种不能预先决定的“适量”需要在教师、学生和社会需求之间不断协调。

（2）教学资源。教学资源也是影响课程设置的重要因素。教师是教学资源的核心，也是教学的具体实施者。高素质人才的培养离不开高素质的教师队伍，一支高素质的教师队伍和相应配套的软、硬件设备是课程设置的关键。大学英语课程设置应该能够充分调动教师的积极性，使每个教师都可以发挥自己的特长，只有开设教师和学生双方都喜欢的课程，教师的潜力才能得以发挥。课程设置应在充分利用现代信息技术的同时，合理继承传统教学模式中的优秀部分，发挥传统课堂教学的优势。

(3)课程评价。课程评价是大学英语课程教学的一个重要环节,全面、客观、科学、准确的评价体系对于实现教学目标至关重要。课程评价既是教师获取教学反馈信息、改进教学管理、保证教学质量的重要依据,又是学生调整学习策略、改进学习方法、提高学习效率和取得良好学习效果的有效方式。通过建立有效的课程评价体系,有利于在大学英语教学实践中形成积极、良性的信息反馈,为英语课程的设置提供现实的理论依据,从而保证课程设置能在最大限度上满足学生的学习需求,培养符合社会需求的英语人才。

2. 我国大学英语课程设置的现状

随着大学英语教学改革的推进,各校已在不同程度上对大学英语课程设置进行了改革。大学英语课程是我国较早建立的公共基础课程,教学内容的设计始终贯穿着大学英语课程改进的主线。根据“分层教学、分类指导、实施个性化教学”的现代教育思想,各高等院校按照《要求》和本校大学英语教学目标制定大学英语教学大纲,都已设计出具有本校特色的课程体系,初步完成了课程体系建设。

(二)大学英语课程教材的选择

1. 英语基础课程教学教材

大学英语基础教学阶段以培养学生语言应用能力为基本教学目标,教学内容以词汇、语法、篇章、语用为主。为避免语言文化脱离的语法教学,大学引进以功能——意念大纲为编写原则、丰富的跨文化交际语料为内容的国内优秀大学英语教材。

2. 文化与跨文化交际类课程教材

此课程的教学目的是通过学习英美文化知识、跨文化交际知识和原理提高学生的跨文化交际能力。在教材选用方面,基于对语言难度、语言准确性和案例真实性的考虑,既选用了国内优秀教材,也引进了国外的原版教材。

二、大学英语课堂教学反思

传统的“填鸭式”教学以教师为课堂主体,既没有遵循学生的认知规律,也没有调动学生的积极性和主动性,其教学效果往往事倍功半。因此,传统英语教学内容的改革迫在眉睫。

(一)转变教学理念,提高教师个人素质

尽管大学英语课堂正在逐步改革,但仍有相当一部分教师尚未形成新的教育教学理念,且“教师的专业水平发展不平衡”差距较大。传统的填鸭式教学使英语课堂耗时多、收效低,而教师是课堂教学的关键。因此,大学英语教师应努力提高自身的专业水平和语言能力,综合运用多种教学方法,以便能得心应手地使用教学语言。在提高教学能力的同时,教师还应积极研究吸收最新的国内外科研成果和英语教学理论,不断更新观念来充实自己,练就现代教学的基本功。只有提高自身素质,才能搞好语言教学。

(二)创造以“学生”为主体的课堂,提高学生积极性

目前,多数学生的英语阅读写作能力较强,但听说能力较弱,究其原因,主要是没有一个好的英语听说练习环境。在英语学习中,课堂所占比重较大,因此课堂中听说环境的营造至关重要。这就要求大学英语教师要以学生为中心进行教学设计,合理安排教学各个环节,积极进行英语听说训练,提高学生的英语综合能力。

例如,在课堂导入阶段,教师可以用与课文相关的几张图片、一段视频、一个话题或几个问题引起学生的兴趣,进而鼓励他们对图片、视频、话题或问题进行讨论。讨论前要给出学生准备时间,让他们整理思路,组织语言,对于基础较差的学生,可以允许他们双语并用。长此以往,既能锻炼学生的口语表达,又能强化学生的思维能力。

口语训练还可以通过双人对话、小组讨论、自由演讲、事物描述、话题辩论等方式开展,听力训练可以通过边听边写、内容复述或听力答题等方式进行。无论采用何种方法,其主导思想都是鼓励学生积极参与课堂互动,教师的作用是对学生进行启发式教学,对其表现进行实时反馈,在提高其能力的同时,使其更有信心,更热衷于运用英语表达,参与课堂。

(三)充分利用多媒体等教学资源

在信息时代的发展背景下,英语教学面临着新的挑战。随着各种先进技术和设备的迅速发展,教师在教学中可以运用各种新技术和教学资源,以提供更加丰富多样的教学内容和更具吸引力的教学方式。

常见的多媒体教学方式是大学课堂中经常使用的,包括图片、音频和视频等

形式。教师可以利用电子板、投影仪等设备，通过播放图片、影片等来展示英语学习中的实际场景和情境，激发学生的学习兴趣。例如，教师可以通过播放英语原声电影或纪录片，引导学生观看并讨论，以提高学生的听力和口语表达能力。此外，还可以通过技术工具提供交互式学习环境，学生可以通过点击、拖拽等方式参与到教学过程中，增加学生的参与度和互动性，提高学习效果。

另外，教师还可以利用 PPT、Flash 动画等交互式教学软件来设计和展示课程内容。这些软件具有丰富的动画效果和互动元素，能够帮助教师生动地演示和解释英语知识点，激发学生的学习兴趣和积极性。例如，教师可以设计一款英语单词的互动游戏，让学生通过点击屏幕选择正确的答案，以加深对单词的理解和记忆。

当前，新媒体技术也可以应用到高校英语教学中，丰富课堂教学方法。教师可以充当信息中介的角色，充分利用新媒体技术获取并传递更丰富的教学信息，比如为学生提供更加优质的网上英语学习平台，学习 App 等，引导学生实现学习的自主性。同时，学生也能通过新媒体技术在网络上搜索英语学习资料，并在课前进行预习，从而增加他们对所学知识的理解。进一步地，教师可利用网络讨论和总结英语学习的成果，增强学生的自我认知和自主性。通过在网络平台上进行互动交流，学生可以在互联网平台上分享他们的学习心得或者在学习过程中的疑惑，更加及时地得到问题的答案。此外，教师应当将多媒体技术与传统课堂相结合，以优化教学设计和教学方法，教师可以提供更生动、丰富的学习资源，例如播放课堂学习相关的短视频等，激发学生的学习主动性和积极性。新媒体技术与传统课堂相结合，将有助于教师更好地应对学生的多样化学习需求，实现个性化英语教育的目标。

在信息时代的背景下，教师可以充分利用多媒体教学和交互式教学软件等新技术和教学资源，以提供丰富多样的教学内容和有吸引力的教学方式。然而，教师在利用这些资源时需要不断学习和适应新技术，同时注重教学质量和教学效果，以提高英语教学的质量和学生的学习成果。

第四节　大学英语课堂教学评价体系

一、大学英语课堂教学评价体系概述

（一）大学英语教育评估体系的确立

随着社会的发展和国际交流范围及内容的不断拓展和深化，对我国英语人才的培养提出了更高的要求。大学英语教育的迅猛发展，大学英语教学和四六级考试改革的大力推进，使得英语人才的培养面临严峻的挑战。我国英语专业招生规模逐年扩大，而学生数量与教学质量之间的矛盾也使英语教学改革成为热点问题。大学英语本科教育评估体系的确立是为了规范和检查全国高等学校的英语教学，特别是英语教学大纲的执行情况。通过外语本科教学评估加强对全国高等院校外语教学工作的宏观管理与监控，促进各大高校自觉地加强外语学科建设，改善办学条件，强化教学管理，深化教学改革，全面提高外语专业教学质量。

（二）大学英语教育评估体系和英语教学大纲对课程的基本要求

大学英语教育评估体系是对高等学校英语教学大纲执行情况的监督。因此它的要求基本上与教学大纲是一致的。它所做的各项规定，对全国各类高等学校的英语专业均有指导作用，也是组织教学、编写教材和检查与评估教学质量的依据。

高等学校外语教学评估指标等级标准规定，学科定位需要符合学校整体发展规划和现有条件以及外语学科的基本规律，有明确的专业方向，专业建设规划遵循教学规律，符合学校实际情况，适应对外开放、社会发展和经济建设的需要，有明显的专业建设强项，优势突出。课程设置要符合本专业教学大纲的要求，部分主干课被评为校级以上重点课程。课程设置要符合本专业教学大纲的要求，专业必修课和主要的专业选修课均能开课，基本无因人设课的现象。对学生外语基本功的培养要符合全国本专业教学大纲中规定的听、说、读、写、译等各项技能的要求。

(三)对英语课程的评估

对于形成性评估的实施现状,课题组主要借助英语精读课的总评成绩评定情况管窥。问卷和访谈结果表明,大部分接受调研的学校在精读课教学评估方面以终结性评估为主、形成性评估为辅,多数大学英语基础课期末考试的单项成绩占总评成绩的60%左右。教学评估方案往往由教研室或教研小组决定。教师访谈结果表明,期中考试和期末考试大多也是统一出卷,主要检测学生对课文知识点的掌握情况,仍然以传统的题型为主,难以较好地体现学生英语应用能力。调研结果表明,终结性评估和形成性评估结合的方式已经受到所有调研院校的认可,但是各校的终结性评估方式受到所在院校的团队建设和测试理念影响,学生和教师对形成性评估接受程度的差异说明了教学评估改革的关键在于教学团队和教师,英语专业教师和非英语专业教师对课程评估的不同话语权体现了教师个人信念对评估的影响。

(四)大学英语教学评价的具体方面

教学评价是教育领域中非常重要的一环。它主要分为对教师的评价和对学生的评价,两者相互关联,互为补充。

对于教师来说,教学是一门艺术。教师要遵循教学规律,深入了解教学对象的特点和需求,有针对性地运用教学方法和策略。同时,教师还应该具备启发性和引导性,能够激发学生的学习积极性和主动性。为了达到最佳的教学效果,教师需要创造性地组织教学过程,合理安排教学任务,使学生能够跟上教师的进度并理解所学内容。此外,教师还应该注重培养学生的一般学习技能和技巧,帮助学生提高自主学习能力,善于组织学生进行独立钻研,培养他们的创新精神。

从学生的反应可以评价教师的教学质量。学生参与教学的积极性是评价教师教学效果的重要指标之一。如果学生在课堂上对所学内容表现出浓厚的兴趣和积极的参与态度,则说明教师的教学方法和教学内容能够引起学生的兴趣和注意力。此外,学生提问的频率和质量也能反映教师的教学效果。如果学生能够积极提问并得到满意的回答,那说明教师能够很好地解答学生的疑惑,并激发学生的思考和学习动力。同样重要的是,学生在课后有效自学也是评价教师教学质量的重要标准之一。这需要教师在课堂上进行明确的目标和任务设置,提供相关的学习资源和指导,以帮助学生进行有效的自主学习。

此外,教学方法的评价也是教学评价的重要内容之一。教学方法与学习目标和学生需求相符合,激发学生的主动学习和创新精神,是评价教学方法的关键点。教师应该灵活运用不同的教学方法,根据教学内容和学生的特点,选择合适的教学策略和工具,以提高教学效果和学生的学习兴趣。

综上所述,教学评价既包括对教师的评价,也包括对学生的评价。对教师来说,教学是一门艺术,需要运用一系列教学技巧来达到最佳的教学效果。学生的反应和参与程度可以反映教师的教学水平和教学方法的有效性。教学评价的目的在于促进教师的教学改进和提高学生的学习效果,因此,为了提高教学评价的准确性和有效性,评价者应该全面了解教学过程和教学目标,并具备一定的专业知识和教学经验。

二、大学英语课堂教学评价体系的构建方式

作为社会输送人才的主要渠道,高等教育应该积极拥抱新的教育理念,尤其是在大学英语课堂教学评价体系的基础上,需要将构建意识提升到一个新的维度。借助当前丰富的技术手段,建设更加时代化、针对性强、全面化和多元化的课堂教学评价体系是非常重要的。这一体系的建立可以帮助高校大学生明确学习目标,及时了解自己的优势和不足,从而实现有效的个人发展与提高。

在大学英语教学过程中,教学评价体系是非常重要的组成部分。通过构建一套相对完善的评价体系,不仅可以客观展现实际的教学效果,还可以引导教育工作者全面认识和反思自己的教学情况。这样的评价体系可以有效提升英语教学的整体水平。为了具体落实构建大学英语课堂教学评价体系的工作,大学英语教育工作者可以从以下方面着手。

首先,教育工作者首先应该明确每个学习阶段的目标,让学生清楚知道每个阶段他们需要达到的英语能力水平。这样的目标设定可以为评价体系提供明确的参考标准。

其次,要使用多样化评价手段。评价体系应该包括不同形式的评价方法,如课堂表现评价、作业评价、考试评价等。不同的评价手段可以全面了解学生的英语能力和发展情况,避免过度依赖单一的评价形式。

最后,要注重自我评价和生生互评。教育工作者可以引导学生主动进行自我评价,帮助他们认识到自己的优势和不足,并制订相应的学习计划。同时,通过生生互评的方式,学生之间可以取长补短,促进他们的学习互动和合作能力。

(一)大学英语课堂教学评价体系的构建

1. 融入信息化时代特征

教育领域对学生能力培养的重要性不言而喻,因此需要制定与时俱进的课堂教学评价体系,以实现新型人才培养的目标。在构建评价体系的过程中,应深入探讨两个问题。首先,教师提供的教学资源是否有助于学生完成学习任务。其次,多媒体教学模式是否能够构建更高效的英语课堂。基于这些问题,构建大学英语教学评价体系时,应该融入信息化教学评价指标。

对于第一个问题,教育工作者应该审视教学资源的质量和适应性。教师提供的教学资源应该能够帮助学生有效地完成学习任务,并提供适当的挑战和启发。通过评价学生在使用教学资源方面的表现,可以获知教学资源的有效性和学生的学习情况。

第二个问题则涉及多媒体教学模式的适用性和效果。多媒体教学模式具有丰富的教学手段和资源,能够激发学生的学习兴趣和参与积极性。评价体系可以考察教师运用多媒体教学模式的能力和效果,从而评估其在英语课堂教学中的贡献和影响。

在构建信息化教学评价指标方面,可以考虑利用线上平台来创设“空中课堂”。通过线上平台,学生与教师交流的频次、作业完成情况、互动积极性等均可以作为新的评价标准。这样一来,可以更客观、全面地评估学生的自主学习能动性、自学能力和学习态度,为教师提供有针对性的引导和支持。

2. 师生地位趋于平等

对传统的教学评价体系进行研究和反思后,笔者发现在很多情况下,评价更多的是由教师自上而下对学生学习情况进行评价。教师以权威的姿态,完全掌控着整个评价过程,而学生作为被评价的对象,往往处于被动的地位,缺少发言权。针对这一问题,有关人员应能赋予学生更多的主动性,以确保评价体系的可信度。教育者和受育教者之间应该实现平等的对话,在设计评价指标时应以学生为中心,最大限度地尊重他们的实际需求和职业发展规划。特别是对于语言教学制定的课堂评价体系,教育工作者应该将学生的实践应用能力和课堂表现作为评价的指标,将其融入评价体系中。这样可以确保学生在课堂上处于主体地位,使他们在学习过程中能够与教师进行平等和谐的沟通与交流。

构建这样的评价体系需要采取一系列的措施,要激发学生参与评价的主动性,鼓励他们提出自己的意见和建议。可以通过开展学生评教活动,让学生对教学进行匿名评价,以获取他们对课程和教学效果的真实反馈。同时,评价体系应该注重学生的实际能力和发展规划。评价指标应该与学生的实际需求和职业发展目标相匹配,以帮助学生了解自己的优势和不足,制订个性化的学习计划,并为未来的职业规划做好充分准备。

(二)大学英语教学评价体系构建措施

目前,高校英语教学评价存在着自主创新水平低、研发能力弱等问题,这限制了英语教学评价的发展。为了解决这些问题,评价信息化的主要发展方向是利用信息技术和高新科技来提升评价功能和质量,从而增强整体英语教学评价效果。进入新的发展阶段,我国英语教学评价体系正朝着更高水平的方向逐步发展。在这一过程中,我们需要有效地整合人、环境、设备等个体要素,并通过信息技术将多样化的评价元素适配到英语评价体系中,以充分优化现有资源,降低成本,提高评价效率与水平,具体措施总结如下。

1. 升级教学评价的硬件设备

教学评价所使用的硬件设备是实现高校英语教学评价信息化的必要准备,高校应重视对这些设备的升级改造工作,尤其应注重标准化、模块化和通用化的结构,以加强顶层设计,实现评价设备模块的数字化、网络化和智能化,从而实现整个评价体系的信息化。例如在很多普通高校教学评价中比较薄弱的英语口语评价环节中,可以引入智能硬件设备,并辅助进行口语评价数据采集等操作,有效提升学生英语口语评价的效率。通过合理应用信息技术,评价结果也可以更加公正和客观,对学生英语口语的学习进步起到积极的促进作用。

2. 持续注入教学评价发展的新动能

高校英语评价体系的发展应紧抓时代机遇,明确重点,加快智能化步伐。传统高校英语评价过程大多以纸笔考试或口语对话形式进行。新形势下,高校英语评价体系将在传统评价模式的基础上,通过完成设备升级改造,逐步改善评价过程,进而充分发挥信息技术的优势。这样,高校英语评价体系能够更好地适应时代变革的要求,并为英语教学质量的提升做出积极贡献。

(1)搭建教学评价智能化平台。通过接入评价单元模块,并对现有评价环境和过程进行适当调整,高校可以建设以物联网、人工智能和大数据等先进技术为基础的智能化平台。随着智能化平台的逐步应用,我们可以利用智能化评价工具来辅助确定评价结果,从而实现对学生个体英语能力的科学化和合理化评价。此外,该平台还可以有效整合各类评价资源,以考促教,生成个体英语质量评价诊断报告,供被评个体查阅参考,从而有针对性地提升英语能力水平。

通过搭建英语评价体系操作平台,可以在高校中形成一个集中管理和运营的环境,对英语评价过程进行规范化和标准化,从而确保评价的公正和准确。在评价过程中,可以引入人工智能技术和大数据技术,来辅助教师进行评价结果的判定,快速分析和处理大量的数据,提供更全面和客观的评价结果。大数据技术的应用还可以帮助教师更好地分析出学生成绩变动的规律和趋势,对学生学习的情况进行整体把控,有针对性地提供教育和训练资源。被评个体可以通过查阅和参考评价报告,了解自己的英语水平、优势和不足之处,有针对性地制订学习计划和目标,从而全面提升自己的英语能力。

(2)设计针对不同专业的定制化评价服务。普通高校的专业设置种类繁多,涵盖了各个学科领域,因此学生的英语能力提升需求因专业而异。因此,高等教育机构的英语评价体系应当能够满足不同专业学生的多样化需求。不同专业学生对于英语能力评价的侧重点各有不同,因此,在评价功能模块的设计中应兼顾个性化和多元化的特点。为了确保评价体系的设计能够符合用户需求,应该运用大数据信息和广泛的调研等方式来收集大量学生的反馈意见,并针对相关需求指标进行评价体系的完善。

(3)鼓励教师更多参与体验和开发。传统的英语评价模式效率低、误差大等弊端正在日益凸显。然而,高校教师对于评价信息化方案设计却普遍表现出畏难心理,这种现象可以归因于从事英语教学的教师大多来自文科专业背景,对于高新科技的操作熟练度不高,从而导致他们对新技术的应用很容易产生抵触情绪。因此,为了更好地促进高校教学评价体系的改革发展,高校教学管理部门应该具有评价信息化发展的前沿意识,积极锻炼专业英语教师的科技应用操作能力,同时还需要对教师的相关知识进行有效的补充培训。此外,要大力鼓励英语教师借助信息化手段辅助提升英语评价水平,让他们更多地把信息化技术应用到实践中,在实践中继续探索优化评价手段的思路,进而提高高校英语教育水平,为高校英语教育全面改革提供有力支持。

(4)建设教学评价人才团队。人才队伍建设是高校英语教学评价体系的核心要素和重要保障。随着信息技术的发展和应用,高校信息化建设成为促进高校改革和发展的基本战略之一，因此，在高校英语教学评价人才队伍建设中，科学化和服务信息化的基本原则应得到充分考虑。在高校中，教学和信息化部门应该共同实施团队建设工作。教学部门应该根据学科发展和课程设置需求，牵头制订招聘计划、制订教学方案，安排教学任务，协调教学资源，建设优秀的教师队伍。信息化部门则应该根据高校的教育教学特点，加强对教学信息技术的研究和开发，提高教学信息化水平，为教学提供支持和保障。

对于需要外包的科研任务，高校与企业应建立稳定的合作关系，尤其需要注意以下方面。

①英语教学评价的核心团队成员应由高校英语教学、信息化、电化教育等部门精英组成。高校英语教学部门负责组织实施英语评价考试计划，包括确定评价内容、制定评价标准等。信息化、电化教育部门应与英语教学部门联合，提供评价过程中所需的硬件设备支撑。这些硬件设备包括评价考试所需的计算机、网络等，以保证评价过程的顺利进行。此外，信息化、电化教育部门还需要根据评价体系的实际运行工况，及时对评价设备单元进行升级替换，以保证评价过程的准确性和稳定性。

②除了高校内部的部门，校外科技公司的技术专家、销售经理、技术经理等也应成为英语教学评价团队的成员。科技公司的技术专家可以提供评价过程中所需的软件技术服务保障，确保评价过程的流畅性和可靠性。此外，技术专家还需要及时修复和改进评价过程中出现的软件问题和漏洞，以提高评价系统的稳定性和安全性。通过这样一支科学评价团队的协作，可以有效提高英语教学评价的准确性和效率，为英语教学评价体系的升级保驾护航。

③评价体系的平稳运行基于良好的服务反馈体系。为了实现评价体系的信息化发展，服务信息化升级是必不可少的，比如构建信息化服务平台就是一个可行的方式，通过平台提供评价服务，在建设过程中可以充分利用大数据、数据挖掘和云计算等信息技术，助力信息化服务平台的开发。为了提高服务效率和改善服务模式，在英语教学评价系统平台中，可以加入网络数据存储模块，实时监测系统的运行情况，提升智能化服务水平。通过记录平台运行的过程数据，可以推动评价平台的技术改革和创新，实现高校用户和科技企业之间的实时沟通。通过即时查询、修改和维护平台运行信息等服务，提升平台所提供的评价服务的质量。因此，高校用户和科技企业在进行评价体系构建的同时，还要重视平台的

运行维护服务,通过网络数据存储单元收集运行数据,并进行远程控制管理,以保障服务质量,提升教学双方对评价服务的满意度。

随着科技水平的不断发展,科学技术应用领域日益广泛。将高新科技融入高校英语教学评价体系既是时代的要求,也是未来发展的必然趋势。当前,在英语教学评价信息化建设的过程中,需要加强对评价体系的顶层设计,以确保其能够适应不断变化的教育需求和技术应用。构建模块化、网络化、智能化的评价体系是其中的关键,有利于推动高校英语教学评价体系的不断发展和完善。通过评价测试,教师和学生都可以反思教学过程,发现问题并加以改进。同时,评价体系的信息化建设还可以为高校英语教育改革提供有力支持,促进教学方法和策略的创新。

第五章

大学英语教学实践与应用

第一节　大学英语听力教学实践

大学英语听力教学应该包括三个方面的内容:听力知识的教学、听力技能的教学、心理调控能力的教学。

一、听力教学的内容

(一)听力知识的教学

听力知识的教学包括语音知识、语用知识、文化知识等内容。听力理解的首要任务就是进行语音解码,因此语音知识不仅是语音教学的内容,而且是听力教学的内容。在英语听力教学过程中,教师必须教授学生相关的发音、重读、连读、意群和语调等知识。此外,掌握一定的语用知识、文化知识对于听力理解也是非常重要的。如果对目的语国家文化知识不了解,那么学生在听的过程中就可能产生歧义,无法准确理解听到的内容。如果学生缺乏相关的语用知识,在听力过程中就难以推断、理解双方的对话含义与意图,最终影响听力理解的质量。

(二)听力技能的教学

听力技能教学是英语听力教学的一个重要组成部分。学生除了需要掌握相关的听力知识,还需掌握一定的听力技能,这样才能完整、准确地理解给定的听力材料。由于学生个体的差异以及教学阶段的不同,听力技能教学的目标也有所不同。一般来讲,基本的听力技能教学主要包括以下方面。

(1)做好听前预测。预测是听力理解过程中的一个重要环节,教师在开展听力教学之前要教会学生如何做好听前预测。这就要求学生在听前根据听力材料的图片以及自己的语言知识、背景知识、常识等来捕捉信息,预测听力中的有关内容,做好听力准备。

(2)猜测词义能力的教学。猜测词义能力的教学是指在听力教学中,教师要教会学生掌握如何利用各种技巧猜测听力材料中所涉及的生词、难词等的能力,比如根据上下文去猜测词义。

(3)细节理解能力的教学。细节理解能力教学指教会学生掌握并运用从听力材料中获取具体信息的能力。细节理解的表现形式有很多种,如信息的判断、信息的提取、信息的再现,因此,其训练方式也多种多样。在听力教学中,教师要选择适当的训练方式来培养学生的细节理解能力。

(4)大意理解能力的教学。大意理解是听力理解的核心技能之一,对听力教学来说是必须训练的技能。大意理解能力教学通常包括教会学生推断、把握听力材料的主题和意图等。

(5)交际信息辨别能力的教学。交际信息辨别能力是实施有效交际的关键之一。在听力教学中,教师要教会学生辨别有效信息指示语、例证指示语、语轮转换指示语、话题终止指示语等。

(6)选择注意能力的教学。选择注意能力教学是指教师要教会学生根据听力的目的和重点对听力中的焦点信息进行选择。比如,听力的目的是了解故事发生的原因,听力时学生就要把注意力集中到原因的表达方式上,如 as a result of. lead to. because of 等短语上,或把注意力集中到故事前后的相关事件上。

(7)推理判断能力的教学。推理判断能力是高层次的技能,在听力教学中推理判断能力的教学是指教师要教会学生借助各种技巧,通过推理判断,获取谈话人之间的关系,说话人的态度、意图和言外行为等非言语传达的信息。

(8)预测下文能力的教学。预测下文能力教学指教师要教会学生对听力材料下文所要出现的内容进行猜测和估计,从而确定事物之间的逻辑关系或发展顺序。

(9)评价能力的教学。评价能力教学是指教师要引导学生对所听材料进行评价,表达自己的观点、看法的能力。

(10)记笔记能力的教学。记笔记是听力的一种常用技能。记笔记能力的教学是指教师要引导学生根据听力要求,选择适当的记录方式将所听内容记录下来,教师可以对学生的笔记内容提出具体要求和指引,比如记关键的词语、句子、主要观点、例证等,教会学生使用一些通用的符号或缩写,帮助学生养成正确、有效的记笔记习惯,从而提高听力能力。

在英语听力教学中,培养学生良好的心理状态是相当重要的。具体而言,教师可从以下方面着手,帮助学生积极调控心理状态,建立最适宜的听力学习心态。

(1)教师要更新教学观念和方法,挑选恰当的语音材料和教材,密切联系现实生活中学生关心的问题,正确指导学生进行合理的听力学习。

(2)教师可教会学生一些相关的听力学习策略,让学生明白听力学习的规律,帮助学生制定下一个听力学习阶段的目标。

(3)教师要试图培养学生短期记忆能力和速记能力,引导学生树立正确的听音心态,养成良好的听音习惯。

(4)教师要引导学生调整心态。由于各种原因,学生可能会出现没听清楚或是没听懂的情况,教师要鼓励学生不要气馁,不要焦躁,应该以良好的心态继续听下面的内容,不要因此而错过了下文的关键信息。

(5)教师要正确评价学生的学习,肯定学生取得的进步,及时发现学生的困难,为其解惑答疑,适当纠正学生的错误,降低学生的焦虑程度。

二、听力教学的原则

(一)循序渐进原则

循序渐进原则要求教师在进行英语听力教学时应做到由慢到快、由易到难、由简到繁,而不能急于求进。听力教学的循序渐进原则主要体现在听力材料的选择上。教师在选择听力材料时,需要考虑学生所处的学习阶段,易到难,逐步加强。比如,如果教学对象是初学者,教师就应选择吐字清晰,连读、弱读现象少,并且语速适中的材料,听力内容也应该贴近生活,以便学生理解,激发学生听的欲望,让学生在听的过程中能够有所收获。随着教学的进程,教师可以逐渐提高听力材料的难度,以满足学生的求知欲。

(二)多样化原则

在听力教学中,不能布署单一性的任务,否则容易使学生感到枯燥,失去学习的兴趣。教师应根据不同的教学目标、训练目的,选择多样化的听力材料,听力训练要将精听与泛听相结合,主动听与被动听相结合,并采用不同的训练模式，以此提高学生对英语听力的学习兴趣。比如，事前向学生提出一些问题，让学生听材料后给出解答，或让学生听材料后复述主要内容。

（三）交际性原则

英语教学的最终目标是培养学生的英语交际能力，英语听力教学也不例外。听力训练的最终目的是培养学生听懂地道的英语的能力，以适应交际的需要。因此听力材料应尽量具有真实性、交际性，语音、语调真切自然，符合实际交际场合中的对话。教师在平时上课时应该做到发音准确、语速正常，身体力行地引导学生使用英语进行交际。听录音也是培养听力能力的有效方法，因而教师可以充分利用各种设备让学生适应不同年龄、性别、身份的人在不同场合的发音，以帮助学生提高听力水平。

（四）分散训练和集中训练结合原则

听力的分散训练主要是将听的活动分散于语音、语法、词汇、句型、课文教学中，让学生经常性地接受听力的专项训练，这种潜移默化的影响对学生听力的提高有很大的帮助，是一种有效的听力训练。集中训练是在分散训练的基础上抽出时间进行大量的、指导性的强化训练，对学生在听力中遇到的具体问题进行专项的帮助、指导。集中训练不仅保证了听力训练的时间，还能使教师能够集中精力，根据不同学生听力上的不同问题，加以具体帮助、指导，有效提高学生的听力能力。

由于听力要求注意力高度集中，长时间的集中训练容易使学生疲劳，而分散训练进行的时间短，缺乏系统的指导和安排，学生听力不易得到明显提高。因此教师在听力教学中应该将分散训练和集中训练结合起来。

三、听力教学方法

（一）教会学生做好听前准备

听前准备对英语听力有着重要的影响，教师在教学中应该有意识地培养学生做听前准备的习惯。一般播放听力材料之前都会将材料中涉及的问题分发到学生手中，教师要教会学生在做习题之前，快速浏览题目及选项，捕捉关键信息，这些信息可以有效地帮助学生理解听力材料的内容，预测到要听到的句子、对话、短文的内容。例如：

A. In the classroom.

B. In the dormitory.

C. In the library.

D. In the restaurant.

通过上述四个选项的共性可以猜到问题与场所有关,因此学生在听的过程中可以对场所信息高度重视并及时排除干扰项。该题目的原文为:

M:I´m exhausted today. I´ve been here in the classroom all day reading and doing my homework. What about you?

W:Not too bad. But I´m hungry now. Let´s go to the restaurant,shall we?

Q:Where does this conversation take place?

本则听力材料中共出现了两个地点:classroom 和 restaurant,但是问题问的是对话所发生的地点,题干中只是在提意见的时候提到了 restaurant,且后边没有对其进行回答。因此,可判断 D 选项为干扰项,可以排除,正确答案为 A。

(二)训练学生辨析关键词

在进行英语听力时,切忌逐字逐句地听,教师要提醒学生避开无关紧要的内容,不能把注意力平均分配到每个单词上,而应该有所侧重,要学会辨析主题和主要内容,捕捉关键词和主题句。例如:

M:Is there anything l can do for you,Madam?

W:I´d like to see some curtains,please.

Q:Where is the conversation probably taking place?

选项:

A. At a department store.

B. In a lost and found department.

C. In a supermarket.

D. In a hotel room.

在这段听力材料中,当学生听到反映职业特点的重要句型“Is there anything I can do for you”和关键词“curtains”时,就能很快从四个选项中选出正确的答案 A。

(三)训练学生边听边做笔记

在听力材料较长、干扰项较多的情况下,仅凭大脑的短时记忆是远远不够的,因此教师在对学生进行听力训练时,训练其养成边听边做笔记的习惯就显得十分重要。教师要教会学生使用一些通用的符号或缩写,把与题干有紧密联系的信息记下来,如时间、地点、数量、价码等。当然学生也可以建立自己的符号和缩写体系。下面通过具体的例子来介绍记笔记的方法和技巧。

Here is a recipe for delicious dumplings, which you can eat on Chinese New Year. Here´s what you do.

Take a cabbage. Chop it into fine pieces. Squeeze the cabbage so as to take away all the juice. Mix the chopped cabbage with minced meat. Then you add salt and vegetable oil. Then you must make the dough. To make this, you mix flour with water. And then you divide the dough up into small pieces. And you roll out each bit with a roller into thin round pieces of dough. Then on each small piece of dough you put a spoonful of mince. And you wrap it up like a little packet. And then you put it in water and boil it for ten minutes and then you eat it. It´s delicious.

在听短文时,可以做如下记录:

Dumplings、Chinese New Year、cabbage、chop、squeeze、minced meat、salt、vegetable oil、make dough、mix flour with water、round piece of dough、put a spoonful of mince、wrap it, boil it、ten minutes。还可以使用一些简单的符号和缩写。

(四)鼓励学生听英语新闻报道

在英语听力教学中,教师可以指导学生进行专项练习,如听英语新闻以及国外的相关报道等。学生可以在课堂以外的时间听英语新闻,此时学生没有完成听力任务的紧迫感,心情比较放松。学生可以听一些自己感兴趣的内容,且不必每句话都掌握,只需对新闻的关键内容了解即可。

四、听力技能培养教学活动设计

在设计听力活动时,教师一定要考虑听力理解的本质,学生的认知风格和经验、语境、文化差异等重要因素,应遵循一定的活动设计原则,使学生充分吸收语言知识、提高语言能力。语言知识是听力活动的基础,学生是在一定的语言知识储备的基础上参与听力活动的。语言知识包括语音、词汇以及语法规则等,它影响着学生对输入信息的理解。语音、语调是交际者传达信息的重要手段,学生正确理解听力材料中口语化表达的前提是了解语音、语调规则。学生只有掌握丰富的词汇,才能准确理解听力语篇的中心思想。语法规则知识是学生理解词汇、句子的基础。因此,语音、词汇、语法规则等语言知识是组成听力语篇的材料基础,知识的学习有利于学生知识运用能力的提高。根据现代认知心理学的观点,开展听力活动的目标是提高学生灵活运用语言知识的能力,进而促进其对英语口语语篇的理解。而且从整个英语学习系统的角度来说,听力活动也能促进学生其他各项技能的发展,因为听、说、读、写等活动是相互联系的。语言的交际性决定了外语教学中各项技能综合运用、互相促进的特点。本章先论述听力活动设计需要考虑的因素,再介绍听力活动设计的原则,最后在前两节的基础上提出听力活动涉及的基点就是语言形式和意义的结合。

(一)英语听力活动设计需考虑的因素

现代英语听力教学汲取了语言学理论、外语习得理论、社会文化理论和认知心理学理论的部分精华,因此其教学研究方法呈现中和的特点。教师在听力活动设计过程中应该考虑两个方面的因素:一是学生方面;二是环境方面。学生方面的因素包括学生的生活经验与听力语篇的联系以及学生的认知风格;环境方面的因素包括交际过程、语境和文化差异。笔者认为,教材也是影响听力活动设计的因素。综上,在设计英语听力活动时,需考虑以下因素。

1. 学生方面

(1)学生的生活经验与听力语篇的联系。根据社会文化理论的观点,语言是一种心理工具,可以被用来积累经验;语言也是一种文化工具,可以被用来与他人分享经验并理解他人的想法,必须在特定文化语境下的具体交际活动中去理解语言的意义。因此,在设计听力活动时,教师应努力创建与听力材料主题相关的、尽可能真实的情境,促使听力活动的主题与学生的生活经验有最大限度地联系,激发学生将当前的听力活动主题与已有经验建立联系,促使学生通过对原有知识的调整将新信息纳入已有的认知结构中,从而完成意义的建构。然而,实际上,学生通常在母语的环境中学习英语,无法找到真实情境下学习语言的感觉,难以将听力活动与自身的生活经验联系在一起。为了克服英语语言学习环境的缺乏,教师可以利用先进的网络技术和多媒体技术为学生创造自然的学习语境,把有关的听力材料融入虚拟的“真实”情境中。一方面,多媒体同时通过声音与画面呈现语言知识,标准的语言示范能帮助学生纠正自身错误的语音、语调,提高学生对语言知识的记忆效率;另一方面,多媒体较快的传输速度和较大的容量为学生提供更直观的文化背景知识,使学生可以通过模仿、复述、是非判断、自由对话等方式与虚拟的“真实”环境中的客体进行交互性学习,在虚拟的“真实”情境中接收信息、积极思考,能激发学生的学习兴趣,进而提高其听说能力。另外,在听后阶段的活动中,教师也要帮助学生将自身的生活经验与听力材料的主题联系起来,让学生体会到英语学习的趣味,同时进一步深化学生对听力内容的理解。教师可以鼓励学生反思听过的语篇内容,并让学生结合自身的经验对某些问题发表意见。教师应鼓励学生用英文向其他同学描述自己使用交际策略的经历,并合理补充一些教师没有提及的但能促进对话顺利进行的策略,然后教师可以通过提问考查其他学生是否听懂了该学生的描述以及是否同意其观点。

(2)学生的认知风格。认知风格是指学生对外在事物进行信息加工的方式。

第一,根据人们对左右脑信息处理的强弱,认知风格分为右脑主导型和左脑主导型两大类。右脑主导型的学习者倾向于抓住事物的主要部分,相信自己的直觉,灵活性较强,热爱音乐、艺术的学习者大多属于这种认知风格;左脑主导型的学习者对细节部分较为在意,这种学习者善于进行逻辑推理。

第二,根据学习者对自身是否依赖,认知风格分为场独立型与场依赖型。场独立型学习者在思考问题的时候倾向于依赖自己,善于抓住细节,不容易受到外在的影响;场依赖型学习者在思考问题的时候需要依赖外界提供的信息,不善于独立思考和解决问题。通常来说,场独立型比较善于分析,场依赖型比较善于社交。但是,大多数学习者还是介于二者之间。

第三,根据接收信息的方式,学习风格分为细节型和整体型两大类。细节型的学习者善于记忆、分析和对比具体信息,并将整体的信息划分成部分来加以学习;整体型的学习者善于从宏观上考虑问题,因此他们的直觉较高而思维不是非常深入。

第四,根据学习动机的强弱,认知风格分为深层型、浅层型和策略型。深层型的学生具有强烈的内在学习动机,对所学的内容有着较强的欲望;浅层型的学生仅满足于完成学习任务,常常采用死记硬背的方法以避免理解上的失误;策略型的学生倾向于采用一系列的学习策略,自我管理能力、竞争意识强,看重评估结果。需要指出的是,浅层型的学生能转变成策略型的学生。

上述认知风格分类并非固定不变的,它会受到学习动机、听力任务的难度、完成任务的时间、对听力主题的兴趣、学习者自身性格特点的影响。如果学生长时间习惯于使用某些学习策略,这些学习策略就容易转变为认知风格,尽管学习策略训练可以提高学生的听力策略,但学生仍然愿意采用自己喜欢的学习策略。

在学生采用的听力策略不能提高听力效果的情况下,教师可以采取两种措施。

第一,鼓励学生积极尝试新的策略,为相同类型的任务提供多种策略选择。即使同一个学生面对同一个学习任务也可能采用不同的信息处理手段,如听一篇演讲,学生有时聚精会神地理解信息,呈现独立型的认知风格,但是为了核实自己理解的准确性,有时会咨询同学,表现出依赖型特点。

第二,灵活调整自己的教学方法,改善学习环境,进一步调动学生的学习积极性。

2. 教师方面

教师是指受过专门训练的,在学校中向学生传递人类科学文化知识和技能,对学生进行思想道德教育,把受教育者培养成社会需要的人才的专业人员。教师素质是指教师在教育教学活动中表现出来的、对学生身心发展有直接而显著影响的思想和心理品质的总和。教师的素质问题是教育的关键问题。听力活动的设计需要考虑教师的素质,要适合教师的水平,只有这样教师才能有效地引导学生开展听力活动。教师素质主要包括身心素质、人格素质、能力素质、道德素质和专业素质。

(1)身心素质。身心素质包括身体素质和心理素质。教师的劳动不仅是体力劳动,更是一种艰辛的脑力劳动。教师要想成功地进行教学和科研,就需要强健的身体素质,这就要求教师平时要注意加强锻炼。教师的心理素质包括智力因素和非智力因素两个方面。教学活动建立在教师认知的基础之上,所以教师的认知水平和智力水平直接影响到教学效果。教师的非智力因素包括情感、意志、性格等。教师的情感是教师的巨大动力,教师的意志体现出教师对教育目的的坚定程度。除此之外,教师要将乐观、积极的精神面貌展现在学生面前。

(2)人格素质。人格素质关系到英语教师是否具备正确的价值取向、明确的动机态度和较高的思想观念,一位优秀的教师应该具备以下三点。

第一,价值取向是一个哲学的概念,是主体从自己的价值观出发,解决矛盾、冲突时坚持的基本立场和态度。价值取向涵盖的面很广泛,但是就教师而言,一个教师的价值取向主要包括端正的仪表、积极的工作态度、丰富的语言知识、和谐的人际关系和良好的心理素质。

第二,教师既要具备职业素质,也要具备道德素养。道德素养是一种工作态度,也是从事教学工作的动力。教师的态度包括对生活的态度、对工作的态度和对学生的态度。对待生活,教师应该充满热情,充满活力;工作中,教师应该任劳任怨,将自己的所学所用传授给学生;对于学生,教师要关爱和尊重。

第三,观念是文化、自身经验和受他人影响的产物。教师应该尽快融入教学方式的改革中,用高效的教学手段对自身角色进行重新审视和定位,以便在新改革的实施中更好地发挥自己的职能。

(3)能力素质。能力素质是外语教师顺利完成教学工作不可缺少的素质。教师要完成教学工作和科研任务,必须具有较强的能力。这种能力包括四个方面。

第一,运用现代教育技术的能力。当前,以多媒体技术和网络技术为核心的现代信息技术已渗透到社会生活的各个领域,并在教学活动中发挥着日益显著的作用。现代技术和外语教学的融合丰富了外语教学资源,优化了教学过程,使外语教学内容更加生动、形象、有吸引力,使学生的智力得到充分开发,不断提高教师教学效率和教学质量,因此英语教师要具备利用现代技术获取先进知识、指导学生的能力。教师在提高个人教育技术能力的同时,还应注重培养学生的技术能力,引导和帮助学生学会收集和处理信息,正确利用各种技术工具开展学习。

第二,教学能力。教师必须具有教学能力,主要包括语言编辑能力和语言表达能力。语言编辑能力包括编辑教材和头脑中知识的能力,合理筛选、引进对学生有影响的各种资源,为学生成长创造条件。语言表达能力是教师对知识的传输能力。

第三,反思能力。反思能力是指教师审视和分析教学行为及其结果的能力。反思是沟通理论与实践的桥梁,也是教师的理想自我和现实自我的心理沟通。教师要不断思考教学观念是否先进、教学过程是否科学、教学效果是否良好。教学的反思过程包括教学前的反思,具有前瞻性,能有效地提高教师的教学预测和分析的能力;教学中的反思,具有监控性,有助于提高教师的教学调控和应变能力;教学后的反思,具有批判性,能使教学经验理论化,并有助于提高教师的教学总结能力和评价能力。

第四,研究能力。研究能力是指教师在教学中要用研究者的眼光去发现问题、认识问题和解决问题的能力。教师需要具有教育研究的意识,掌握教育研究的基本方法,运用科学研究解决教学实践过程中的问题。提高研究能力是教师从"经验型"向"学者型"转变的重要途径。

(4)道德素质。道德素质表现为教师对事业的忠诚、对教学的追求的执着、对学生的热爱。教师只有不断进取、爱岗敬业、热爱学生,才能不断提高教学质量。

(5)专业素质。专业素质主要是指从事该行业所需要的素质,具有区别性的特定内容。专业素质涉及语言水平、教学能力以及科研能力,是教师劳动的主要工具和手段。具体来讲,专业素质包括相关学科的知识、教育心理学知识和英语教学法知识以及专业知识。

第一,广博的相关学科的知识。一方面,教师要系统全面地了解与本专业有关的各种学科的基本内容,跟上科学发展的步伐;另一方面,教师还要了解一般自然科学和社会科学知识,具有基本的审美能力,以激发学生创造未来的热情和信念。同时,教师要全面掌握其他国家的文化知识,使学生学会融合中西方优秀的文化,提高理解异域文化的能力和水平。

第二,丰富的教育心理学和英语教学法知识。教育是培养人的活动,有特殊的理论和方法。教师要不断思考如何教书、如何教好书的问题,这绝不是轻而易举的事。因此,教师必须懂得教育学、心理学、外语教学法等相关知识。

第三,精深的专业知识。专业知识是英语教师知识结构的支撑,也是专业素质的主体。教师所掌握的学科专业知识必须远远超过教学大纲的要求,专业知识越深厚,对教材的理解才能越精深。

3. 环境方面

(1)听力过程的交际性。从听力理解的本质上说,它既是自下而上的意义解码过程,又是自上而下的意义阐释过程,还是二者结合的过程。自下而上的意义解码过程包括两个子过程:对听到的句子进行节奏划分;对话语中词汇的音素进行察觉。

划分节奏是按照英语语言的读音规则,将听到的话语切分成单词,达成正确处理词汇和建构意义的目标。切分技巧以头脑中存在的“音位——词汇系统”和“音位——句法原则”为基础和前提条件，并随着语言学习过程的推进而变得越来越自动化。切分母语的技巧是与生俱来的，人们先将语流切分成不同的语法组块，然后切分成单词。以英语为母语的人在划分节奏时遵循两个原则。第一，重音是实词出现的标志。在英语的实词中，大概有90%的实词在第一个音节上出现重音。无论是什么年龄的学生，如果科学地进行听力训练，都会使自下而上的意义解码过程变得更加顺利。教师也要传授英语的语音特点，帮助学生更加熟练地辨认词汇。人类与生俱来的神经元网络可以对所听信息的音频进行辨析，从而可以实现察觉音素的目的。另外，英语有着复杂的语言系统，并且和汉语属于不同的语言体系。英语中的一些语言特征给察觉音素带来了困难，如连读、弱化等。连读的音节一般不用重读，只是自然地过渡。因为连读的影响，听者就更加难以区分单词之间的界限，有可能会将前一个单词的辅音和后一个单词连起来听成一个新单词，从而造成误解。第二，在语流中，每出现一个意义单位就会停顿，而每隔2~3秒就会有一个意义单位，并且停顿单位中会存在一个明显的实词项、单词或短语。

在现实交际过程中，听力活动多是以互动方式进行的，如对话或讨论等。因此，听力理解更是一个具有人际社交特点的互动过程，听者与说者的交际意图直接影响交际过程的延展。说者与听者的角色分工只是暂时的，要实现话题的自然转换，听者必须能够准确地判断何时转换到一个新的话题。听者也会扮演说者的角色，参与讨论，对话题转换起着重要的决定作用。听者会用暗示信息或肢体语言表达对说者话题的兴趣，会以信息重构的方式确认自己对说者意图的理解，同时陈述自己的意见，然后转换话题。当信息表达没有立刻被对方理解时，交际者需要在听到对方的回答后以修补的方式澄清意义，引导对话继续进行。

(2)语境。在听力过程中，图式的不断建立也有可能使听者误解对方的意图。例如，当学生听到turn这个单词，就会激活与turn有关的图式。turn可以形成很多搭配，它既可以表示动作，也可以表示变化。表示动作的包括turn a corner(转过街角)、turn over a page(翻过一页)等；表示变化的包括turn red(变红)、turn pale(变得苍白)等。因此，仅仅依靠图式来进行听力理解是不够的，还必须依据上下文所提供的信息。同样，如果只是根据某个句子的表面意思来判断交际对方的想法，难免失之片面。听者只有激活与句子有关的知识并且结合语境，才能真正理解句子的真实含义。传统的听力教学往往是“为听而听”，缺乏真实的语境，难以激发学生听的兴趣，而且可能使学生对听力理解的概念与现实交际过程不相符，也无法使学生明白各种语言技能之间的依赖性。听力活动必然与读、写、说、译等活动相互支持，因此教师需要设计伴随听力的其他平行技能的活动，应考虑如何实现听力活动与说、读、写、译活动的整合，促进学生对听力材料内容的理解。只有符合现实交际的学习任务才能为学生提供认知与情感支架，也才能更好地激发学生的学习积极性。

(3)文化差异。一种语言之所以有意义，在于语言背后蕴含的丰富的精神世界和文化背景。语言作为文化最重要的一种载体，它能起到长久保存文化知识的作用。语言见证与记载着文化的演变，是传承民族文化的宝贵途径。语言研究可以使人们了解思想观念的继承、意识形态的演变以及思维模式的延续。有了语言的产生和发展，才有了文化的产生和传承。没有语言的文化，或者没有文化的语言，都是不可能存在的。同时，文化又时刻影响着语言，使语言为了适应文化的发展而不断精确化。语言承载着文化，文化蕴含着丰富的语言要素。语言只是思维的载体，无法决定人们的思维；文化才是决定人类思维内容、模式和动机的关键因素。人们自从出生后就浸润在特定的文化中，形成特定的思维模式和价值观，并自觉地遵守相应的行为规范。因此，文化正是由于自身的力量，使人们形成特定文化认可的行为方式，从而与他人和睦相处，进而维持社会的稳定秩序。在跨文化交际过程中，语言所体现的文化会自然流露出来，对交际产生影响。因此，人际交流就是文化交际。英汉两种语言的差异无不体现出民族文化的独特渊源、价值观念、风俗习惯、宗教信仰以及思维方式等。例如，在中国文化中，龙是中华民族的标志，也是民族精神的象征。

汉语中关于龙的吉祥话也有很多，如“龙吟虎啸”“乘龙快婿”“卧虎藏龙”“望子成龙”“蛟龙得水”“龙凤呈祥”等。与汉语中的“龙”不同，英语中“dragon”的文化内涵却带有负面意义。在西方的神话中，dragon 是一只长着翅膀、身上有鳞、拖着长尾、口中喷火的大蜥蜴。在现代英语中，dragon 也常用来指代凶悍之人。此外，从使用范围来看，dragon 并非英语词汇中的主流词语。因此，在设计听力活动时，教师应考虑到中西社会文化差异可能引起的听力困难，并对此进行处理，使学生正确理解和记忆所学内容。

4. 教材方面

教师在设计听力活动时需要考虑教材方面的因素。教材质量对听力教学活动有着重要的影响。听力教材的质量不仅体现在“可教性”上,也就是说它既要符合学生的认知水平,也要易于教师课堂操作,还要为学生提供最佳的语言材料和实践活动,从而促进学生语言综合运用能力的培养。但由于目前所使用的部分英语听力教材在内容上过于陈旧,在编排上违反学生的认知发展规律,因此无法很好地体现最新的教学方法和教育思想,从而严重阻碍了听力教学的顺利开展。还有些教材更新周期较长,不能体现快速变化的时代特征。因此,教师在选用教材时要注意听力材料的真实性、交际性和实效性,选择不同内容、不同题材、不同体裁的听力材料,有利于达到听力教学的目标。

(二)英语听力活动设计的基本原则

对于我国大学英语学习者而言,听力活动设计要遵循以下原则:趣味性原则、真实性原则、交际性原则、学生自主原则、教师主导原则、难度适中原则、三步走原则。

1. 趣味性原则

适度的内在动机是学习者获得成功的关键因素,而内在动机来源于兴趣。动机的强弱与学生参与学习活动的程度成正比。教师应该通过有趣的课堂交际活动有效地激发学习者的学习动机,使他们主动参与学习。参与任务的兴趣只有转化为参与动机,才能变成来自学生内心的参与力。因此,在任务设计中,很重要的一点便是考虑任务的趣味性。机械的、反复重复的任务类型会使学生失去参与任务的兴趣,因而任务的形式应多样化。任务的趣味性除了来自任务本身,还来自参与的人员情况、交流的方式以及完成任务后的成就感等。为了有效培养学生对听力理解的兴趣,教师应通过问卷、访谈等形式了解学生的性格特点、业余爱好、家庭环境、英语水平以及对英语文化的了解等。

教师要使听力活动的内容和形式对学生有足够的吸引力,引导学生对即将开展的学习任务产生好奇心理。例如,教师可以让学生根据听力活动的主旨预测即将听到的内容,也可以引导学生就材料的标题进行自由讨论,并根据自己的理解提出不同的看法和意见等。在完成这些任务的过程中,学生对即将学习的内容做好了准备,储备了一定的文化信息。在我国外语学习环境的前提条件下,教师应该设计语言形式、意义、功能相结合的听力活动,最终达到听力教学的目标。例如,教师先让学生记录听力材料中的时间、地点、事件以及人物的外貌、年龄、语言特征等,然后与同伴交流,并通过总结完成一篇小短文,最后请一名学生朗读自己的短文，其他学生判断短文的内容是否符合听力材料。在此过程中，可以有效培养学生自主学习能力、语言交际能力和解决问题的能力，并增强对英语学习的自信心。

2. 真实性原则

真实性原则主要涉及两个方面：学习任务的设计要为学生提供明确、真实的语言信息，使学生能在一种自然、真实的情境中体会语言、掌握语言的应用；教师所用语言的材料应尽可能真实，并与学生的生活实际联系起来。只有学习任务是以意义为驱动的，真实的交际语境才能被构建起来。听力活动设计的真实性原则要求听力语篇为真实交际语境下的口语语篇。通常情况下，口语语篇具有以下特点。

(1)语句所包含的信息量多于听力理解所需要的信息，如听“Those flowers are beautiful”这句话，即使“flowers”词尾的“s”没有听清楚，这句话也可以被正确理解，因为“those”和“are”都表明了主语的复数意义，这就是口语表达中的冗余现象。冗余现象分为信息冗余和意义冗余，既能够保证信息的畅通，也具有强调和加强语气的作用。

(2)语句不注意语法的规范性并且不完整，语速较快并且较多出现省略、弱读等语音现象。

(3)讲话者的语气存在悲伤、兴奋、愤怒等情绪变化。

即便如此，教师也不能总是直接使用网络上的或者购买的原版英语听力材料，而不进行任何改造。因为这些材料很可能不适合我国学生现有的英语水平，也就不具有较强的针对性。也就是说，引进的英语听力材料必须本土化，必须符合我国学生英语学习的环境和学生的现有水平。因此，教师必须创造性地设计一些模拟真实的输入材料，但是模拟真实的输入材料毕竟不同于真实交际语境下的语言输入材料，主要表现在以下方面：语速通常较慢；学习材料过分标准，缺乏非正式文体，如俚语等；缺乏真实交际背景中的各种嘈杂背景音，真实语境下的交际语篇经常会出现各种嘈杂的背景音，这会影响交际者对所听的内容的理解，教师应考虑如何帮助学生尽快适应真实语境下交际语篇的这一特点；讲话者的语调、声调变换幅度过大或过于频繁；讲话者总是等对方说完后才讲话，存在清晰的话轮转换；所有讲话者输出的话语量基本相同；讲话者大多采用标准发音并且单词发音过于清晰，而真实交际环境下的讲话者发音大多有口音；讲话者说话简短而且结构非常完整;往往缺失真实语境下的“Uh—uh”和“mm”等表意语。模拟真实输入是对真实输入的简化,是为了使学生关注新学的语言。例如,语法简化、语速变慢能够更好地帮助学生理解所学内容。但是,模拟真实输入毕竟存在一些局限性,教师仍然应该逐步为学生提供接触真实输入的机会,这一点在当今这个信息时代完全可以实现。

3. 交际性原则

交际的核心是互动,语言学习的最终目的是学会用语言交际。互动是指两人或更多人相互交流并实现交流各方都受益的良好结果。学习者是在参与任务完成的过程中通过交际性掌握语言的。早前,二语习得研究者就从儿童语言习得研究中发现,互动性能够促进语言自动性的生成。儿童通常可以较快地从关注一条条语言项目过渡到一种快速自动加工方式,对语言形式的关注则是次要的和随意的。与之相比,成人语言学习者的这一过渡过程就比较缓慢,因为他们习惯于关注琐碎的语言项目,在分析型、控制型模式上踌躇不前。布朗认为,当少量语言形式的控制转换为相对无限语言形式的自动加工,有效的语言学习就达成了,并且互动是促进这种转换发生的最有效途径。学生要想从语言控制中解脱出来,将其拥有的语言全部用于(类似)真实生活的交际,在互动中就不能再仅关注语法或其他语言形式,而是聚焦于信息的理解和意义的表达。此外,学生在互动中可以学会在不同的情形下使用不同的语言表达技能。例如,如何得体地打断别人的谈话而又不至于引起别人的反感,如何适时地停顿和转换话题以清晰地表达自己的思想等。尽可能地让学生通过参与听说活动,提高真实语言环境下的听力水平,发展真实语言交际的听力策略,这是从交际角度设计听力活动最有效的方法。

4. 学生自主原则

学生的自主学习能力是指学生能够根据自己的具体情况确立和调整学习目标、选择合理的学习方式、自觉监控学习过程。在教师创建的支持性的学习环境下,学生通过彼此之间良好的协作,学会自我管理。自主学习能力是从外部监督逐渐发展为自主监控,因此教师在必要时要实施监督,同时利用小组合作学习帮助学生互相监控,利用自我提问等方式帮助学生自我监控。值得强调的是,开展学生自主能力训练要以和谐的师生关系为前提,因为如果学生不信任自己的老师,担心因为记录自己在语言学习过程中遇到的困难而被老师批评,就极有可能不会真实地进行自我评价。教师也就无法真实地了解学生听力理解中的困难,从而无法为他们提供恰当的帮助。在信息技术高度发达的今天,教师可以基于互联网技术建立学生自主学习中心,帮助学生根据自身特点制定学习任务,定期进行学习方法指导,帮助学生调整学习方案,并用不同的评价标准对学生学习过程和学习结果加以评估,促使学生进行自我监督。教师也可以建立英语听力角、英语论坛、举办学习策略辅导讲座等,或协助学生开展自助听力、自由对话等活动。

5. 教师主导原则

学生自主学习能力的发展应该在课程要求的总体规划下进行,应当在教师的指导下有计划、有组织地进行。教师主导是指由教师制定教学目标、制订适合学生个人的学习计划、监控学习过程以及评价学习效果等。根据苏联当年卓越的心理学家维果茨基(Lev Vygotsky)的“最近发展区”理论,教师应该为学生创建一个起支持作用的中介空间。学生现有的语言水平和潜在的发展水平之间存在的距离就是最近发展区,学生要借助教师提供的认知支架,逐步实现潜在的语言发展水平。听力教学的目的是帮助学生获取真实语境下的交际知识和能力,所以学生应该在教师设计的适当的听力活动中发展语言运用能力。教师的指导作用体现在听力活动的不同阶段。例如,教师必须考虑如何在听力活动中合理地把握准确性与流畅性之间的平衡,如何引导学生理解和归纳输入的信息。

6. 难度适中原则

尽管自主学习是以学生自学为主,但过于简单或者困难的内容都是不适宜的。从心理学来说,过于简单的内容容易使学生丧失学习兴趣,并且在心理上形成错觉,产生骄傲自满等不正确的学习态度。过于困难的任务又会打击学生的自信心,使学生产生畏难情绪。因此,学习任务的设定应该立足于学生的具体情况,增加一定的挑战性,这样才能充分地激发学生的学习动机和兴趣,刺激他们的征服欲,使学生发挥学习潜能,培养创造性思维、增强自信心,变“要我学”为“我要学”并最终实现“要学好”。任务的挑战性越大,学生完成任务后得到的满足感、自豪感越强,更能激发长久的、持续的学习兴趣。也就是说,任务的难度应是学生通过努力和教师的指导可以达到的水平。听力任务的难度取决于活动类型、学习内容和学生自身素质。从活动类型因素看,对同一语篇设计不同类型的听力活动,任务的难度也是不同的。例如,要求学生在听后根据语篇内容判断对错就比听后归纳语篇大意要简单一些。从学习内容因素看,语言输入中的信息量,讲话者表述的清晰程度、话语结构、语法规则的复杂程度、听力语篇的长度、词汇难度及频度等都影响着听力任务的难易程度。从学生因素看,学生的能力、现有的语言水平和完成学习任务的信心也影响其对任务难度的判断。不难理解,如果认知加工难度小、任务步骤较少,学生就会感觉任务难度不大;如果讲话者的表述不够清楚、语境提示较少,而且听力材料的话题使学生感到陌生,学生就会感到任务的难度较大;如果学生不具备完成任务所需要的基本技能和知识,也会感觉任务难度大。

7. 三步走原则

在听前阶段,教师要带领学生为即将进行的听力活动做一些准备。听力理解是背景知识和输入信息相互作用的心理过程,这要求图式被激活。如果学生不具备某方面的图式知识,那么可以在听前通过图式建构来丰富图式知识。教师可以通过预测、头脑风暴、问题发现等活动,促进学生对已有图式的激活或者新图式的建立,从而实现听力目的的确定、背景知识的激活、话题的展示以及动机的激发等。例如,在教授主题为"The Oscar Statuette"一课时,教师可以设计如下活动步骤:第一步,教师利用幻灯片播放奥斯卡金像图片;第二步,教师向学生提问,如"What is the figure in the picture?"等;第三步,教师让学生讨论自己所提出的问题,并鼓励学生勇敢地表达有关该主题的一切信息;第四步,每个小组选出代表陈述各个小组的讨论结果;第五步,教师播放关于奥斯卡金像来历的视频。经过图片展示、学生陈述、观看视频三个环节后,学生既激活了头脑中关于奥斯卡金像的背景图式,也为接下来的听力活动做好了准备。

在听中阶段,语言的输入与输出并存,学生展示任务完成结果是本阶段的主要内容。二语习得必须通过理解大量反复出现的输入语,即可理解性输入,才能完成。输入与输出即听、读与说、写同等重要,听力教学的意义在于将听说活动有机地融入一个教学框架内,帮助学生在真实、完整的交际过程中掌握用英语进行交际的技能。教师在设计听力任务时,除了要关注教材上有关听力理解的练习,也要尽量设计一些问题,引导学生开口说英语。例如:教师可以设计一些细节问题,让学生重复听录音之后口头回答;也可以是一些文章中没有具体答案的问题,这样的问题有助于学生通过听前的图式建构和听中的信息获取积累背景知识,从而在讨论中有话可说。此外,教师也可以设计一些其他形式的口语练习，激发学生参与的积极性。

在听后阶段，教师需要引导学生完成多项选择题、回答问题、完形填空、角色扮演以及听写等练习，达到巩固听力信息和发展语言技能的目的，同时还需要通过相应的步骤引导学生反思自己学习策略的使用过程及效果，帮助学生学会自我评价。

（三）英语听力活动中语言形式与意义的结合

根据英语教学的基本出发点，教师在设计听力活动时，必须考虑语言形式与意义的匹配，即将学生积累语言形式和深入理解语言意义放在同等重要的位置，从而促进学生英语水平的整体提高。传统的大学英语听力教学模式是学生先听一遍或多遍录音，然后做教材上的练习题或者记录所听的内容。学生记录的准确率受学生的英语整体水平及记忆力的影响较大。但是，听写只能帮助学生快速地掌握语言形式，仅限于短语或句子的层面，尚未在语篇层面上促进学生语言水平的提高，而且不容易激发学生的学习兴趣。针对传统听力教学的弊端，学者们提出了听写作文、合作听写两种教学形式。

1. 听写作文

听写作文经过大量实践的验证，已经成为大学教师广泛采用的有效的听力教学方法。该方法注重学生的主体性，它包含以下四个阶段。

（1）准备阶段。在这一阶段，学生需要做的事情就是预测即将听到的内容，教师需要做的就是指导学生了解关于听力材料和话题的相关知识和背景信息。图式理论指出图式就是人们储存在长时记忆中的知识。图式的动态性使其可以被预测，在知觉发生的时候，知识网络中的某个图式在外部信息的刺激下得以激活。凡是在信息输入的活动中，信息输入的效果就会受到大脑中可以预测的图式的影响。要想进行准确的预测，缺乏广博而深刻的知识肯定是行不通的。这种知识不仅包括语言知识，还包括背景知识。语言知识、背景知识在听力理解过程中的作用，通常表现为学生在遇到熟悉的听力材料时感觉到听力效果良好这一点上。语言知识不仅包括语音、词汇和语法三个部分，还包括关于文章体裁和结构的语篇知识。而整体的语篇意识的培养对于学生而言至关重要，它的方法有以下几种。

第一，教师应该想方设法地让学生在听力理解中保持镇定的情绪，让他们明白听力理解不是完全清楚明白的，在听力理解中出现理解模糊的现象是正常而自然的事情。

第二,教师要让学生知道,听力材料中的一些内容不影响学生对整体意义的理解,这些内容可能正好是听力模糊的部分,因此可以跳过这一部分内容。

第三,教师还要让学生明白,如果听力理解中的模糊部分确实影响整体意义的理解,那么学生要注意这些内容是否会在听力材料的其他地方出现,或者可以通过上下文的语境进行理解。背景知识是有关地理位置、风土人情、历史、宗教、语言、思维等方面的知识。听力材料的背景知识也就是内容图式,它的重要组成部分就是文化。教师应该帮助学生尽量避免知识性障碍,扩展学生的背景知识。内容图式的匮乏,将会对听力材料意义的理解造成极大的阻碍。

另外,内容图式也可以弥补语言图式的缺乏,内容图式能够使学生更好地消除歧义、预测未知信息和理解语篇。如前所述,学生需要激活背景知识,具体可以通过两条途径。一是用“说”激活,教师可以先根据听力理解的主题提出几个问题,然后将学生分成两人一组,回答问题,最后公布问题的参考答案。这种方法能够补充有关听力主题的信息,并且加深学生对听力材料的理解。二是用“看”激活,视觉作用在听力过程中的有效发挥,能提高听力的效果。因此,教师可以采取多媒体教学手段,通过声音、图片、动画等生动形象的信息刺激学生的视觉,从而起到简化复杂信息的作用,也就缩短了学生与客观事物之间的距离。

(2)听写阶段。教师以正常的速度将听力材料播放三遍。教师播放第一遍录音后,不对听力材料做任何解释和处理,只是指导学生集中注意力于听力材料的宏观方面,如篇章结构、内容大意、题材、体裁等。在这一步骤,学生要预测听力材料中情节的发展趋势,激活大脑中的相关图式。当教师核实了学生确实基本掌握了听力材料的大意后,再适当地补充一些词汇知识。教师播放第二遍录音的过程就是分段听的过程。在这一过程中,教师要指导学生关注关键词和句型等语言形式,以便实现对听力材料大意的进一步理解。教师播放第三遍录音的过程是完整听全文的过程。同时,这一过程的任务是突破重难点,使学生准确地理解句意,只有这样学生才能准确地理解语篇。事实上,如果学生只需关注听力材料的主题和大意,认知负担就会大大减轻,这样学生就有可能将一部分注意力放在语言形式上,后续的写作过程就体现了学生通过对听力材料的意义理解来学习语言形式。本阶段其实是精听和泛听相结合的阶段,泛听在前精听在后。泛听可以看作目标,旨在让学生了解更多的语言现象,提高他们的听觉反应能力;而精听是实现目标的方法,可以提高学生的语言基本能力,使其全面了解英语的语音变化和特征,熟悉常用的词语和句型。

(3)重写阶段。重写阶段是分组进行活动的阶段,教师将学生分成若干小组,将每个组员的笔记放在一起,然后让各个小组按照所听到的内容,在写提纲的基础上写作文。所写的作文不能是随意发挥的,而是要满足两点要求:保证语言表达的规范性、逻辑性和连贯性;最大限度地再现原文信息。

(4)分析及纠正阶段。在本阶段,教师指导各个小组对各自的作文进行讨论。如果客观情况允许,教师还应使用投影仪对比分析学生写出的作文与原文。另外,教师也可让组员相互比较彼此不同的表达方式,这有利于学生语言能力的提高。写作练习能够锻炼学生的多种语言技能,它是一个综合能力提高的过程,如音素及语调的区分能力、词汇的语法意义和语境意义的识别能力等。

总的来说,听写作文教学不仅能促使学生将语言形式和语言意义相结合,还可以提高学生的写作能力。

2. 合作听写

合作听写是以任务、篇章、学生需要为基础的一种听力活动,可以有效实现语言形式与意义的联结,帮助学生在篇章基础上更好地掌握语言。合作听写不同于传统听写的一个地方就是它能够在学生之间创造平等、互动的学习氛围。合作听写包括五个基本步骤。

(1)准备阶段。在这一阶段,教师引导学生学习一些与听力材料相关的词汇,鼓励学生根据材料的题目开展讨论,对即将听到的内容进行预测。同时,教师将学生进行分组,每组 4~5 人。

(2)意义获取阶段。教师以正常速度朗读两遍篇章,也就是不在关键信息部分停顿或重读。第一遍是为了帮助学生获得听力材料的大意,第二遍是帮助学生进一步掌握听力材料的内容。

(3)听、写结合阶段。在听第三遍时,教师要求学生记录关键词、句型等。在这一阶段,教师不干预学生的记录活动,也不进行指导。

(4)篇章重构阶段。学生分组讨论,并创作一篇符合原文、合乎逻辑、语法规范、语义连贯的短文。教师可采用启发式指导,引导各组活动顺利进行。

(5)语篇比较阶段。请各个学习小组的代表阅读本组重构的篇章,全班比较各组完成的篇章,然后与原文进行对比,分析各组语篇中的拼写、语法以及搭配上的错误。教师鼓励学生积极发表自己的见解,讨论各种不同的表达形式,以提高学生的语言能力。

需要注意的是,教师要选择长度适中的材料。材料过长,容易使学生因畏难情绪而丧失听的兴趣;材料过短,容易使学生因骄傲情绪而在重构阶段掉以轻心。另外,学生可能过分关注意义,而忽略了形式。对此,教师可以要求学生将重构的语篇与原文进行对照,引导学生自主分析引起听取信息错误的原因,进而提升学生对语言形式的意识。

听写作文和合作听写强调学生在篇章层面对语言信息的理解,更加突出学生对语言知识处理的自主性与积极性,能进一步促使学生将已有的语言知识与当前听、记的内容相整合。个体由于英语水平、认知风格、能力等方面的差异而形成了"信息沟",学生可以通过对听力材料主题的讨论填补信息沟,通过听力信息的重构、分析和反馈关注语篇及其结构特点,把听写短文看成一个完整的语义单位,使形式与意义统一于教学的每一个阶段。根据认知心理学理论,只有当学生对信息有了注意,才会将语言意义与语言形式联系在一起。因此,学生要同时注意意义和形式,促进听、记、写等多项技能的提升。

第二节 大学英语口语教学实践

一、基于模块教学的大学英语口语教学模式

英语口语是用英语传递信息或交流情感的语言或语用技能,培养口语交际能力是英语教学中不可或缺的方面,也是大学英语教学的重要课题。教育部颁布的《要求》中提出,大学英语教学的目标是"培养学生的英语综合应用能力,特别是听说能力,使他们在今后学习、工作和社会交往中能用英语有效地进行交际,同时增强其自主学习能力,提高综合文化素养,以适应我国社会发展和国际交流的需要"。由此可见,新大纲突出了口语的重要地位,并将其纳入考核评价体系。

然而,传统的大学英语教学体系中,教师和学生只注重语言知识的学习和应用,忽略了口语交际能力的培养,口语教学从来都处于边缘化的地位。而且各级

各类考试对口语能力的测试缺乏行之有效的方法和手段,重读写、轻听说的现象还没有从根本上得到改变。因此,如何改变口语教学的现状,成为大学英语教学中亟待解决的课题。本节初步探讨了模块教学法在口语教学中的应用原理和模块教学的实施步骤,以期为大学英语口语教学提供一些有益的探索与思考。

模块教学法在口语教学中的应用及步骤如下。

模块1——“鹦鹉学舌”勤于模仿

模仿是学习口语的重要方法。对于任何技艺的习得来说,无论方法多么高明,基本功的训练都是必不可少的。英语的基本功是什么?第一,发音。发音要准确,准确的发音来自模仿。教师在教学过程中应进行示范领读,让学生不断地模仿;或者先让学生听广播,然后进行模仿。这里有一个好方法可以借鉴,学生在经过跟读、模仿若干遍后把自己的声音录下来,然后播放进行比较,找出自己语音不正确或不标准之处,继续进行纠正。第二,背诵单词、短语、句型。第三,背诵对话、范文、经典句子短文。第四,抄写、默写也是很不错的办法。

模块2——值日报告

值日报告又叫值日生报告。提前布置任务,给出一定时间做准备,最好分组进行,要求每个学生至少参与一次。具体内容如对话表演、天气报告、故事讲述、新闻报告、诗歌朗诵、演讲等。要求学生课前精心准备,这样可促使学生开口说英语。

模块3——问答

充分挖掘教材,难易适度,让学生有话可说。目前多数学校所使用的大学英语教材是高教出版社的《新编实用英语教程》。该教材实用性强,特别突出听说能力培养。模块设计非常科学有效,要求学生用英语问答。比如Passage后面的Read And Think模块就是给学生问答设计的。Answer the following questions according to the passage难度不大,答案都可以从课文里面找到。

Q1. What is the best timing for sending out an invitation to an evening reception?

Q2. How do you handle the preprinted invitation?

Q3. In what situation can you bring a guest?

模块4——情景对话

大学英语教材中有许多话题:Shopping、Making invitations、Making appointments、Making telephone calls、Seeing the doctor、Talking about the weather等。如果

学生在学了一个话题以后,模仿所学对话再自编情景会话,效果一定会更好。

模块 5——复述

复述可以独立进行,也可以进行小组学习。同时,应该允许基础差的学生打草稿,做一些准备,然后进行口头复述。更重要的是,学生组词造句的能力得到强化。例如在学 Handling A Dialogue 模块时,可以要求学生说出段落大意。在学习 *The Most Unforgettable Character I've Met* 这篇课文之后,教师可在黑板上写出和该课文有关的关键词、短语和问题,要求学生根据自己的能力,或者说出其中心思想,抑或复述课文。给出的问题如下:

Suppose you are Bill Gates, please say something about yourself. What was the author's first impression of his new teacher?

模块 6——小组讨论

首先把学生分成若干小组,教师预先给出了讨论范围和讨论材料,其次给学生提供一些与所学材料有关的话题,接下来让学生以小组为单位进行准备,甚至可以在纸上打草稿。最后要求每个学生用英语表达自己的想法和观点。

模块 7——英语角

我们可以通过英语角使学生开口说英语。学生在真实的语言环境里学以致用,和课堂上的感受截然不同,与他人进行面对面交流会更加真实有效。

模块 8——多媒体教学

网络、电脑等现代化多媒体设备,有利于培养英语听说能力。

模块 9——口语活动

英语口语活动的形式很多,如英语晚会、英语演讲比赛、英语朗诵、口语课、外籍教师作报告、英语角、英语故事会、英语单词拼写比赛等。

学生对知识的接受能力有差异,同一个班里的学生也有水平的高低。实践模块教学模式应该因人而异,灵活运用。模块教学的一般原则有四点。

(1)教师要循循善诱,培养、鼓励学生开口说英语的兴趣和勇气。

(2)应该以单词、短语、问题的形式给予提示和引导,激发学生用英语表达思想的主动性。

(3)教师要在课前设置合理的话题,并且精心设计教学过程和环节,使学生在熟悉素材的基础上进行准备,让每一个学生有话可说。

(4)要正确对待学生所犯的口语错误,教师不必急于纠正学生的错误,口语表达过程中出现语法错误、词语错误是在所难免的，部分学生积极大胆地开口说英语是很好的开端，这样会带动其他学生参与进来，能够进一步营造说英语的氛围。

总之，只要学生在课堂上敢说、愿说、有话可说就已经是很大的进步了。所以，教师要对积极开口说英语的学生给予及时、充分的表扬和鼓励，随着学生学习的不断深入，英语口语水平就会逐步提高，其所犯的口语错误也会逐渐减少。

二、大学英语口语教学中交互式教学模式的应用

随着经济“全球化”的发展和国际交往的日益频繁，社会对于大学毕业生的英语能力，尤其是英语实际运用水平提出了更高要求。培养和提高大学生的听说能力，特别是口语表达能力，已经成为当前大学英语教学的核心内容之一。然而，传统的大学口语教学以单一的知识传授为主，学生在课堂中得不到充分的锻炼，口语实际应用水平难以提高。因此，引进新的教学模式，变革落后的教学方法，是改善教学效果、提高学生英语口语水平的必然选择。

我国的许多学生从小学就开始学习英语，但到了硕士、博士阶段仍过不了口语关。虽然近年来，大学英语口语教学受到了充分的重视，但仍然“费时低效”。当今社会发展迅速，我国与世界的联系愈加密切，这对大学生的口语交际能力提出了更高的要求。交互式英语口语教学法便是值得一试并加以推广运用的口语教学方法之一。

从目前情况来看，大多数高校的英语口语教学并不让人满意。在一些高校里，英语口语课程只是针对英语专业的学生开设，而对于那些非英语专业的学生来讲，大学英语只进行单一的听、说、读、写的学习和训练。特别是在应试教育的背景下，大学生的英语学习更注重听和写，“哑巴英语”现象随处可见。而从目前的大学英语的听说教学情况来看，多数高校重听力，轻口语；重教师的主导作用，轻学生的主动参与作用。大多数英语教师认为目前的大学英语考试仍然注重对学生的听和写的考查，而说和读并不显得十分重要。

（一）交互式教学模式的理论依据

交互式教学是指教学过程中既要充分发挥教师的积极性，又要充分调动学生的积极性，师生在同一个教学目标下共同发挥作用，形成师生之间相互对话、相互交流、相互促进的一种教学行为。

这种教学行为具有民主性、互促互补性、全员参与性的特点。它把教育教学活动看成师生之间的交往、沟通，把教学过程看作一个动态发展的教与学统一的交互影响和交互活动的过程。

交互式教学模式以主体性理论为基础。主体性理论强调了人与人之间、群体与群体之间的交互主体性，主张通过相互理解和沟通促进各主体的和谐发展。在这一理论指导下，师生之间、生生之间、群体之间都存在交互主体性。教学不再局限于教师单纯的授课，而是让不同主体发挥能动性，鼓励各类主体相互沟通与合作，促进各自发展。此外，交互式教学模式还受到建构主义心理学的启发和指导。建构主义认为，知识不是通过教师授课获得，而是学习者在一定情境中，通过人与人之间的对话等协作方式实现意义建构。个体主体性在建构中起决定作用。因此，教学过程中教师不能只对学生进行知识灌输，而是要培养他们意义建构的能力，帮助他们体验学习、掌握知识。在这些理论基础上产生的交互式教学模式充分尊重学习者的主观能动性，重视他们交际能力的培养，提倡在师生之间、生生之间和群体之间建立起相互沟通、相互启发、相互学习、相互促进的一种相对稳定的教学活动模式，促进学生知识的建构和积累。

在交互式教学模式下，英语口语的教学目标不再局限于培养学生的语法和语言能力，而是以交际能力为重点，引导其大量运用现实语言功能实现信息交流。英语教师不再是片面地传授语言知识，而是从知识的传播者变成技能的培训者，启发学生认识到英语口语技能的重要性，积极为学生创设语言锻炼机会，鼓励学生不断练习、实践，通过分析、类比等方法帮助学生掌握运用该语言的能力。

（二）交互式教学模式在口语教学中的具体运用

口语是相对于书面语来说的，包含听说两个方面，口语又分为主动口语和被动口语，主动口语指的是“说”，而被动口语指的是“听”。口语是人与人之间需要面对面口头表达的语言，是人们使用最频繁的交际工具，在实际的交际活动中，口语占有极大的比例。

交互式英语口语教学有以下特征：一是即时性，在交互式口语中，人们一般不可能事先准备好每一段话，更多的情况是边思考边表达；二是交互性，说者与听者相互之间会有一定的提示与补充；三是情景性，对话需要情景的控制，如果没有情景的控制，即便是同样的话题和内容，其表达方式也不尽相同。

当今在校本科非英语专业学生的英语口语主要存在下述情况。一方面，学生的总体口语水平不高。首先，一部分学生的语言基础相对薄弱，单词和语法掌握不牢固，语音不标准，从而限制了其口语表达能力的提高。其次，由于受到母语思维的影响，有些学生习惯先用汉语思考再翻译成英文，说出的句子是中国式英语，不符合英语语言习惯。另一方面，也有一部分学生对自身的口语缺乏信心而羞于开口，甚至到了毕业时英语口语仍然没有得到提高。但是，大多数学生已经意识到英语口语的重要性，有提高英语口语水平的渴望，同时也愿意参与到英语课堂活动中。

交互式教学活动法主要包括全班活动法、小组活动法及个体活动法三种。针对大学生的英语口语现状，教师应综合应用这三种方法，努力创造机会促使学生进行口语交际训练。

全班活动法是口语教学中的重要方法。它要求教师设计的课堂活动难度应符合学生的总体语言水平，活动形式多样化，且尽可能让学生完全置身于一种听、说的英语世界中。在日常口语教学中，采用了一些与课堂主题相关同时又兼具趣味性、寓教于乐的英语游戏。比如，在英语课上的准备阶段中，用传递英语绕口令的游戏让学生预热起来，以便为下一个环节的主题讨论做好情绪上的准备；又如在复习英语单词时，让一个学生背对黑板猜测单词，全班同学轮流用英语向他解释，使枯燥的单词背诵变得生动有趣；再如在口语训练时，给出一个句子，让全班学生进行句子接龙、故事接龙的游戏等。这些生动有趣的英语游戏能为口语教学营造轻松愉快的氛围。

与全班活动法相比，小组活动法为学生口语练习创造了更为宽松的环境，大大减轻了一部分学生害怕发言的心理压力；此外，小组交流机会远多于全班交流，从而能加快学习速度、提高效率；同时，组内成员间的合作和讨论也有益于集思广益、相互促进。小组活动法是在口语教学过程中最常用的方法。以学生自由组合方式将全班分成若干小组，每组 4～6 名学生。学生组合完毕，令各小组商议该小组的英文名并推荐代表，负责汇集组员的意见并以尽可能清晰、明确的英文句子向全班解释该组名的含义。此外，每组还要推荐一名组长，负责协调组内分工、安排组员轮流发言、保证机会均等。分组后，在接下来的教学过程中，就可以组织学生就课文相关问题展开研究并将小组的研究成果向全班展示。

相对于上述两种方法，个体活动法则更加强调学生的自主学习，注重个体学生之间水平的差异性,使学习者能结合自身的学习状况调整学习。这种方法特别适用于课文教学中的导入环节。在这一环节,教师可以向学生提出一些与课文相关且贴近生活的问题,引发他们积极思考。考虑到一部分学生语言基础相对薄弱、口头表述能力较差,提前一节课把问题布置给学生,让他们有时间针对回答问题中可能出现的困难进行查询字典、翻阅资料、询问其他同学等。学生的每次回答都要进行登记和评估,目的是提醒学生重视口语活动。同时,针对性的指导也能促进学生提高口语水平。个体活动法使每位学生都有机会实践语言技能,同时也能兼顾不同层次的学生情况,避免因有些问题太难而挫伤学生的积极性,也有利于先进生带动后进生,促进共同进步。

1. 教师与学生交互

教师与学生交互分为几个类型。根据教师的行为对象划分,可以将教师与学生交互分为师生交互、师班交互和师组交互;根据师生行为属性划分,可以将教师与学生交互分为控制与服从型交互、控制与反控制交互、磋商型交互。

在大学英语口语教学中师生交互的教学形式有两种。

(1)示范——模仿式。这是以教师活动为主的交互形式。教师通过示范发音、操作活动、朗读技巧等,向学生传递和教授信息、技巧。模仿是学生根据教师的示范做出相同行为,从而使学生获得技能,掌握要领。除了语音和语调的教学,交互式教学还可以在交际策略和域外文化培养上起到重要的作用。例如,在训练学生的交际策略中的间接请求帮助上,要求学生在不知道或忘记某个词语时,用自己的话来说明和概括,并可以加上手势,最终让对方能够听明白词语的意思。例如:

T:My younger brother is very interested in... well... in the object...

S:What?

T:It is a kind of object made by people that can fly in the sky.(手势比画大小)

S:Model-plane?

T:Oh,no,it can only fly when there′s wind,and... you have to use string... so that...(手势比画)

S:Kite?

T:Yes,that′s it.

(2)提问——回答式。这是教师和学生共同活动的交互教学形式。教师根据学生已掌握的知识和经验进行提问,并指导学生如何回答问题。教师通过提出问题来提高学生的注意力,可以引发学生对问题的积极思考,有利于学生口头表达能力的培养和提高。当然,提问越多不代表越好,它不是万能的,如果提问不恰当则会造成负面的影响。例如,一些学生惧怕上课被老师提问,口语课上只有能够引发全体学生思考的提问才是成功的"提问"。在交互式英语口语教学中,教师通常会使用一连串的提问,而在传统的教学方式中,这个方法并不经常使用。老师的一连串提问会给学生带来表达的机会,让学生能够自然地进入语境,不会因为突然开口讲英语而感到不自在。

教师与学生的交互应该采取以下策略。

第一,设定情景。教师在备课时,必须设定与教学内容相关的情景,并且根据语言的环境和意义进行"真实性"训练,使语言形式和语言意义都与教学内容相联系,从而培养学生的口语能力。设定情景的方法很多,如生活呈现情景、语言描述情景、动作演示情景、直观教具呈现情景等。

第二,掌握域外文化背景。口语交互式教学不能脱离英语国家的文化习惯。如西方人十分注重个人的隐私,包括年龄、婚姻、个人收入等。在教给学生"Are you married?""How much money you earn every year?"这类问题的正确语法表达时,应注重其文化内涵,使学生能礼貌而得体地完成,达到与西方人和谐交际的目的。

第三,情感交融。教师与学生交互不仅是传授知识的过程,也是情感交流的过程。教师在融洽师生情感时,要注意从以下方面入手:注意教师与学生互爱;注意师生地位的平等;用情感去激发和感染学生的感情,引起学生的共鸣。

2. 学生之间交互

学生之间交互有助于培养学生相互帮助的合作精神,易使学生实现由被动接受教学转向主动接受教学,也有利于提高学生的思维能力。

学生之间的交互有以下方式。

(1)以学生个体与全体学生为主的交互形式,包括值日报告和演讲。值日报告内容不限,可以将读到的或听到的新闻,以及个人对一些事件的感受进行交流。学生做完报告后,教师做出适当的点评,用两三分钟时间让全体同学进行讨论。这种形式不但能锻炼学生们的胆量和勇气,还能大大提高学生的口语表达能力。演讲不同于表演或谈话,表述方式也比较有难度,演讲前可以给学生3~5分钟的准备时间,然后做2~3分钟的演讲。学生演讲之后,教师或学生可以就演讲的内容向演讲者提一两个问题。

(2)以集体活动为主的交互形式。集体活动最主要的价值在于能够通过讨论和会话,激发学生的口语表达热情。在英语口语交互式教学中,集体活动几乎是必不可缺的。每节课要出2人一组的"pair work"和3~5人一组的"group work"等活动方式。因为高校教学班级通常人数很多,学生个人在课堂上使用语言进行交际的时间非常短暂,而且机会也是非常有限的,这对外语学习,特别是口语练习是十分不利的,充分利用集体活动是弥补当前大班上课这个缺点的十分可行的办法。

另外,有些学生害怕在"大庭广众"下说英语,害怕因讲错而受到教师的批评和同学的嘲笑,感觉这样很丢面子。而在人数很少的集体里讲英语,他们感觉要自然得多。集体活动常以完成任务的形式来进行。

3.与教学氛围交互

教学氛围通常被认为是隐性课程,因为氛围是"无声的教材",是通过学生的感知器官潜移默化对他们产生影响,进而影响教学效果。因此,不能忽视教学氛围对学生获取知识、提高学习效率所起的作用。尤其在英语口语课上,更要创造良好的氛围,使学生处于轻松、利于交流的状态,才能使学生想说、愿说、能说。如果教师不能有意识地设计和创造良好的教学氛围,即使教学内容适当,教学方法有效,教师尽职尽责,也很难达到理想水平。

4.与教学媒体交互

教学媒体是教学过程中介于教与学之间,携带并传递教学信息,促进教师与学生信息相互交流的工具。教学媒体可分为两大类:传统教学媒体和现代教学媒体。

传统教学媒体主要指非放映性视觉媒体,通常包括教科书、图文资料、报刊、插图、表格、图表及黑板、实物、模型、标本等。现代教学媒体包括幻灯、投影、广播、录音、电子音响、电影、电视、多媒体计算机辅助教学系统、语言实验室教学系统、程序教学系统及网络系统等。

与教学媒体交互有利于引导学生主动参与各种探索活动,培养学生主动获得知识的积极性,能够使学生进行多层次、多角度的思考与判断,增强学习英语的情境真实性。学生能通过生动的画面、纯真的语言、标准的语调进行直接思考和学习。

交互式英语口语教学蕴含着巨大的生命力，有利于激发学生兴趣，调动其积极性和主动性，使学生做到想说、能说、会说。通过交互式口语教学方法的实践，能使学生学习口语的情感态度发生明显变化，学生对交互式教学方法持认可态度，并且在语言知识、交际策略和域外文化交际能力上都会有很大的提高。

（三）交互式教学模式在教学实践中的原则

首先，应努力在师生之间、生生之间建立起平等、包容的交际关系。教师与学生虽有年龄大小、阅历深浅、知识多寡以及社会分工等的差异，但在教学这一交际活动中，应力求做到师生平等。教师应尽量避免居高临下的谈话方式，而应把自己放在与学生同等的地位，与学生做朋友，变训斥为开导，用鼓励代替惩罚，努力营造轻松的教学氛围。只有这样，学生才会积极主动参与教学活动，产生师生互动的合力效应，最大限度地提高教学效果。

其次，在口语教学中教师应该把大部分时间留给学生，将学生口语能力的提高重点放在"学"而不是"教"。毕竟，教师的讲授无论多么生动，也只能传递有限的信息，只有学生真正掌握了语言技巧并且勤加练习，才能真正提高口语水平。这正如古人所说，"讲之功有限，习之功无已"。因此，教师应将教学重心转移到激发学生学习动机、设计学习任务、组织课堂活动和监督学生学习过程上，对学生的学习情况进行及时和善意的点评，引导他们通过刻苦扎实的训练不断提高口语水平。

此外，为了进一步改善口语教学效果，应建立起更为合理的教学评价标准。传统的评价标准主要是检验学生的语言应用能力，忽视了学生学习的动机、态度、意志、创造力等难以量化的重要因素。这种评价标准往往使口语基础较差的学生长期处于差生区间，从而导致自信心丧失和学习动力不足，不利于保护学生的学习积极性。教师应当根据口语课的特点，建立起形成性评价与终结性评价相结合的评价体系。其中，形成性评价主要是用于衡量学生在教学过程中的参与程度，以此激发他们参与学习的主动性，鼓励他们通过自由交流、开展游戏、角色扮演、亲身体验等形式多样的口语活动，充分感受学习的喜悦，对学生在学习过程中的努力给予及时的肯定。终结性评价主要用于期末考试，其目的在于测量学生在经过一段时间学习后达到的实际口语水平。教师可以适时根据学生的学习情况，对两种评价的权重进行调整。有时为了鼓励学生参与口语训练，可以有意缩小期末考试成绩所占的比重。

交互式教学模式使得大学英语口语教学的重心实现了从教师传授知识到培养学生语言交际能力的转移，既顺应了素质教育的要求，也是创新教学方法的一项大胆而有效的尝试。当然，培养学生的口语表达能力是一项长期艰苦的工作，非一朝一夕即可完成。作为大学教师，只有与时俱进，用先进的教学理念武装头脑，积极改革教学模式，及时总结教学经验，才能不断提高自身的教学水平。

三、多模态视野下大学英语口语课堂教学模式的构建

随着时代的发展，大学毕业生口语能力受到用人单位的普遍重视，然而许多大学生在多年的英语学习后，仍然无法说出一口流利的英语。调查显示，用人单位对近年来大学生英语综合能力感到不满，他们认为只有少数大学生才具备较强的英语口语能力，而绝大部分大学生口语能力较差或很差。造成这种现象的原因十分复杂，但大学英语口语教学中存在的弊端却是影响大学生口语交际能力的重要因素之一。

自多媒体技术走进课堂后，外语教学活动也逐渐表现出数字化和多模态化的特点，这为推进大学英语口语教学，构建多模态化的口语课堂模式提供了可能。模态是指实现话语交际的符号资源，它可以通过一种或几种媒介来实现。人们感受外界的视觉、听觉、触觉就是感觉模态，而感觉所借助的工具——眼、耳、手就是媒介。多模态就是交际时所使用的多种模态，如语言、颜色、味道、图像等。多模态话语则是指人们运用听觉、视觉、触觉等多种感官，以语言、图像、声音、动作等符号资源为媒介来进行交际的现象。多模态教学，主张利用网络、图片、动画、角色扮演等多种教学手段来组织教学，调动学生的各种感官参与到语言学习中。

我国从 21 世纪初开始重视对多模态话语的研究，然而目前国内对于将多模态教学手段应用于英语口语教学方面的研究，还没有形成系统化的理论和模型，本文在吸收前人研究成果的基础上，探讨在多模态环境中，如何利用各种模态的交互来构建新型的大学英语口语课堂教学模式。

(一)教师角色的转变:从主控者到设计师

构建多模态化的大学英语口语课堂模式，意味着教师角色的转变。教师角

色由主控者过渡到设计师,需要开设相关课程,加强教师的理论素养及多模态读写的教学能力,同时学校还可以组织教学观摩、讲座、研讨会以促进教师之间的信息资源共享,提高教师的教学应对能力。

教师将不再局限于过去模态单一、由教师主控一切的教学模式,而是积极采用多模态教学手段,整合各种音频、网络资源和教学软件,实现各种模态的优化组合,设计出图、文、声、形融于一体的口语课,全方位、多层次地刺激学生,使他们从各种渠道感知语言材料。同时,教师应坚持资源最优化配置原则,满足学生的个性化需求,使学生能够有效掌握交际原则,深刻理解语言形式和语言内涵之间的内在联系,从而提高自身的口语表达能力。

(二)学生角色的转变:从被动参与到主动创造

多模态化的大学英语口语课堂模式,要求学生由过去的被动参与者变成主动创造者。教师可通过在班级营造竞争气氛来调动学生的积极性,如采取小组竞赛制、个人奖励等。同时,教师应改变过去单一的评价方式,制定评价表记录学生的课堂表现,作为平时成绩列入期末考核。

现代多媒体技术以不同的形式将丰富、地道的语言材料呈现在学生面前,需要他们调动各种感官去吸收。课堂上丰富多彩的活动,需要学生亲自参与,学生成为课堂的“主人翁”,他们必须充分发挥想象力和主动性完成一个个富有趣味、充满挑战性的任务,创造出课堂教学中的闪光点。

(三)教学活动

1. 营造真实语境,激发交际欲望

口语教学应将语言形式、语言内容和交际规则三大板块融合成一个整体。学生在口语练习中要尽量做到言之有物,避免讲话内容空洞,不切主题。对比传统口语课堂上主要依靠教师讲解这一单一模态,在多模态教学环境下,教师可以利用与主题相关的图片甚至实物来刺激学生的感官意识,以三维、立体的方式对学生进行信息输入。

例如,在一堂以运动为话题的口语课时,教师可以先向学生展示一系列相关图片并配上讲解。在学生具备了一定相关知识和词汇后要求他们把自己想象成某个运动协会的会长,需要为自己的协会设计一幅招募新成员的海报,并根据海报内容编一段富有吸引力的纳新宣言。学生在准备完毕后,可依次上台表演,最后招募到会员人数最多的学生将得到奖励。教师将口语课堂的教学内容与现实生活联系在一起,有利于学生将现实中的交际规则迁移到课堂中。

只有将语言知识和技能融入真实自然的语言环境中,学习者才能主动地掌握语言。大学生在入学之初都经历过社团纳新,因此在面对这个话题时容易产生亲切感,在形式新颖的课堂活动中掌握口语交际策略。教师要求学生亲手制作海报,是利用触觉模态为学生营造交际的真实感,帮助他们消除紧张、懈怠的情绪,在宽松的课堂气氛中进行实战训练,激发学生的交际欲望,切实提高他们的口语能力。

2. 借助影视媒介,发散学生思维

以影视为载体是比较常见的教学方式,它主要指教师借助影视材料中的音频和视频材料辅助教学,强化对学生的语言输入。教师选择的影视材料既可以是原文电影,也可以是新闻视频,或者是从某个节目中截取的片段。将影视教学运用到英语口语课堂中并非单纯的影视赏析,一般在学生正式观看前,教师要给学生布置相应的任务,如要求学生猜测视频中人物的身份、事件的来龙去脉。整个教学过程是在教师布置的各个任务中逐步推进的。

教师可以先让学生观看一段 15 分钟左右、无字幕、无声音的视频片段(视频片段取自某部年代较久远的小众电影,学生此前没有看过),然后将学生按照电影里出现的角色人数分成若干组,要求他们发挥自己的想象力为电影片段中的角色配上台词内容,现场表演即兴配音。学生根据小组讨论的结果分配角色,每组有 10 分钟准备时间,准备完毕后依次上台表演。所有组表演结束后,由教师播放视频原版的内容进行比较。学生丰富的想象力有利于营造活泼的课堂气氛,达到良好的教学效果。

在这个案例中,教师设计的“影视配音”活动让学生通过视觉和视频进行互动,然后根据他们的巧妙构思设计出合理的情节。轻松、愉快的教学环境激发了学生的主动性和学习兴趣,自我效能感也在无形中提高,用英语表达变得不再那么困难。

3. 善用图片或实物,辅助口语表达

在设计一堂以风景名胜为话题的口语课时,教师可以先在课前要求学生收集大量家乡、母校的照片或录像并做成课件,然后在正式上课时,放一段从英文旅游节目中截取的视频,内容可以是关于某著名景点的介绍。教师协助学生归纳出视频中与旅游有关的典型句式和高频词汇,以供学生在之后的口语练习中参考使用。接着教师布置给学生一个任务：担任导游。学生可以结合事先准备好的课件，用英语向大家介绍母校或家乡的风光。在这个案例中，教师鼓励学生运用所学向别人介绍家乡或母校的风光，有利于引起学生的感情共鸣，领会到说英语的乐趣。在活动过程中，教师负责为学生录像，并从中挑选一些较好的录像和学生一起观看点评。

学生借助图片、照片等工具来辅助他们的口语表达，利用多模态之间的协调性，能够有效地还原社会交际的本来面目，其多模态处理信息能力也在无形中得到了提高。

4. 协调多种模态，渗透文化内涵

文化扎根于语言，多模态的教学手段能有效地将文化内涵和语言学习结合起来。以英语口语课堂中常见的活动形式话剧表演为例，学生可以通过排练话剧，体会剧中人物的情感，然后以自己的方式表演出来，这既让学生练习了的口语，也考验了他们的表现力与感染力，能够有效地将文化意识融入口语实践中。

以一堂采用话剧表演形式的口语课为例，教师提供给学生《哈姆雷特》的英文剧本，学生自发组成若干个小剧组，根据组员的讨论安排表演片段并分派角色。正式上课时共有三个小组，分别表演剧本中三个不同的场景片段。学生们为了更好地还原剧本原貌，都使用了背景音乐来烘托气氛；有的学生为了使表演活灵活现，竭力模仿剧本中人物的举止习惯、言表谈吐；更有一个小组特意装扮成剧中人物的模样。教师在整堂课中没有插手学生的表演，一直充当着台下的观众，仅在表演结束后，针对每组的亮点或缺陷提出了自己的看法，并与学生共同讨论。

学生的话剧表演，将服饰、发型、道具等静态资源和声音、表情、动作等动态资源都纳入口语实践过程中，这种真实的语言环境能帮助他们摆脱母语思维模式的束缚，调动感官及大脑对语言信息的综合反应，自然地吸纳语言。同时视听模态的融合，给学生全方位、多感官的体验，能更好地向学生传达语言中的文化内涵，培养他们的多模态话语交际能力。

积极的模态配合能产生正面作用，而消极的模态配合有可能导致负面效应。教师在对模态进行选择时应从实际角度来衡量，适当借助多模态元素。在构建多模态化的大学口语课堂模式时，应以教学内容为主线，有针对性地甄选相关材料，求精不求多，避免出现喧宾夺主、本末倒置的现象。否则，大量声色俱佳的多媒体信息充斥于课堂,容易分散学生的注意力,影响课堂教学效果,且过度堆积的信息资料也会使学生疲于接受、难以消化。

多模态教学方式是一把"双刃剑",如何妥善合理地发挥它的作用需要教师不断地探索。从长远来看,多模态教学在大学英语口语课堂中的应用具有独特的优势,是新时期口语教学改革的方向之一,但目前国内研究者们对多模态话语分析理论的研究框架和分析方法仍需完善,同时多模态英语教学中教师自身的发展问题也值得进一步探索研究。

四、大学英语口语教学模式和实践

大学英语的教学目标是"培养学生的英语综合应用能力,特别是听说能力,使他们在今后的工作和社会交往中能用英语有效地进行口头和书面的信息交流,同时增强其自主学习能力,提高综合文化素养,以适应我国社会发展和国际交流的需要"。显然,大学英语教学改革新的课程要求从根本上改变传统的教学理念,提出"培养学生的综合应用能力"的目标,并将听说能力作为体现综合应用能力的关键要素之一。

为了突出大学英语教学中口语教学的重要性,高校外语教育系大英教改项目组(教育部大学英语教改样板单位)构建了以计算机网络视听说自主学习+多媒体读写译大班授课+口语小班辅导(25~30人)的教学平台,特别将口语课设置为一门独立的课型,对其进行了深入的实践探索。

(一)更新教学观念,构建英语口语教学模式

长期以来,我国的大学英语教学中能够体现"听说能力"培养和训练的"口语教学",只是作为一种教学手段被纳入灌输式的教学过程中,而没有作为独立的课型受到应有的重视。

更新教育观念,把握语言学习特点,建立口语独立课型,创建口语教学模式势在必行。基于上述认识,在英语口语教学中,我们应根据口语教学的基本特点,设计有效的互动合作式教学方式。该模式倡导尊重学生的人格和个性,构建平等的师生关系,强调师生互动、生生互动、课内课外互动的教学过程,以多样化的教学方式、方法激发学生的学习兴趣,培养学生学习的主动性和积极性,在生动活泼的教学活动过程中实施听说能力的培养。同时使学习在课堂之外得以延续。该教学模式除传授一般的语言知识与技能外,更加注重对语言运用能力和

自主学习能力的培养,顺应了《要求》对教学模式转变的要求。

(二)英语口语教学模式的实践探索

口语教学应以师生互动、生生互动、课内课外互动的方式贯穿于大学学习生活之中。既利用好课堂教学的有限时间,又能将课堂教学延续到课外,高效地完成口语教学,需要增强现代教学观念,更要重视教学方式、方法的创新。

1.课前预习,充分利用计算机网络学习环境,培养学习自主性

学习自主性是语言学习过程中的先决条件,但学习自主性并不意味着教师对学生放任自流,它是在学习过程中不断培养而获得的,需要不断地“教育干预”。影响语言学习自主性的主要因素是“学习动机”“学习态度”“学习策略”,而个体差异则在这三方面中突出表现出来。因此尊重学生个性发展,注重学习兴趣、学习主动性和积极性的培养及学习策略的开发,无疑是英语教育的重点。《要求》进一步明确并强调了自主学习能力的重要性,课前准备阶段,教师对学生要求之一就是在课前利用计算机辅助自学教材里的学习材料,从中收集和整理出实用的词汇、短语、句型,并且记忆。要求之二是鼓励学生通过网络收集各种与课题相关的信息,包括更多的词汇和表达方式,有关主题的文化背景知识,甚至引发兴趣的娱乐材料。通过课前准备的两项要求,一方面帮助学生逐渐明确了自主学习的重要性及方法,另一方面还激发了他们的学习兴趣,丰富了他们与语言密切相关的文化知识,使他们能积极有效地参与到课内外口语学习中。

2.课堂教学,师生互动,生生互动,培养兴趣,增强交流

(1)营造丰富多样的课堂环境,开展兴趣教学。口语课堂教学不仅仅是知识的传授,更重要的是如何培养学生的学习兴趣和学习主动性,并促使学生自然地将课堂教学延续到课外。为激发学生对口语学习的兴趣,课堂活动设计及课件制作都至关重要。语境设计遵循的原则有以下几个方面。

第一,时尚性原则。话题具有时代感,如“时尚”“网络”“广告”“电影”等。有时,话题设计并非完全局限于课本,针对时局,一些社会热点也不失为能引起热烈讨论的中心议题。

第二,常识性原则。讨论题以常见的简单问题为主,使学生可以从切身感受说起,切合实际,饶有趣味。

第三,多样性原则。课堂活动宜多样,不必拘泥于某一种形式。根据每个课

题的特点及要传授的知识点采用适当的课堂活动方式,如师生、生生问答、讨论、评论、辩论角色表演等。这些练习均以互动合作方式完成,旨在培养学习兴趣,鼓励交流,在互动合作中互惠学习。

第四,趣味性原则。在多媒体教学技术辅助下,一方面利用色彩、音乐、图片等刺激感官兴奋性,活跃课堂气氛;另一方面可以利用丰富的教学资源设计内容,如将相互联系的一组图片展示给学生,要求看图说话或发挥想象力编撰故事。又如放一个情景对话,要求学生模仿。这些教学素材无疑有助于开展形式多样的课堂活动、扩展思维、诱导思考、激发参与活动的兴趣。

(2)以教师为主导、学生为主体,在交际法教学原则指导下开展互动合作式教学。交际法教学强调语言的交际功能,语言运用的得体性和实用性。在模拟真实语境中引导学生进行有交际意义的可理解性输出,培养学生进行自然、流利的语言交流,是交际法教学的核心。在口语课堂上,在确立以学生为主体的教学理念基础上,教师的角色定位为课堂学习的组织设计者,课堂活动的指导协作者,学生学习的评判诊断者,自主学习的启发帮助者。教师在模拟真实语境引导学生进行有交际意义的语言操练的同时,要注意营造轻松愉快的课堂气氛,在组织各项课堂活动时始终保持和学生之间的地位平等,并将自己积极纳入师生互动、生生互动的语言交流中,适时提示、纠错、点评、表扬、鼓励。课堂布局始终呈现动态化。由于活动需要,学生随时会交换座位,寻找合作伙伴,移动座椅,形成不同组合。这种以学生为中心的课堂鼓励学生抛弃羞怯感,充分发挥潜能,互动合作,在完成每一项任务的同时使自己的口语能力得到快速提高。

(3)教学中知识的非自然输入不容忽视。为避免因采取以意义交流为核心的交际法教学而忽视语言形式,我们的教学还强调非自然输入对二语习得的帮助。在进行比较研究后,首先证实"可理解输出不足以在实质上帮助语言能力的习得,要发展语言能力更理智的做法是增大可理解输入",又进一步证明"以大量词汇、短语、句型为核心的非自然输入能迅速提高表达能力"。因此,少量时间对固定表达方式和句型的输入是每堂课必不可少的内容,它有效地将学生的注意力平衡分配在意义和语言形式之间。本着"基于课本,高于课本"的教学原则,我们的具体做法是:每节课划分出一定量时间(约为20%)和学生一起回顾、提炼课前自主学习知识的精华,在必要时适量补充课本外相关的语言、文化知识。一些专门设计的课堂练习还会引导学生反复操练这些词汇、短语和句型,一方面达到学生对语言形式的重视,另一方面达到对所学知识的检验和巩固,使语言的准确性、复杂性得到提高。

3. 课内课外互动,使课内学习在课外得以延续

通过课前对学习自主性及学习策略使用意识的培养,课前及课内对学习兴趣和动机的开发,个性及口头交际自信心的建立,重要知识结构的构建,学生已具备了在课后自主巩固知识、拓展知识的兴趣和能力。互动合作式教学模式的意义还在于课外将具有浓厚学习兴趣的学生纳入自主学习中,使之成为课内学习在课外的延续。

我们鼓励学生在课外口语练习上保持互动合作式学习方式。课内有限的时间对于学好口语是远远不够的,大量的操练必须由学生利用课余时间自主完成。在课堂完成的各种合作式练习中,学生或组合成对,或成组,且成员及人数不固定,已经形成了合作完成口语练习的意识。在课下,鼓励学生选择一个相对固定的练习伙伴,加入一个相对固定的学习小组,以完成不同的学习任务,在互助合作中交流、学习。除面谈、电话交谈外,由于具备网络资源的优势,我们鼓励学生以微信交流的方式与教师和同学在课下沟通,或在班级聊天室里"会面"。师生间、生生间可以探讨学习方法、教学方式,可评点、可建议,还可以分享优质的学习资料。这种互助合作的学习方法意义不仅在于能帮助学生在交流互助中高效学习,还在于培养学生的团结互助精神、集体参与意识和社会交往能力。

在一年的口语教学实践中,通过与学生面谈、电话交谈、微信交流、问卷调查等方式,这种互动合作式教学模式得到了积极的评价。从课堂表现来看,任课教师明显感觉到学生在一年的学习中,口语水平在语言的长短和连贯性、范围和准确性、灵活性与适切性上均有显著的提高。与没有参与大学英语教改的其他普通班相比,学生在口头交际能力上及开口讲话的自信心上均有较强的表现,该教学模式已逐渐通过各方面体现出价值。

第三节　大学英语阅读教学实践

一、阅读教学的内容

大学英语阅读教学应帮助学生提高阅读能力,使学生能够快速、有效地获得所需知识、信息。大学英语阅读教学的内容主要是对学生阅读技巧的培养,主要涉及以下方面。

(一)词义猜测技巧教学

词汇障碍是我国学生进行英语阅读的一大障碍。词汇障碍一方面是指词汇量不足,另一方面还涉及学生对生词的心理障碍以及缺乏词汇处理技巧等。传统的阅读教学存在一个弊端:教师往往在学生阅读文章之前就将新单词逐一呈现给学生,这样在阅读过程中学生也就不需要猜测新词的词义了。长此以往,词义猜测的技巧便被师生忽视了。因此在英语阅读教学中,教师要适当地呈现新单词,教会学生必要的词义猜测技巧。

词义猜测是根据上下文、语境以及我们对词汇结构的认识等线索来推断词义的。以下介绍几种常见的猜测词义的方法。

1. 利用构词法猜测词义

从构词法的角度来说,单词可以由三部分组成:前缀+词干+后缀。其中,词干决定单词的基本词义,在基本词义基础上,单词加上前缀可以进一步衍生出不同词义的单词,而后缀通常用以表明词性。因此,在进行词义猜测时,我们可以运用构词法方面的知识,对生词加以识别、猜测。其中,最关键的是要知道词干的基本意思。

2. 利用同义词和反义词猜测词义

猜测词义的另一种常见的方法即用同义词或反义词来猜测。英语中有大量的同义词和反义词,为了避免单调乏味地表述,作者通常都会变换词汇,或者变换句式来实现表达的多样性和灵活性。因此,在英语阅读中遇到新单词时,教师可以引导学生寻找一下是否有相似或相反的表达法。需要强调的是,我们这里所说的"同义词"和"反义词"并不仅仅指单词与单词之间的对应关系,也可以指单词与词组之间、单词与从句之间的对应关系。

3. 根据定义与线索猜测词义

有些情况下，为了更好地表达思想，作者通常会在文章中对一些重要的术语、概念或词汇给出定义。因此，学生在英语阅读中遇到生词时，可以利用这些定义或具有解释性的信息来猜测词义。一般情况下，作者在给出定义时往往会用到一些线索词，如定语从句 namely、be called、be known as、be defined as、refer to、in other words、that is 等。有时作者还会使用标点符号，如逗号、冒号、破折号、括号，或使用一些特殊字体，如斜体或加粗等来给出定义线索。

4. 根据举例猜测词义

举例能把一个抽象的词变得具体化，因此，学生可以通过寻找例子中的共性猜测出生词的词义。暗示举例的指示词通常包括 for instance、for example、like、such as 等。

5. 根据阐述猜测词义

阐述与定义有相似之处，但它没有定义详细、严谨，但是阐述提供的信息足以帮助我们猜测生词的词义。阐述的部分可以是适当的词、短语或者句子。阐述与单词通常以同位关系出现。构成同位关系的两部分之间一般用逗号连接，有时也使用冒号、破折号、引号和括号。同位语前通常会有标志词出现，如 namely、similarly、or、that is to say、in other words 等。

6. 根据生活经验和常识性线索猜测词义

这种技巧是指根据句子、段落、篇章以外的其他知识来猜测词义。有时，当分析篇章的内在逻辑无法猜出词义时，学生就需要运用生活经验和普通常识来确定词义。

（二）预测技巧教学

阅读不是单向线性的被动信息传递的过程，而是一个主动获取信息的过程。在阅读过程中，学生不断地进行预测，然后经过验证与修正来证实预测准确性。在实际的阅读中，预测有利于提高学生的阅读效率和准确率，增强学生的阅读兴趣。因此，在英语阅读教学中，教师要教会学生预测的技巧。预测分为两种：一是对文章主题和体裁的预测；二是对篇章结构和段落层次的预测。

1. 对文章主题和体裁的预测

我们可以凭借文章的标题来对文章主题和体裁进行预测，因为标题通常是对一篇文章内容最核心的凝练。例如当我们阅读一篇标题为 *Four ways to Happiness* 的文章时,我们可能会预测出文章的主题是关于如何使人感到幸福的方法等,还可能会预测出文章的体裁为说明文。

2. 对篇章结构和段落层次的预测

一篇文章往往会按照一定的逻辑顺序发展。记叙文通常按照事件的发生顺序进行叙述,所以学生能够预测到篇章的安排顺序。描写文大多按照空间顺序、时间顺序等进行描写。而议论文和说明文一般由三大部分组成,即开篇、正文、结尾。对文章的篇章结构进行预测能帮助学生快速掌握文章的写作思路,确定文章的中心内容。此外,段落安排也有一定的组织方式,如定义法、分类法、例证法、因果法、归纳法、演绎法、比较与对比法,以及按照空间、时间、过程等顺序展开。抓住了段落组织方式,学生就能较容易地抓住段落中心内容和逻辑。

(三)略读技巧教学

略读是指通过快速浏览阅读的方式来抓住文章的中心思想或主要内容。因此在英语阅读中,学生不需要细读全文,要有选择性地跳过次要部分,集中阅读有助于把握文章主题的关键信息。略读对学生的阅读速度要求较高,通常要达到一般阅读速度的两倍左右;然而,略读对阅读精度要求较低,学生只需对全文有一个大概的理解。在英语阅读教学中,教师要有意识地训练学生的阅读速度,细致地、有针对性地指导学生进行略读。教师一般采用关注文章的首段和末段、找出文章的主题句和关键句、选出文章标题等练习活动来培养学生的略读技巧。

(四)寻读技巧教学

寻读是指在阅读过程中忽略次要的或不相关的内容,其目的是在阅读材料中查找出特定细节信息或事实。与略读不同,寻读是一种选择性的阅读,其阅读的重点在于寻找具体信息,而不在于对全文的理解。寻读有利于提高学生的阅读速度和准确度,有助于增强学生定位信息的能力。因此,教师一定要注意在英语阅读教学中训练学生的寻读技巧。

作为一种阅读技巧,寻读的基本步骤如下。

(1)在寻读开始之前,确定所要寻找的具体信息。换句话说,学生需要带着问题进行寻读。这就要求学生查找并确定文章内容的关键词或主题词,利用文中有关暗示或线索,以最快的速度寻找需要的某个具体细节。

(2)在确定寻找内容之后,确定信息可能出现的形式。比如,学生要想知道某个时间，他就需要集中注意力寻找各种时间的表达形式，如日期、年份等；学生要想寻找书名、报刊名，就需要重点关注斜体字；如果学生需要寻找的是有关一个人的职业的具体信息，就应该留意诸如 work、employment、occupation 等此类同义关键词。

(3)在文中迅速移动视线，定位关键词。找到关键词之后学生可以降慢速度，仔细阅读关键词周边的信息，直到找到所需的具体信息，整个寻读过程结束。

在寻读教学活动中，教师应该注意以下几点。

第一，寻读的目标信息一般为具体信息，因此教师在设计寻读练习时，要避免太过概括性的问题而应针对具体信息设计具体的问题。

第二，寻读活动开始前，教师要让学生清楚地了解任务要求、寻读时间限制。等到全班至少 2/3 的学生完成任务时再结束寻读。

(五)推理技巧教学

推理是指解读文章字里行间的意思。它是学生从低级阅读发展到高级阅读必须具备的一项阅读技能。推理是一种高度积极主动的创造性行为，是学生根据已有信息、知识和经验对阅读材料中的信息进行再处理的过程。在英语阅读教学中，教师一定要注意培养学生的推理技巧，提高学生阅读的质量和效率，保证阅读教学的顺利开展。具体而言，教师要从以下方面着手。

(1)推测作者的观点。作者的观点通常带有明显的个人色彩，受到其自身个性、价值观等多种因素的影响，因此教师要教会学生从文章背景以及文中提供的线索来进行推理，找出作者的观点。

(2)推测作者的态度。作者往往会通过在叙述中变化语气来表达对叙述对象的情感；通过变化写作风格来表达对事物的态度，如客观、主观、赞赏、讽刺等。因而，教师还要教会学生从作者的语气和写作风格中来推测作者的态度。

(3)推测词语的隐含意义。在不同的语境中，作者会赋予一个词不同的或者隐含的意义。因此，教师在阅读教学中要教会学生根据具体的语境推测词语的隐含意义。

(4)推测作者的意图。一般情况下，作者不会在文章中直接表明自己的写作意图，学生只能依据作者提供的信息进行推测。因此，教会学生推测作者的写作意图也是英语阅读教学的一个主要内容。

(5)推测作者没有表明的结论。

(6)教会学生识别主题思想和论据。主题思想是作者自始至终要说明的问题,也是文章中要表达的核心内容。抓住一篇文章的主题思想,是学生概括、归纳和总结事物能力的体现。而论据则是对主题思想的解释说明或理论支撑。为了提高阅读质量和阅读效率,在阅读过程中,学生要有意识地识别文章的主题思想和论据。教师一定要注意培养学生的这一阅读技能。

(7)教会学生识别指代关系。指代现象是英语篇章结构的一个显著特征,具有衔接上下文、避免重复等功能。文章中常用指示代词 this、that、it 等词来实现上下文的衔接,指示词本身不能表示确定的意义,它们的释义必须依赖于它们所指代的对象。指代通常有两种情况:前指和后指。前指是指代前文已经提到的事物或事件,所以我们需要从前文中找到指代;后指则是指代下文将要提到的事物或事件,因此要从后文中找到指代。学生如果不能正确地判断指代对象,对文章的理解就会出现偏差,造成阅读障碍。因此,在英语阅读教学中,教师要教会学生识别指代关系,这样学生才能更好地理解文章。

二、阅读教学的原则

(一)真实性原则

真实性原则包括两个方面:阅读材料的真实性和阅读目的的真实性。

阅读材料的真实性是指教师所选择的阅读材料最好是学生喜闻乐见或与学生的日常生活相关的文本材料,材料所使用的语言应符合学生的语言水平。不同的阅读材料可以用来训练学生不同的阅读技能,从而提高学生的综合阅读技能。

阅读目的的真实性是指教师根据教学目的选择合适的教学方法,设计合适的、有针对性的阅读教学活动。这是因为人们的阅读活动通常具有一定的目的性,一般为获取信息、验证已有知识、了解作者思想和写作风格等。目的不同,教学的方式方法也应有所不同。需要注意的是,不管出于何种阅读目的,都不应忽视学生的实际学习需求,这样才能充分调动学生的学习积极性。

(二)激发兴趣原则

兴趣是最好的老师,强烈的学习兴趣往往能够驱动学生更加积极主动地学习。对英语阅读教学来说,兴趣因素在很大程度上决定了阅读教学的成败。尤其是对大学生而言，课堂时间毕竟是有限的，只有出于兴趣，学生才会在课外主动地去阅读。因此，教师在阅读教学过程中一定要时刻注意激发学生的阅读兴趣，保持学生对阅读教学的新鲜感。例如，教师可以适当变化课堂教学内容、教学形式及教学手段，避免枯燥单一的教学活动，从而使学生乐于阅读。

（三）因材施教原则

学生是学习的主体，然而学生与学生之间无论是在个性上还是在语言水平上，都不可避免地存在一些差异，因此学生的阅读能力就会有所不同。对此，教师必须遵循因材施教的原则，选择合适的教学方法，满足不同水平或层次的学生的特殊需求，使每个学生的阅读技能都能得到提升。对于阅读能力较差的学生，教师应选择较容易的阅读材料，设计较简单的问题，学生顺利完成这些问题后可以重树信心，看到自己的进步之后就会以更大的热情投入学习中。学生有了一定的积累以后，教师可适当加深难度，逐步提高，使学生的阅读能力再上一个台阶。教师还应注意学生的学习反馈，及时调整教学活动。对于阅读能力较强的学生，教师可推荐一些世界名著、有名的期刊报纸等阅读材料，同时布置一些富有挑战性的任务，在增长见识的同时挑战新的高度，从而达到更高的阅读水平。

（四）多样性原则

多样性原则包括两个方面：形式的多样性和内容的多样性。形式的多样性要求阅读材料不能局限于一种体裁，而应经常变换，使学生熟悉各种体裁的行文特点，培养与之对应的阅读技巧；内容的多样性要求阅读材料不能局限于一类主题，而应经常变换题材，增加阅读的新鲜感，开阔视野，使学生足以应对各种题材的文章。

三、阅读教学的方法

（一）阶段式教学法

阅读教学可以分为阅读前、阅读中和阅读后三个阶段，教师在阅读教学中可以在阅读的不同阶段实施不同的教学方法。

1. 阅读前的方法

（1）扫除障碍。词汇是影响学生阅读的最主要因素，教师在阅读教学中可以利用不同的方法帮助学生扫除障碍。在教学过程中，教师应采用对话、故事、图片等形式,设计语境为学生导入词汇。此外,教师还可以在课前指导学生进行预习,并布置一些适当的预习题,这样不仅能培养学生学习的积极性,还能帮助学生明确预习目标,做到有的放矢,并能为课堂教学的顺利进行做好心理准备和知识准备。

(2)逐层扩展。词汇是阅读的基础,词汇依据一定的法则能组成句子,句子根据一定的连接关系又能组成不同的段落,相关段落的连接就构成了一篇文章。英语阅读同样需要语法知识来作为支撑,因此在阅读教学中也要进行语法教学。在学习新的语法知识时,教师可通过复习旧的语法知识引出新的,从而实现知识的再现和滚动,增强学生的记忆,巩固学生的知识。

(3)预测情节。预测阅读内容的情节对阅读的顺利完成具有很大的促进作用。因此,教师可以在课前让学生根据题目或关键词,大胆地想象、预测故事的情节,从而激发学生的积极性,引发学生对阅读的兴趣。对文章的情节进行预测不仅可以巩固学生对已有知识的掌握,还可以培养学生的逻辑推理能力,为学生准确把握文章的主旨提供有力帮助。

(4)激活背景。语言是文化的载体,语言也是文化的一种具体表现形式,英语学习不仅包括对英语知识的学习,而且包括对英语国家文化的学习。学习一种语言的过程是学习另一种文化的过程。因此,在英语教学中教师应该为学生提供一定的英语国家的文化知识,使学生对英语国家的社会文化以及思维模式有一定了解。

2. 阅读中的方法

(1)略读。略读是指一种选择性阅读。略读的目的是快速了解文章的大意。略读主要包括对文章的主题、标题、黑体或画线部分、关联词、每段中的首句和尾句以及文章的首段和尾段内容的了解。例如:

Read the opening and ending paragraphs of the text and find the main idea of it.

Although we may not realize it, when we talk with others we make ourselves understood not just by words. We send messages to the people around us also by our expressions and body movements. A smile and handshake show welcome. Waving one´s hand is to say" Goodbye". Nodding the head means agreement, while shaking it means disagreement. These gestures are accepted both by Chinese and English speakers as having the same meanings.

When one uses a foreign language, it is important to know the meanings of gestures and movements in the foreign country. Using body language in a correct way will help communicate with people and make the stay in a foreign country easy and comfortable.

从阅读材料中可以看出文章的主旨在首段和尾段,仔细阅读首、尾段,就能明白文章的基本大意,即"人们在交流时除了使用口头语言,还使用体态语,同时在与外国人交流时,应注意各国习惯体态语的不同"。在略读此文章时,对细节问题可以不做深入分析。

Read the title and the topic sentences of each paragraph and find out the main ideas of the text.

Life in the future

Throughout the world, computers will he used more and more in the future. In their personal lives, people will also use computers more and more.

The possibility that the majority of the labor force will work at home is often discussed.

Computers will be used more and more in transport. Space travel will become much cheaper.

In the fields of education, health and research, computers will continue to play an important part.

因为每一段的主题句构成了文章的脉络,结构清晰明了,所以只要阅读每一段的主题句,文章的主旨大意就清晰明了。

Read some of the key words taken from the text and find out the main ideas of the text.

Charlie Chaplin, funniest actor, acted in 13 films 69 other films, developed his own manner of acting, directed and acted in world—famous, earliest films were silent, popular today, his contributions to the film industry.

关键字可以反映谈论的话题,通过上述关键字就可以理解 Charlie Chaplin 的内容。

(2)跳读。跳读的方法适合阅读目的比较明确的文章,如问题是关于时间的,学生就可以采用跳读的方法,对有关时间的内容进行阅读和了解,对于其他信息则可以不考虑。

跳读不仅可以帮助学生快速地进行语言信息的比较、筛选,还可以提高学生的语言敏感度以及对于重要信息的捕捉能力。因此,教师在阅读教学中应该有意识地培养学生的跳读意识和跳读能力。例如:

China could save 10 million tons of grain a year if more attention were paid to the control of crop killer insects, a senior agricultural scientist said. He also warned that plant diseases and migratory locusts, which had been controlled for years, are spreading again.

He said China loses 15 million tons of grain a year as a result of damage done by plant diseases and insects. But if crops were better protected at least 10 million tons of the lost grain could be saved. He calls for setting up a national consultative office in charge of biological control. Biological control is now used on slightly more than 10 percent of farmland of the country.

① What make China lose a large number of tons of grain every year?

A. Crop killer insects.

B. Any kinds of insects.

C. Asian migratory locusts.

D. Plant diseases and insects.

② What is the scientist´s warning?

A. China loses 1. 5 million tons of grain a year.

B. Crops should be better protected.

C. There are more and more plant diseases and insects.

D. Locusts are out of control.

根据跳读的方法可以得出问题①、问题②的正确答案都为 D。

(3)主题句意识。文章的主题句是文章理解的关键,而英语文章中主题句的位置相对固定。分为三种情况。

①主题句在段首。英语的表达习惯一般是先给出观点和想法,然后对观点进行具体阐述。因此,主题句一般位于段首。例如:

In a number of ways, community college is making it easier for older students to attend college. For example, the college now offers courses on Saturdays. Classes on those days appeal to those students who, because of work or family responsibilities, cannot enroll in courses during the week. In addition, many departments in the college have begun to offer credits for life experience, so students with the work needing to travel outside their cities or their countries can complete their degrees mare quickly. Finally, the president of this college has announced that the students would attend classes if they had a pleasant and safe place to leave their children.

通过阅读可以看出,段首的第一句话"In a number of ways, community college is making it easier for older students to attend college"就是文章的主题句。

②主题句在段尾。英语中的主题句也会位于段尾,文章的开头部分是作者对细节问题的描写,并逐层根据细节概括出文章的主题。

主题句位于段尾时,常和一些表示总结或概括的词连用,如 in a word、in short、it is clear that、generally speaking、shortly speaking、thus、therefore、in conclusion、for this reason 等。例如:

We now have, as a result of modem of communication, hundreds of words flung at us daily. We are constantly being talked at by teachers, preachers, salesmen, public officials, and motion—picture sound tracks. The cries of advertisers pursue us into our very homes, thanks to the radio, and in some houses the radio is never turned off from morning to night. Daily the newsboy brings us, in large cities, from thirty to fifty enormous pages of print, and almost three times that amount on Sunday. We go out and get more words at bookstores and libraries. Words fill our lives.

通过阅读可以发现,文章的最后一句"Words fill our lives"是文章的主题句。

③主题句暗含在段落中。主题句有时也会位于段落的中间,此时段首的句子是对主题的铺垫,而主题句之后的句子则是对主题的进一步阐述。例如:

A port is a place where ships stay when they are not sailing. Ships usually load or unload at a port. So a spaceport is a place where "spaceships" stay when they are not flying. It has special buildings where the spaceships are kept, it also has supplies needed for space travel.

本文段中,段落的第一句 A port is a place where ships stay when they are not sailing(港口是船不航行时停留的地方)并非主题句,而是为主题句做铺垫的,主题句为 So a spaceport is a place where spaceships stay when they are not flying(宇

航港是宇宙飞船不飞行时停留的地方),可见主题句前面的句子是为了引出主题句。

3. 阅读后的方法

在英语阅读教学中,阅读后的阶段也是一个重要环节。很多教师在阅读完成后认为阅读教学已经结束,对阅读后的教学缺乏足够的重视。实质上,阅读后的环节是对知识的巩固,教师应尽量开展一些活动以充分发挥学生的创造力和想象力。

(1)复述。复述是对阅读内容的一种回顾,复述的前提是学生对阅读材料已经有一个大致的了解且没有生词障碍。在这一前提下,教师可以让学生根据图片和关键词对阅读材料的大致内容进行复述。复述不仅可以体现学生对阅读材料的理解程度,也可以提高学生的口语能力。

(2)填空。教师在阅读后可以写出文章的大体内容,留出细节部分让学生补充。学生在补充内容时,既可以巩固阅读的内容,又可以提高自己的语言组织能力。学生在补充内容时应尽量使用不同的词和短语进行表达,进而有效提高自己的知识运用能力。

(二)游戏教学法

游戏教学法是指在阅读教学中开展一些有趣的活动来激发学生的阅读兴趣。

1. 图片故事

该方法是利用学生对事件的预测来激发其阅读兴趣。教师可以根据故事情节的发展制作一些卡片,这些卡片是对事件的整体描述。将学生分为 4 人小组,教师先向学生展示第一幅图片,学生根据图片的内容对接下来即将发生的事情进行预测;教师再展示第二张图片,学生根据图片的内容对自己的预测进行修正,循环往复,直至图片展示完毕;最后教师引导学生进行文字材料的阅读,对比文字材料与图片的差别。

2. 学习日志

学习日志有助于提高学生的文章结构意识,对段落、文章等形成整体的构架。教师可以让学生将一张纸对折撕开,在阅读时先将主要内容写在左边一半的纸上,自己对这些内容的理解写在另一半纸上,然后让同伴或全班同学对所写内容进行讨论。

四、阅读教学实践

传统英语阅读教学课堂往往以教师集中灌输讲解为主，重点在于词汇辨析、语法分析、释义长难句等表层语言结构。因此，学生对语篇的整体感知能力和对语义的深层理解能力愈加弱化。将语篇分析引入大学英语阅读教学，可以使学生从以单一词汇为主的低阶阅读，提升至以短语和句子甚至完整篇章为主的高阶阅读，真正提升学生的思维能力和阅读理解能力。

阅读是语言应用和各级各类英语考试的重要组成部分，也是我国大学英语教学的重要内容之一。传统的大学英语阅读教学，很多教师常以培养学生快速阅读能力，精讲词汇、难句和语法为主，忽视课篇布局、遣词造句和写作手法等深层语义关系，使得学生虽能够理解几个难句意思或者段落大意，却缺乏对篇章整体要义的理解，这就导致学生的语言应用能力难以提升，达不到大学英语教学的目的。因此，本节旨在大学英语阅读教学中实践语篇分析理论，从而对传统英语阅读教学法作出一定的补充完善，真正帮助学生提升语言能力和阅读理解能力。

（一）语篇分析简介

语篇通常指的是一系列连续的话段或句子构成的语言整体，语篇无论以何种形式出现，都必须合乎语法，并且语义连贯，语篇分析的目的在于解释人们如何构造和理解各种连贯的语篇。

（二）语篇分析在英语教学中的实践

1. 培养学生良好的阅读习惯，使其提升整体阅读能力

语篇教学是围绕语篇的中心思想，一方面分析语法和解释词汇，另一方面结合文章结构来讲解作者遣词造句的特点，帮助学生理解、巩固、消化和运用所学材料。因此，教师应引导学生改变传统阅读习惯，逐步养成学生的整体语篇思维，而非片面单一地纠结在语法和词汇上。

教师应着重强调预习课文的重要性，使学生对篇章大意、结构、修辞手法等有初步了解，为课堂进行语篇教学打下基础。在课堂教学过程中，以段落为基本单位，引导学生找出或总结每一段落的主题句；教师也可以布置事实性问题、推断性问题或启发性问题，帮助学生发掘文章的中心思想，提升整体阅读能力。

2. 重视语篇的情景语境和文化知识介绍

语篇是一组语言，它既非小句或句子之类的语法单位，也不受长短的限制；任何一段具体的语言，只要它在某种情景语境下可以作为一个统一体起作用，就能构成一个语篇。所以，要分析语篇首先必须了解语篇的情景语境和文化背景。

情景语境不仅包括现场语境中谈话的话题、发生的事件、参与者、交际媒介和渠道等，还包括由社会文化背景决定的行为准则、道德观念等。因此，在语篇教学中，在速读环节应当引导学生去了解语篇产生时的情景语境，如时间、地点、人物、方式、当时情况、事件性质等。

要达到对语篇的真正理解还要联系最高层次的语境，即历史文化语境。为了丰富学生的认知，教师应当给予学生多种多样的阅读材料，包括人物传记、天文地理、历史政治、文化科教等方面，对此，缺乏必要的文化背景知识会影响英语阅读理解。因此在导入部分，教师可通过多媒体等不同形式，介绍相关背景知识，如作者生平、时代背景、所涉历史事件等。教师应尽力帮助学生了解文章的文化背景知识，协助学生全面领会文章和作者的立场倾向，才能深层次地理解文章。

3. 分析归纳衔接与连贯手段

语篇应该被视作一个语义单位，它表达的是意义而不是形式。语篇中的句子和语段之间在逻辑上相互连贯，表达完整的意义。语篇的衔接手段系统分成五大类：指称、替代、省略、连接及词汇衔接。

衔接手段是语篇的连接纽带，指语篇结构中连句成段、连段成篇的句法手段和词法手段。在阅读教学中，教师应教授学生如何分析出语篇中的衔接手段，如替代、省略、前后照应、同义词、代词、连接词等，帮助学生掌握分析衔接的方法，进而找出连接内容之间的具体语义关系。

连贯是指语言深层结构中语义上的逻辑连贯。分析语篇连贯除了要采用上述衔接手段，还应与上下文语义联系及语境作用、修辞手法、学生已有认知图式等相结合，有时还需要引导学生发挥联想和想象能力，才能理解篇章的意义。

在英语阅读教学中，教师需要培养学生识别衔接手段和语篇连贯，熟悉篇章的起承转合方式和语境作用，通过对篇章的表层和深层结构分析，实际上锻炼了学生的剖析文章结构的能力。另外,引导学生对衔接与连贯手段进行分析,有助于其了解和掌握各种常见类型文章的结构特点。

4. 注重分析语篇的体裁结构

根据语篇的话语结构、话语基调和话语方式以及思想意识形态的不同,语篇体现为不同体裁或语类。不同类型的语篇有不同的结构模式,注重分析语篇的主要特点和结构层次,让学生了解不同的体裁,采用相应的分析手段,欣赏作者的写作修辞手法,从积累阅读延伸至提升写作技巧。

记叙文以事件的时间、地点、人物关系、事件发展顺序为线索,教学时要划分段落大意和归纳中心思想,要求学生找出事件主线,从事件本身的发展逻辑去理解故事情节,而不是单一关注事件在篇章中出现的先后位置。同时注意环境描写和人物心理描写等,深入理解其暗示的含义。说明文是作者为了说明事物的特征的文章题材,通常结构较规范,主题句一般在段落第一句。正文按照递进、总—分等结构安排,学生掌握规律后,就容易确定文章主题。议论文应引导学生抓住作者的论点、论据、结论,厘清论证过程和篇章的总体结构,分析作者论证的逻辑条理是否可靠严密。科普文注意分析长难句、多义词、段落结构,教师还应该向学生介绍主题相关的语境知识,激发学生的学习兴趣。

在大学英语阅读课堂上实践语篇分析理论,能够很好地完善传统英语阅读教学方式,不仅能促使教师更新教学思想和提升教学能力,而且能使学生融入语境中,掌握语篇的整体结构,真正提升阅读理解能力、分析能力和语言运用能力。

第四节　大学英语写作教学实践

一、大学英语写作教学中的体验式混合教学模式

英语写作教学作为大学英语教学的重要组成部分,一直以来都是教学研究关注的焦点,也是学习者二语习得的难点。与此同时,在大学英语教学中,写作并没有被单独地提列为一门基础必修课程,而是更多地依存于综合英语课堂,与阅读长期共生互惠。而狭义的课堂教学构建的是一种教师主导学生接受并完成

课后作业而后反馈批改的链式模式,英文写作教学更是被传统的教学法排挤至课后一篇习作与课下教师批改的单向互联模式。然而教师繁重的批改任务并不能实现多次高质量的反馈,学生也不尽能从这样的教学模式中获得更多亲身体验和强化认知过程,偶会徒生挫败感。但随着现代网络应用于大学英语教学的普及,网络与2.0模式、微课与翻转课堂的流行皆说明借助网络的学习体验越来越多,慕课也逐渐成为代替广播电视的大众免费学习平台。另外,一部分自媒体的发展,如利用微信等创建公众号等,都成为学习者新的媒介和平台。这在现实意义上更加说明,课堂本体没有固有的表象,所以改变并加以应用常规的教学课堂恰恰是基于课堂本质而言,有学无教的课堂可以存在,注重学习者体验的多媒体网络学习模式更应与传统的课堂教学相结合,构建探索大学英语写作教学新模式,以此更加注重学习体验,让学习者亲身体验学习的每一个过程。

(一)大学英语体验式写作混合教学模式的理论基础

大学英语体验式写作教学是基于体验式学习的基本内涵提出的。行为主义学习理论认为在学习过程中,学习是反映和刺激的连接,所有行为都是习得的,不强调任何的个人意识和主观经验;认知学习理论强调认知大过于效果;与之对比,经验在体验式学习理论(ELT)中具有中心作用,这也与美国实用主义哲学家约翰·杜威(John Dewey)的"做中学"和建构主义思想所倡导的"情境性教学"一脉相承。体验学习以学生的"经验生长"为中心,以学生的潜能为动力,把学习与学生的兴趣和愿望结合起来。

学习者的学习是由四个适应性的阶段所构成的循环结构,分别为具体经验、反思观察、抽象思维和积极实验,体验式学习模式引领学习者通过获取"直接"或者"间接"经验,掌握具体经验的学习者将这些"知识碎片"进行整理、归纳,通过反思性的活动加工信息,随后通过抽象思维提炼理论知识,了解抽象概念。大部分知识的获取源于对经验的升华和理论化。所以,这一阶段的工作成果是最为重要的,学习者学会分析,获取抽象思维的方法,最后刺激学习者将所习得的知识应用于实践,那么学习者的观察反思也就转化为实在的行为,同时,在实践中学习的如遇到新的疑惑,就会展开新一轮的体验性学习。

(二)大学英语体验式写作混合教学模式设计

它依据体验性教学的学习模式——学习圈理论,注重经验的获得,并且强调语言知识的运用。笔者以本校非英语专业学生为研究对象,基于"体验英语写作教学资源平台”提出将大学英语传统写作课堂与体验式写作学习模式相结合来构建大学英语体验式写作混合教学模式。

1. 具体体验——预写体验

利用数字化的网络写作平台,具体体验过程注重学生的参与性与实践性,教师主讲的授课模式逐步将主导权利赋予学生,学生是学习的中心。在体验式写作课程之初,学生将熟悉所写主题的语篇素材,利用网络观看视频材料,了解相关概念,进行写作之初的头脑风暴,从而进行预写活动。预写帮助学生积累经验,审视自我词、句和语篇等方面的优缺点,从而体味写作过程的酸甜苦辣。

2. 反思观察——互动讨论

在反思观察阶段,教师利用传统模式教学方式分享阅读材料,提出问题,激发学生对于问题的思考,利用范文材料进行指导讲义,引导学生进行课堂讨论,将体验式的自主学习引导到课堂中。在这一环节中,教师不再是居高临下的评判者,而是与学生作者一起参与到写作各项活动中,是学生讨论、同伴互评、即时反馈、习作修改等活动的组织者、指导者、支持者,从而启发学生对于预写草稿的反思,激励与他人进行互动讨论的热情。在写作平台的辅助下,学生不仅能够读到同伴的习作,增强读者意识,还能获得同伴的即时反馈,促进写作过程向前推进。写作不再是一个人的“私密化”的过程,而是与同伴即时互动、群策群力、互通有无的“参与式”过程,从而激发他们的写作欲望。

3. 抽象思维——评阅指导

更多的抽象思维活动来源于对预写文章的修改。网络平台下的体验式英语写作修改可分为三种,即学生自评、生生互评以及教师评阅。经历上一阶段交互式活动带来的反思观察,学生交换习作在小组内进行讨论修改,修改方式采用“三级评议模式”,评阅者可以分别从局部修改、文中批注、文末评价与建议三方面对学生习作给予中肯的意见和建设性的建议。第一步的抽象思维来源于生生互评,学生在批改其他伙伴的习作时,逐步构建该类语篇的主题思想、逻辑结构、衔接连贯,用以构成简单的写作框架,为下一步的积极实验做准备。这一阶段教师的主导作用在于指导学生了解不同语篇的不同社会交际功能,利用范文材料进行指导讲解,明确行文规范以及语言特点,指导学生不同文体的写作原则和写作技巧。积极的评语鼓励能够增强学生的写作信心,丰富学生愉悦的写作体验,应注重学生的内心认知感受。

4. 积极实验——终稿形成

在小组内评阅后，学生对预写文章进行自我评析，独立修改，然后通过课后练习，进一步进行写作练习，巩固语篇衔接性与连贯性，保证切题和合理的推进模式，最后由教师提交评语。自评过程中，学习者有个人特色的常见错误容易被忽视，可参考过程写作评议对照表选取多次异步进行自我评议。另外，写作平台的自动生成评语功能大大减少了教师的工作量，从而提高反馈的充分性与及时性。终稿的形成过程将链式的过程写作循环往复，这就意味着，完成令人满意的终稿之前随时可以回到具体体验阶段。

作为体验式学习的混合模式，体验英语写作教学资源平台可以给学生提供新鲜、及时、有趣的信息，学生结合自身体验缩短新知识和原有知识结构之间的距离。而交换式的在线学习和课后作业，使师生交流体验和生生交流体验都可以达到最大化，从而提高课堂教学的效率。当然，教师在做出评价的时候，需要注重人文层面，兼顾过程性收获和结果性收获。

（三）大学英语体验式写作混合教学模式的效果初评以及理性思考

1. 效果初评

良好的教学效果虽然基于体验写作教学资源平台与网络学习，但也不难发现，通过对比视觉班级的前后测成绩，后测平均成绩较前测有所提高，这就更说明混合了传统教学模式与基于网络平台体验式英语写作模式的交互式模式更有利于学生习作水平的提高，对于大学英语体验式写作混合教学模式的研究，理应关注更多的传统教学中固有机制以及不变的因素，关注如何建立好大学英语体验式写作混合教学模式，使其更适应学生的学习特点。

2. 理性思考

（1）关注师生角色的转变。在新模式下，教师在学习者学习的过程中，更多的作用是指导、创设情境以及提供情感体验的机会。有效的外语学习者应该是积极主动的，而且是全身心地投入学习。在体验式习作中，学生得到更多机会自主选用语言资料，查找参考并完成一篇习作，继而通过多重评议模式，一遍一遍审视自我改变和语言习惯的积累。教师的角色与教练、管理员和审计员相似，给予指导性建议，提出改正纠错并且总体评议。学习者应积极地参与到语言使用中，提倡自主学习。普通高校学生对于英语学习普遍存在学习焦虑，对写作有畏难情绪，难以建立良好的学习循环。大学英语体验式写作混合教学模式的积极意图在于改变学生对习作的排斥,给予大部分学生习作的信心,并且尊重了学生的学习创造性,保护了他们的自尊心,有助于提高学习者的内部动机。

(2)关注多重感官的学习目标。在大学英语体验式写作混合教学中,多重感官的学习目标适应不同类型的学习者和不同的学习内容,这种新型的学习模式较之前存在优势——以学习者为中心。任何恰当的时间都能成为教学的“课堂”,与此同时,也没有牺牲传统教学中最重要的交互关系——教师与学生。在预写的具体体验阶段,学生通过选择不同的媒体熟悉题材,也能帮助个体了解自己的优势与缺点。而后,我们发现一部分学习者从阅读参考材料和分析数据中获得知识结构,一部分从视频材料中更好地了解写作主题,当然部分学习者是从反思观察小组讨论中获益最大,仍旧有一部分学生喜欢教师讲授的学习方式,从中得到的指导越多,学习成绩越高。大学英语体验式写作混合教学模式关注多重感官的学习目标,整合多样化媒介,表达不同的学习意义。

(3)关注体验的学习方式。体验式学习理论认为学习者通过体验外部世界和自身经验互动,从而获得知识,并通过对知识的验证获得新经验。网上链接的学习资源以及写作平台的使用能更好地提升学习者在四个阶段的学习体验。第一阶段,通过具体活动获得初步体验;第二阶段,思考交流开展对体验对象的描述讨论;第三阶段,将所获得的初步经验和储存经验整合加工,获得结论和抽象概念;第四阶段,将所得运用于新的一轮体验学习。表面上看,传统的基于课堂的成果链式写作教学模式没有体验可言,但实际上教师的经验正是传统模式的优势,教师也是所有学习经历的核心。教师既在教学中起到指导的作用又表现为富有责任心的主体,负责提供合作文本,这样学生才能参与到相关主题的学习中并且拥有交互体验式学习经历。

影响体验学习的因素有四个来源。

第一,学生们对他们的学习最关键事件的描述。

第二,描述学生学习旅途中高低起伏的学习日志。

第三,研究人员编纂的有关学生学习体验的文献。

第四,教师们对自己做学生时体验的回忆。据此,在混合模式下,教师有必要传授自身的经验,了解学生对自己体验的反馈。传统的写作课堂更有必要整合成新的模式,即教师传授个人经验与指导学生自主学习写作的教学模式。

对于大学英语写作教学来说,大学英语体验式写作混合教学模式革新了传统的写作链式教学模式,能帮助教师和学生创设立体化的学习空间,提升学习者的写作自信心,增添学习趣味,也对教学硬件提出更高的要求。另外这种模式着重“体验”的特性对学习者自觉程度要求很高,也对教师个人的工作量和知识水平有所要求,只有双方共同贯彻才能达到良好效果。

二、基于交际能力迁移的大学英语写作教学模式构建

在英语教学过程中,适宜的英语教学模式起到了至关重要的作用。适宜的英语教学模式能极大地促进大学生英语成绩的提高。英语写作水平在很大程度上体现了英语学习者的综合运用能力。研究表明,在英语教学过程中,英语写作与英语口语能力和英语词汇量有着密不可分的联系。大学英语写作充分体现了学生对于英语词汇的运用能力与词汇的丰富度。熟练的口语交际将大大地提高大学生英语写作能力,这为大学英语写作模式的构建提供了新的思路。因此,在课堂教学中,教师可以充分利用英语写作与英语口语的正迁移关系,结合词汇积累,进而提高学生英语写作能力。

(一)大学英语写作教学模式的发展与研究概况

英语写作是大学英语学习的重要组成部分之一。在英语教学中的地位已日益彰显。起初,大学英语写作教学相对于其他方面英语教学模式而言较薄弱,学生英语写作能力与成绩的提升收效甚微。在传统英语教学中,大部分大学英语教师更倾向于以教师传授为主,而非培养学生本身的英语能力。随着对于英语写作教学模式的探索,课堂上的英语写作教学形式也变得丰富多彩。英语教师逐渐认识到英语中听、说、读、写之间的内在紧密联系,不断有英语学习研究者探寻这四者之间的迁移作用。

1. 交际能力与迁移理论的概念分析

(1)交际能力。在定义交际能力之前,必须提及美国哲学家乔姆斯基(Avram Noam Chomsky)的“能力”和“表达”。乔姆斯基将能力与表达引入现代语言学中,引起了学界的强烈反应。乔姆斯基所定义的能力其实指语言中的内在语法,即在理想的语言状态下说话人与听话人对于语言的运用,而表达指在特定的语言社团中说话人与听话人对于语言的实际的操作与运用。

在乔姆斯基的“语言能力”的基础上,海姆斯提出了“交际能力”理论来完善乔姆斯基能力理论的缺陷。海姆斯认为一个具有交际能力的人,他不仅掌握了

语言本身的知识体系,同时也掌握了在不同语言环境下运用语言的规则,即语言能力和社会语言能力。

(2)交际能力在外语教学中的作用。首先,交际能力理论打破了传统的外语教学模式。交际能力理论的运用,明确了教师的引导地位,促进了学生的应用能力,同时也巩固了现有的知识体系。其次,在外语教学中,教师将英语教学紧密地与外语文化背景相结合。最后,交际能力理论的运用强调了语篇、语言环境、言语意图以及策略性教学的重要性。运用交际能力,不仅加深了大学生对于英语语言系统学习,同时也提升了学生的英语实际操作能力。这对于大学英语教师的课堂设计与课堂活动具有极大的参考价值。

2. 迁移理论

(1)迁移与语言迁移。“迁移”在心理学中,指的是一种学习对另一种学习的影响,指已经获得的知识、技能,甚至方法和态度对学习新知识、新技能的影响。就像在二语学习中,听力的提高能对口语能力产生促进作用;口语能力的加强能对写作的能力有促进效果,即在语法、词汇和二语思维能力等方面有所促进。而语言迁移可以看作迁移的一种模式,指在学习新语言的过程中,已掌握的知识和未掌握的知识与目的语之间存在着异同,这种异同造成了不同的影响。这种影响会产生促进学习的作用和阻碍学习的作用,即正迁移和负迁移。

(2)对比分析。随着语言迁移的发展,语言学习者在语言层面的各个方面运用着迁移理念。而在语言运用中,常常将本族语与目的语相比较来分析两者之间的异同,进而达到更好的学习效果,这被语言学习者称为对比分析假设。在语言学习中,与本族语的语言相似性将极大地促进二语语言的学习,而相异性将干扰二语学习者。这种对比分析,能预见语言学习和教学过程中可能遇到的困难和错误。但是,本族语和目的语有时无法用对比分析来比较。因为其独特的语言特点极有可能不存在异同性。

3. 迁移理论在英语教学中的作用

就英语教学者而言,教师们常常需要考虑语言的负迁移作用。在外语教学中,大部分大学生都会受到母语的负迁移影响,从而不能学好外语。想教好英语,让学生的英语能力有所提高,英语教师必须重视语言迁移的作用。

英语教学中,由于学生缺乏学习语言的英语环境,只是单一的课堂教学。加上大学生的语言输入和输出量过少,不能达到量变促进质变的效果,大部分的大学生深受母语思维的影响，尤其在二语写作教学中。大学生惯用将汉语文章用中式英语的方式翻译过来。往往这种中式英语文章语言不通、结构松散，更有甚者是词不达意。

然而，在英语教学中，充分利用迁移理论，将极大程度上减少或者避免母语负迁移的影响，提升大学生的英语能力以及成绩。总之，在英语教学中正确运用迁移理论将有助于教师高效学习课堂的构建和大学生英语能力的提升。

（二）构建基于交际能力迁移的大学英语写作教学模式

1. 影响大学生写作能力因素

大学生英语写作能力差主要由三方面因素导致。

（1）在大学英语课堂教学的过程中，以教师为主，学生为辅。造成学生的英语输入量过大，而输出量过少，英语输入和输出间存在差距。同时，大学英语教师重视英语写作结果，不重视大学生英语能力培养。这就造成大学生英语学习效率低能，写作能力差。

（2）在中国，大学生缺乏英语学习的环境。学习英语时间少，运用英语交流少。这造成了大学生英语知识掌握不牢固以及不能正确运用英语词汇、句式等。

（3）大学生以汉语思维为主，英语思维为辅。大学生无法正确和适时地转换两种思维。并且，大学生惯用汉语思维来写英语作文，即将汉语句子翻译成英语，组成篇章。

2. 基于交际能力迁移的大学英语写作教学模式

基于大学生的英语交际能力特点，建构“说写一体”的写作教学模式，在说方面，学生反复地复述给定文章直至背诵下来；教师根据给定文章，设置话题，让学生使用文章的语句和词汇进行对话交流。在写方面，教师可设置相同的话题，并且每周安排 2~3 次写作练习。此外，教师要进行评分，并绘制成绩曲线和精品作文词汇与语句运用情况分析表。教师与学生互相反馈，讨论与修正后，学生再次进行写作练习，教师进行批改。

3. 解析交际能力迁移的大学英语写作模型与各要素间关系

（1）写作模型与“说”的关系。英语学习中，“说”是英语“听、说、读、写”四要素之一，可见其重要性。有效的“说”将促进学生对英语的掌握和运用能力。“说”是此写作模型的重要因素，只有掌握了良好的说的能力，才能达成语言正迁移。教师可根据最新教学大纲,选取合适的 100 篇英语文章,将其制成精品作文系列,按照经济、社会、人文等进行分类,便于学生查找。每周教师可从中选取 2 篇文章要求学生背诵。在课堂中,学生需根据指定文章进行:大声朗读—文章复述—分组讨论交流—指定话题对话环节。四个环节以后,学生进行反馈和互评,互相指认话题讨论过程中曾出现的错误情况,以及值得学习之处。

(2)写作模型与"写"的关系。写作模型设立的最终目的是促进学生写作能力的提升,是重中之重。而要达到此目的,不仅需要师生配合,还需要合理应用输入—输出的教学理论。学生通过锻炼"说"的能力,背诵了课文,学习了文选中重要词汇和语句,增加了英语输入量。同时反复复述能极大促进学生英语所学词汇和句法的应用能力。大量的输入必须与有效的输出相结合,才能达到"说写一体"的境界,进而提升输出的质量。在写作过程中,学生运用所背诵文章的词汇和语句的能力能有所提升,写作能力和逻辑性也能提升。

(3)写作模型与"师生"的关系。在此写作模型中,学生是主体,教师是客体。只有把握好师生的关系和主导地位,才能提高教学效率。以往的英语教学中,老师是主体,学生往往以听为主。而在当代的教学过程中,老师需要转变思路,达成"师生合作机制",学生以练习和英语应用为主,教师从旁指导并改正错误。

(4)写作模型与"反馈机制"的关系。任何的模型建立都离不开"反馈机制"的合理应用。反馈机制是写作模型的"纪检委",在"反馈机制"应用的过程中,学生能相互促进,提出问题,并找寻错误点。教师将帮助学生改正错误,并和学生间达成正面交流。同时,教师能够根据实际情况,合理运用写作模型。

(5)写作模型与"再次输入"的关系。"再次输入"是检验学生学习效果的重要步骤。在经过学生讨论、学生互评、教师修正之后,再次输入将加深学生的话题学习印象,学生能够反复推敲英语词汇和语句运用的合理性。在此过程之后,教师需要对学生文章再次进行批改,并点评。

基于交际能力迁移的大学英语"说写一体"写作教学模式的构建,充分体现了"输入—输出、说—写正迁移"的教学思想,验证了英语写作教学中"说"的重要作用。总而言之,英语并非单一学科,要想提高学生的写作能力,就需探究英语写作与"说"的关系。英语写作模型的构建,将为大学英语教学提供新的思路。

三、网络环境下大学英语写作教学模式研究

随着我国对外改革开放的深入,我国和国际上的交流日益频繁,使用英语输出的信息量也逐渐增多,我们如何向世界传播最新信息,进行有效的交流,无疑是熟练地掌握世界通用语言——英语,具备相应的英语写作能力是实现信息传播和交流“最大化”的前提条件。但是当前我国大学生英语写作能力普遍较差。

写作是大学英语教学的重要组成部分,是综合性的语言输出过程。根据我国教育部高等教育部颁布的《要求》,大学英语的教学目标是培养学生的英语综合应用能力。写作能力正是学生综合运用词法、句法、篇章知识以及思辨能力的体现。然而,提高学生英语写作能力并非易事。

(一)文献回顾

近年来,许多学者对大学英语写作问题进行研究,并取得很大进展。写长法是我国学者王初明于2000年在其教学实践的基础上总结的较符合中国英语学习者特点的写作教学方法。英语写长法以“写”为突破口,旨在通过大量写作促进学生英语实际应用能力的提高。根据“写长法”的研究成果,写长作文有助于提高学生的英语水平,并可以带动听说读能力的提高。

有学者主张在大学英语写作教学中引入过程写作法,过程写作法将写作视为一种复杂的、循环式的心理认知过程、思维创造过程和社会交互过程,注重对写作思想内容的挖掘和表达,注重学生作为写作主体的能动性,强调反复修改在写作过程中的作用。过程法把写作过程分为构思、初稿、同级互评、修改或写第2稿、教师批阅、定稿等过程。有关实证研究表明,过程写作法有助于学生能力的培养和提高,很好地促进了大学英语写作教学。

上述方法各有其局限性:写长法和过程写作法操作环节较多,所需时间较长,在进行集体讨论或同级互评时,个别学习者喜欢在一些枝节问题上纠缠不休,既偏离主题又浪费时间。因此,使用过程教学法的课堂教学不易控制。

为此有研究者提出利用计算机和网络来提高学生的写作能力,认为计算机辅助英语写作教学有两个优势:学生更容易投入写作精力,教师更容易讲解写作过程。网络技术为学生创造了真实的英语写作环境,提供了比较好的交流和互动平台,在激励求知、促进习作、提高综合交际能力方面有着不可忽视的潜力。而且网络写作过程记录完整详细,写作评估模式上可以采用电子档案袋的测评

方式来实现过程评估。

(二)多媒体网络技术运用于大学英语写作教学的必要性

1. 国内写作教学的现状

在外语学习中,写作作为一项输出技能,在英语教学中占有十分重要的地位。写作能够客观地反映学生的思维组织能力和语言表达能力,既可巩固学生已学的语言知识,又能发展他们的语言技能。从历年来的大学英语四级考试作文的成绩来看,大多数大学生写作能力偏低,作文所得的平均分数尚未达到及格标准。这表明,我国的大学生还未达到《要求》中关于"写"的能力要求,尚未真正形成初步的英语写作能力。

2. 写作教学应达到的目标

在学校教育中,不同层次的外语教学有不同写作能力要求。如《高等学校英语专业基础阶段英语教学大纲》在"写"方面要求"能根据题目,列出写作提纲,在 1 小时内写出 200~250 个词的短文""做到内容完整、条理清楚、语法基本正确、语言通顺恰当"。又如《大学英语教学大纲》规定"写"的能力为"能在半小时内写出 120~150 个词的短文,如文章摘要等,文理比较通顺"。总而言之,写作教学的根本目标是增强学生的英语写作能力,提高他们的英语写作水平。

3. 多媒体网络教学的优势

根据国内写作教学的现状,对照写作教学应达到的目标,不难发现,目前我国英语写作教学的实际与目标之间还存在着相当大的差距。鉴于多媒体网络技术在写作教学中的种种优势,我们希望通过引入多媒体网络技术,将其与英语写作教学相结合,来开辟一条提高英语写作教学效率、促进学生英语写作水平的新途径。

(1)学习资源极度丰富。写作内容匮乏是中国学生在写英语作文时面临的最大问题,而导致这一问题的根本原因就在于写作前没有充分地收集、吸收和消化各种素材。而多媒体网络技术在这方面提供了极大的便利。网上资源极其丰富,只要登录网页,通过搜索引擎,输入想查找资料的关键词,就可找到上百个相关网站,或者学生可以直接登录有关写作训练的网站,如 Online Resources for Writers 等,直接在这些网站上查找所需题材,在极短的时间内,就可以查找到大量相关文献。除了利用网络,还可选择相关内容的多媒体光盘,同样可以达到目的。

(2)学生的个体差异得到兼顾。众所周知,学习者无论在个性还是在学习方法方面都存在着个体差异。多媒体网络技术兼顾到了学生的这种个体差异。如学生可以根据自己的理解能力和学习进度选择学习内容,对自己认为薄弱的环节加强知识技巧的学习;学生可以对自己感兴趣的话题进行更深入的探讨,可以对自己喜爱的文体进行更进一步的了解和学习等。这样一来,学生不仅在各种体裁、风格、题材的写作上得到训练,而且可以在自己擅长的领域有所专攻,真正实现写作能力的增强和写作水平的提高。

(3)真正实现以学生为中心的教学。基于网络的大学英语写作教学模式的设计与实践活动,有助于教师教育观念和教学角色的转变,即从传统的"以教师为中心,单纯传授为主"向新型的"以学生为中心,培养学生自主学习能力"的转变;有助于通过因材施教,实现"立体化、网络化、个性化"的英语教学;有助于学生进行个性化学习、协作学习;有助于促进信息化教学。

(三)多媒体网络技术运用于英语写作教学的实施模式

在多媒体网络写作环境下,写作每一个过程、每一个环节的教学该如何进行,从总体上提出了一整套用多媒体网络技术实现英语写作教学的解决方案。从过程教学法的角度来看,写作教学可被划分为三个阶段——写前阶段、写作阶段和修改与重写阶段。写前阶段包括阅读、讨论和构思三个子阶段,在多媒体网络写作环境可实现:通过集体构思激发新思想;通过电子邮件讨论问题;阅读通过电子手段收集的数据等。在写作阶段,多媒体网络可以实现:利用具体的软件写出框架及草稿;快速浏览文章;教师通过信息交流平台实现对学生写作过程的监控。修改与重写阶段包括教师评改、同学评改和计算机评改。教师的评改主要集中在两个方面,一是对作文内容、结构、布局等大的方向的修改,二是对文章语法、句子、词汇等细节方面的修改。对前者的修改应该是教师评改的重点。同学评改是教师评改的一个有效的补充形式,应该引起足够的重视。计算机评改是多媒体网络写作环境的一项特别功能,利用计算机进行文档处理使对文章的修改和校对变得非常容易。避免学生反复抄写,教师最大限度地从细节性、操作性的工作中解脱出来。

网络与计算机技术为英语教学的改革提供了广阔的空间,该项研究基于多媒体网络技术设计了新的英语写作教学模式,该模式能够为学生营造一个真实的英语写作环境,提供一个比较好的交流和互动平台,促进学生个性化学习方法的形成和学生自主学习能力的发展,真正实现以学生为中心的教学理念。

随着网络的发展,人们对网络的认识日趋深刻,并将之越来越广泛地应用到工作和学习中。网络不仅为学习提供了教学资料来源,也为教学提供了新的教学手段和教学途径。这一点在语言教学中尤为重要。英语教学专家普遍认为随着网络技术的发展,英语教学也发生了根本的转变,网络多媒体技术日益成为英语教学的新手段、新方式。

随着我国经济体制改革的不断深入,尤其是我国加入世界贸易组织之后,社会对学生的外语能力提出了更高的要求。在这种形势下,深化教学改革,提高英语教学质量,改革英语教学手段,创新英语教学模式势在必行。

写作能力的培养是一个长期的过程,在学生没有自制力又缺乏教师监督的情况下,学生的写作能力很难得到提升。而缺乏练习导致学生写作能力低,影响了学生的考试成绩,进而打击学生英语写作学习的积极性,也影响了教学效果。

学生英语写作问题也可以从学生四六级考试中体现出来。英语四六级作文字数要求一般在150字左右。在平常学习中学生也对其进行了针对性训练,但是学生的写作成绩仍然普遍较低。究其原因在于词汇量和句型匮乏,不能很好地表达自己的意思。同时还存在不能准确地判断作文主题的问题。这些因素都对学生写作成绩产生了很大的影响,也体现出了学生写作能力低以及大学英语教学中存在的问题。

通过对学生进行调查,笔者发现学生在英语写作学习中主要存在以下问题:学生缺少写作的主动性和兴趣,依赖于教师的讲解和作业监督;没有自主学习的意识,缺少写作动机;教师不留作业,自己不想主动写作。而在实际的写作过程中存在问题如下:词汇量不足;没有思路,不能灵活运用所学词汇与句式;语法错误比较多,语篇连贯性不强;出现大量短句;长句子使用过程中以汉语思维来构造,不符合英语句式的使用习惯。可以看出,学生在英语写作学习和写作过程中存在很大的问题。

不止学生如此认为,通过我们对大学英语教师调查分析,可以看出教师对英语写作教育也有很多的不满。很多教师认为在写作教学中缺少写作内容和写作素材。而且由于写作没有成为一个独立的教学组成部分,导致写作时间和写作训练少。即使有写作训练,也由于教师少学生多导致教师无法给予详尽的辅导。

通过以上分析可以看出,在英语写作教学中存在很大不足,同时学生的英语写作能力和社会要求的学生应该具备的写作能力相差甚远。

《要求》对学生的书面表达能力提出了三个层次的要求。

一般要求:能完成一般性写作任务;能描述个人经历、观感、情感和发生的事件等;能写常见的应用文;能在半小时内就一般性话题或提纲写出不少于120词的短文,内容基本完整,中心思想明确,用词恰当,语义连贯;能掌握基本的写作技能。

较高要求:能摘译所学专业的英语文献资料;能借助词典翻译英语国家大众性报刊上题材熟悉的文章;英汉译速为每小时约350个英语单词,汉英译速为每小时约300个汉字;译文通顺达意,理解和语言表达错误较少;能使用适当的翻译技巧。

更高要求:能用英语撰写所学专业简短的报告和论文;能以书面形式比较自如地表达个人的观点;能在半小时内写出不少于200个单词的说明文或议论文,思想表达清楚,内容丰富,文章结构清晰,逻辑性强。

对于大多数学生而言,其英语写作能力能够达到一般要求就已经有一定困难了。所以英语教学尤其是写作教学中,我们要积极探索新的教学模式,努力提高学生的写作能力。

建构主义学习理论认为学生是学习的中心,学习动机在学生的学习过程中有着重要的作用。因此,以建构主义理论为基础的教学模式,在教学过程中重视"过程""能力""情景""学习共同体""意义建构"等因素。从建构主义理论角度来分析,可以看出网络平台给过程性写作提供了必要的取值条件,同时也为老师和学生之间的互动交流提供了便利的条件。建构主义学习理论也为网络技术和英语写作教学的结合提供了理论支撑。

网络带给教学活动最大的优势就是打破了时空限制,使得学生和老师可以方便及时地进行交流和信息反馈。网络提供的信息资源是开放的且可以共享的,这就为教学提供了丰富的教学资源。同样地,在英语写作教学中,教师可以利用网络收集丰富素材以供教学之用。教师也可以利用各种网络交流工具和学生进行及时交流,了解学生在写作过程中遇到的问题,这不仅可以提高教学质量,更可以提高学生的学习兴趣,培养学生积极的学习态度。在英语写作中利用网络多媒体技术,学生能够参与学习的过程,同时教师可以利用其模拟性给学生模拟出生动的情景,为学生英语写作创造出理想的学习条件和学习环境。这些无疑是符合建构主义学习理论的。

基于网络技术的发展,教育教学理论的创新以及大学英语教学的需要,在大学英语教学中我们要在充分利用网络多媒体技术的同时探索出符合时代需要的大学英语写作教学模式。结合教学实践,大学英语写作模式的探索应该从网络技术和教师、学生三个方面入手。

从网络技术层面来讲,网络技术是英语写作模式创新的基础,它的发展决定了英语写作模式革新的环境。其改善和发展也是教学模式得以创新的物质基础。网络技术的发展由两个方面构成:硬件设备和网站建设。硬件设备是必要的物质基础,也是教学模式改革的基础。受经济条件的限制,不可能每个学生都拥有计算机,所以为了学生能够更好地进行网络环境下的写作学习,学校就应该提供共享的网络学习设备。

信息技术能够改变知识信息的呈现形态。在写作教学中依托网络教学平台可以用多种方式呈现作文题目、背景资料、词汇语法等,但是这一切的基础是良好的网站建设。网站建设也是实施英语写作学习的必备条件。学生在网上学习英语写作的一个最大的困难就是不知道如何学习,找不到合适的学习网站。这就要求学校加强网站建设。一个科学的合理学习网站,不仅要有学习的课程,还要有娱乐性的学习栏目。同时网站要集文字、图片和视频为一体,坚决避免只有文字或者音频文件的枯燥学习氛围。

从教师层面来讲,教师要对网络环境下的英语写作教学有清晰的认识。网络已经改变教学模式是一个不可逆改的事实。教师一定要打破传统的教学模式和教学思维的束缚,积极接受新的教学模式。这就要求我们要做到以下几点。

首先,要提高自身的计算机操作能力。教师计算机操作能力是教师适应网络环境下英语写作教学的基础。只有教师具有较高的计算机操作能力,才能够充分利用网络资源来完善英语教学。

其次,要实现教学模式的多元化。传统的教学模式由于技术手段和教学资源的限制,教学模式是单一的讲述式教学。而网络技术为我们提供了丰富的教学资源和展现这些教学资源的技术手段,从而为我们实现教学模式多元化提供了物质和技术基础。这需要我们在不同性质的英语写作教学中采用不同的素材,使用不同的教学模式,以收到最佳的教学效果。

最后,教师的角色要由教学的施教者转变为教学过程的监控者。“教师筛选与教学内容相关的写作材料并实现资源共享,下达写作任务,并对学生整个网上学习过程进行监督,及时发现并解决学习过程中出现的难题,更好地了解学生的学习状况。”

从学生层面来讲,学生要充分利用网络的学习作用。要通过网络积极和老师进行交流。最关键的是要树立科学的学习观念,网络是一个重要的学习工具而不仅是娱乐工具。

网络环境下大学英语写作教学模式探究是一个长期的过程,在这个过程中,我们要树立科学的理念,积极探索构建合理的教学模式。传统的大学英语写作教学的步骤是布置作文—收作文—批改—发还(学生已淡忘所写内容)—讲评,几乎不在课堂上对学生的习作进行修改,许多教师认为此教学模式存在严重问题,因为这会给学生留下教师负责提高作文质量的印象。而基于网络和计算机的大学英语写作教学模式为学生自行修改习作提供了多种多样的支持。

1. 准备

上课即布置任务,而后教师在课堂上引导学生进行阅读,分析教材所提供文章的篇章结构和写作手法,并从中提炼出可以模仿的句式。提炼出的句式在课堂上用 PPT 呈现给学生,并让学生操练,目的是使学生能够熟练使用句式。给学生布置作文即对学生提出了输出任务,在此输出任务驱动下,学生积极接受输入的知识并开动脑筋搜寻相关素材。

学生明确写作主题和要求后,通常会采用“头脑风暴”方式,在班级 QQ 群、微信群里提出自己对题目的想法,学生们的互动有助于其在写作的准备阶段发现作文材料、发掘写作意义和确定写作角度,教师也可提供适当帮助,提供学习平台来检索与写作主题相关的内容材料。

2. 写作

写作阶段学生方法各不相同,有些学生会通篇考虑文章的组织结构和内容并写出提纲,而一些学生会直接动笔几乎不花时间构思,但是他们在写作过程中经常停下来思考。教师应因材施教,不要求学生在写作过程步骤上整齐划一,以其输出的作文质量为准。

现代网络技术和文字处理软件可以帮助学生轻松快速完成文稿,在线词典中国日报网和 BBC 官网等网络资源均能给予学生极大的帮助,学生可以通过输入关键词搜索找到相关写作素材和适合的英文表达方式，尤其在文本的编辑和修改方面，学生可以轻松地复制、粘贴和删除。学生在完成初稿后，可将作文提交在线自动评改系统，如句酷批改网，系统对学生作文逐句进行分析，自动对比语料库识别词汇搭配等语法错误，并实时提出改进建议，学生可依据其反馈进行修改，人机互动，提高作文得分。教师还可以在自动评改系统设置查重功能，杜绝学生大段抄袭。

然而，所有上述的在线辅助都局限于遣词造句层面，有些糟糕的写作者过于注重词句的修改而未能考虑文章整体结构的改进提高。因此，教师可以在写作之初提供一份对照表，以便学生在完成初稿后可以自己进行校对。

(1) Are the title main words capitalized?

(2) Does the title fit the piece?

(3) Are paragraphs used to organize information?

(4) Is the main idea clear, with a sense of purpose?

(5) Is information placed in logical order?

(6) Does each sentence begin with a capital letter?

(7) Does each sentence end with a proper punctuation?

(8) Are there other words that should be capitalized?

(9) Are plurals and possessives correct?

(10) Are quotation marks used correctly?

3. 修订

给作文提出反馈，以期作者在此基础上进行修正是英语写作教学的重要步骤，绝大部分在线自动评改系统所提出的反馈是遣词造句方面的，从篇章布局和内容选择方面提供反馈还要依赖同伴互评和教师评价。

(1) 同伴互评。把班级学生分成 3~4 人的小组，学生完成初稿后，将其通过微信或 QQ 传给小组内同伴评阅。教师提供评价表(Peer Editing checklist)，指导学生从结构设置、连贯性、内容和技术性细节等方面入手对同伴作文进行评价。关于结构设置的评价表包括如下问题：

①Does the composition begin with an attention grabber or hook?

②Does the composition have at least three paragraphs?

③Does each paragraph have at least three sentences?

④Does each paragraph have a topic sentence?

⑤Does each paragraph have a concluding sentence?

学生们依据教师提供的评价表逐一核对所评价作文的结构设置、连贯性、内容和技术性细节(包括格式、拼写和语法是否正确等),对每一个问题进行思考后做出自己的回答,学生在填完评价表后,需以电子文档反馈给作者,供作者参考。每一位作者会收到至少两份来自同伴的反馈,在收到反馈后,据此对作文进行修改,并撰写反思报告,报告中需说明作者本人认同哪些同伴评价,以及如何根据同伴评价对作文进行修改。学生在进行同伴互评时转换了身份和视角,以读者的身份和眼光来审视作文,客观清晰地表达主题思想,不再自说自话。

(2)教师评价。在写作的结构设置和技术性细节方面,由于在学生自查和同伴互评的环节中,教师已提供详细的评价表,学生在网络工具的辅助下,错误拼写和格式等基本问题可以避免和纠正,但教师可能需要指出连写句和残缺句等问题的存在。

学生把依据同伴评价修改后的作文二稿提交给教师,方便教师及时关注内容的更新。教师在评价学生习作第二稿时应更侧重文章的内容和连贯性,考虑行文是否合乎逻辑,文中的转折语句使用是否正确,是否有行文累赘的部分,还需考虑是否文章所有内容都支撑论点,论点是否得到充分证明,文中句子结构是否多样。

在评价学生作文时,教师会积极肯定学生作文的长处,客观评论而不批评,在缜密思考后提出具体可操作的修改意见,提诱导性的问题而不直接帮助学生修改。例如:

①Smooth transition.

②Interesting analysis.

③Why do people react this way?

④How is this related to the theme of Love Knows No Bounds?

教师对学生作文就谋篇布局、行文连贯和内容遴选等问题提供反馈后,将作文返还学生,学生再次进行反思与修改,而后将修改完成的第三稿提交在线自动评改系统,由于学生的初稿已在线提交过,教师会要求学生本次提交的定稿与初稿相比至少有30%或更高比例的修改(这一点可以通过平台提供的查重功能做到),以确保学生充分考虑了同伴和教师的反馈,积极认真地进行修改。同时,学生在修改过程中也更熟练地运用各种写作技巧,养成站在读者角度客观审视自己文章的习惯。

教师点评除了就文章的谋篇布局和内容遴选等提出反馈,同时也需特别强调文章是否有作者的创见。若学生在作文中提出独到的见解并可以自圆其说,可得到额外加分。这一举措旨在鼓励学生独立思考,批判性遴选作文素材。

4. 建立档案

教师把学生所有的写作文件整理存档,这在网络平台上方便可行。档案可以帮助教师了解学生一学期内的英文写作学习中的付出与进步,辅助教师对学生进行过程性评估。同时也有助于学生客观反省自己在英文写作学习中的问题,从而自觉加强自身薄弱环节。

5. 网络平台

新视野大学英语在线学习系统为使用《新视野大学英语》系列教材的师生提供了在线辅助学习和教学以及互动交流的平台。每一位教师和学生都有自己的账户和密码,教师可以将教学课件、教学资料、作业布置、各种通知等上传至平台,方便学生课后查阅和复习参考,而学生也可以将作文作业上交至此网络平台,教师通过平台进行评改,还可以将佳作放于公告栏,以便其他学生浏览学习。与此同时,教师可以建立写作博客,班级可以建立 QQ 群、微信群等信息技术手段在网络平台上充分利用各种资源辅助英语写作。

网络环境下的大学英语写作教学基于“输出驱动——输入促成假设”,结合了写作与阅读教学,使二者相互促进,进一步激发学生对写作的兴趣。首先,设定写作的输出任务,促使学生积极主动阅读以输入写作需要使用的句式和写作手法,以读促写。其次,在写作过程中需要充实文章的内容和丰富表达手段,学生会自发在网络平台上利用各种信息技术搜索相关材料,而面对网络提供的海量信息,学生反过来又要大量阅读,从中筛选,此刻是以写促读。

同时,网络环境下的大学英语写作教学培养了学生的自主写作能力和思辨能力。学生需要根据写作主题自主确定如何使用从课文中提炼的句式,在完成初稿的过程中需进行自我校对,收到同伴互评的反馈后,需要通过自我修改和反思来完成第二稿,收到教师反馈后,要再次自我修改完成终稿,整个写作过程中,学生都是独立地进行文章的构思、修改和完善,并逐渐建立起读者意识,可以客观评价他人与自己的作品。与此同时,在网络上收集写作素材过程中,学生进行了批判性阅读,有意识地思考信息针对的对象,质疑信息提供者的态度立场,以及依据自身经验去判断信息是否可靠,从而决定对写作材料的取舍,提出创新见解。这种自主写作能力和思辨能力,无论学生以后从事专业研究、撰写学术论文还是应对日常生活,都是不可或缺的。

第六章 大学英语教学创新

第一节 信息技术背景下的大学英语教学创新

在“互联网+”时代的背景下，信息技术高速发展并在各行业领域得到广泛应用，不仅改变了人们的生活方式，也深刻影响了教育领域，其中包括大学英语教学模式的转变。目前，结合第五代移动通信技术(5G)和人工智能技术(Artificial Intelligence，AI)进行英语教学改革已成为学科研究和发展的重要方向。这一新兴教学模式不仅能够实时记录学生的学习成果，而且能够有效提高教学效率。通过对5G和人工智能技术的含义进行深入剖析，以及对其在大学英语教学中应用的可行性和具体应用的探讨，本文旨在为推进大学英语教学改革提供理论支持和实践指导。

5G与人工智能技术的融合不仅是新教学模式的重要支持，也是英语教学改革的有力助推器。在教育领域，这种技术不仅可以实时纠正学生的发音，还能够全面记录他们的学习成果，为个性化指导和帮助提供有力支持，从而切实提高学生的英语学习效果。就大学英语教学改革而言，教师应该立足于实际情况，根据学生的个体成长特点和实际需求，科学设计教学模式，开展智能化教学，多方位地强化学生的综合能力。

一、5G和人工智能技术的概述

(一)5G简介

5G作为新一代通信技术，具有高速率、连接性强以及低延时的特点。这种技术的广泛应用已经渗透到工业、农业、能源、教育、医疗、文旅、金融、信息消费以及智慧城市建设等行业领域。在教育领域，5G的应用可以加强与教育教学的有效融合,突破虚拟化世界的界限,促进优质教学资源的共享,并实现高质量课堂的构建,推动教学改革的发展。

教育是社会发展的重要组成部分,而5G为教育领域带来了巨大的变革和机遇。

首先,5G的高速率和强连接性能够支持教师和学生之间的实时交流和互动。通过5G网络,教师可以远程授课、在线答疑,并能够及时获得学生的反馈和进展情况。同时,学生也能够通过5G网络获得更加丰富的学习资源,如在线教材、教学视频等,从而提升学习效果。

其次,5G低延时特点使得教学过程更加实时和高效。传统的远程教育往往面临着视频延迟、声音卡顿等问题,影响教学质量和学习效果。而5G的低延时特性能够有效解决这些问题,保障教学过程中的实时性和流畅性。学生可以更加高效地与教师进行互动,提出问题、讨论课程内容,获得更加有效的学习指导。

此外,5G的广域覆盖能力以及大容量传输支持了教育资源的共享和传播。通过5G网络,教育机构可以将高质量的教育资源进行在线共享,使得这些资源能够跨越地域和时间的限制,让更多的学生受益。同时,5G的大容量传输也能够帮助教师和学生更加便捷地上传和下载课程资料,提高工作效率。因此,在教学改革和发展的过程中,5G的运用将起到积极的推动作用。

(二)人工智能技术简介

人工智能技术起源于美国,是模拟和扩展人智能的方法、技术以及应用系统的技术科学,多用于专家系统,属于计算机科学领域的分支。AI的核心技术包括大数据、语音识别、计算机视觉、自然语言处理和机器学习等方面。大数据技术是人工智能技术中的一个重要支撑,也被称为海量资料库。人工智能技术的要求是利用全新的数据处理方式获取、存储、分析、处理各式各样的信息资源,以获取更加全面且精准的信息数据。

语音识别技术是通过机器识别和分析语音信号,将信号转换成文字的技术。它包括信息提取、模式匹配和相关训练模式等方面。应用该技术要求强调人机互相配合,让机器能够准确记录人说的话,并智能识别说话内容。

计算机视觉技术是指借助摄像机或者计算机,代替人眼进行识别,进行实时追踪,并作出有效的处理工作。计算机视觉技术比人眼观察物体更为精准。近年来,随着计算机视觉算法和硬件设备的不断发展,计算机视觉技术在各行各业的应用不断拓展。如人脸识别技术、图像识别技术等,都在智能安防、智能交通、智能物流等领域得到了广泛应用。

自然语言处理技术可以概括为语言理解和语言生产两方面,实现人与计算机的语言沟通,使机器能够理解语言的具体意义,清晰地表达意思和情感。该技术涉及语言学、计算机科学和人工智能等多个领域,是人工智能的重要组成部分。当前,自然语言处理技术在智能客服、智能翻译、智能问答等方面得到了广泛应用,极大地提高了工作效率和用户体验。

机器学习是让机器像人一样具备学习能力的技术,是人工智能技术中非常关键的一环。机器学习通过不断分析和比较数据,不断发现规律和模式,并不断改善和升级各种使用性能。当前,机器学习技术在智能推荐、智能化预测、智能化风险管理等方面得到了广泛的应用,为人们提供了更加个性化、全面、精准的服务。

二、5G+人工智能技术应用于大学英语教学的可行性分析

(一)5G+人工智能技术有助于推进英语教学改革

目前,高等教育机构所采用的英语教学模式主要是试卷测评,这种方式对学生的语言表达能力和听力水平要求较高。然而,在教学实践中,许多学生并不能达到标准。随着全球化进程的不断加速,大学英语教学模式的改革与创新显得尤为迫切。在这样的背景下,5G+人工智能技术应用于大学英语教学,正在推动大学英语教育的转型升级。

5G+人工智能技术在大学英语教学中的应用有诸多优势。首先,这种技术可以更新教学理念、优化教学方法和内容,使教学效果得到显著提升。与传统的教学方式相比,5G+人工智能技术可以以更加高效、个性化的方式来应对学生的学习需求,为学生提供更加精准、全面的教育服务。其次,在习题辅导、教学评测、智能讲解与分析等方面,5G+人工智能技术也具有明显的应用优势。这种技术可以根据学生的学习情况,为学生提供适合其自身特点和能力的教学方案和教学内容,促进学生的个性化学习和进步。

(二)5G+人工智能技术是新教学模式的重要支持

语言学的发展与信息技术的支持密不可分。尤其是在5G+人工智能技术出

现之后,这些科学技术贯穿了英语教学的始终。例如,利用人工智能的语义识别技术和视觉处理技术刺激学生的感官,并加强他们对英语知识的记忆。作为一门语言学科,英语与人工智能中的自动识别翻译和自然语言理解等功能密切相关。运用智能技术可以为教师教学和学生学习带来极大的便利。在调查中发现,我国的语音识别技术准确率已经达到了 97%,而且翻译速度非常快,为学生节省了大量的时间。

三、5G+人工智能技术应用于大学英语教学的优势分析

(一)自动矫正口语发音

我国英语课堂教学在重视理论知识的传授,但对学生的跨文化口语交际能力培养缺乏足够的重视。尽管一些教师已经意识到口语交际能力的重要性,但由于发音不标准,导致学生的跟读出现错误,而教师又无法一一纠正这些错误,使得学生的口语能力难以提升。为解决这一问题,可以开发利用 5G+人工智能技术进行口语训练的方案。该方案依托人工智能的语音识别技术,将系统提供的标准发音传递给学生,使其能够反复跟读,从而加强口语表达能力。同时,系统还会对学生的发音进行综合评估和智能纠正。与传统的课堂跟读相比,这种基于 5G+人工智能技术的口语训练方案更为灵活,并能取得更加显著的效果。

(二)自动跟随记录学习成果

大学英语教师在教学过程中常面临着精力与时间有限的挑战,这导致他们难以全面关注每位学生,并根据个体特点调整教学策略或提供个性化辅导。然而,随着 5G 与人工智能的融合,学生可以通过智能化学习软件获取相关学习资料,并记录日常学习进展。教师则可通过软件查看并分析学生在词汇、发音、语法、翻译、写作等方面的掌握情况。智能学习系统还能生成学生的英语学习能力图表,为教师提供定制化的教学方案。通过深度分析学生的学习数据,系统可以准确识别问题所在,并及时提供调整建议。此外,系统还能规划学生的每日学习任务,最大限度地提高学生的学习效率。

(三)有效提高教学效率

在过去的英语课堂教学中,教师通常会先引导学生学习基础知识,如词汇和语法,然后深入解读文本内容。这种教学方法可以在短时间内取得良好效果,但

却无法培养学生自由运用英语进行交流的能力，从而限制了学生口语表达能力的提高。此外，为了实现教学目标，许多教师会增加词汇练习。然而，枯燥乏味的英语单词学习和背诵不仅不能吸引学生的兴趣，还可能导致学生产生负面情绪。长此以往，学生的词汇量很难增加，阅读能力也会下降。

在这种情况下，将 5G+人工智能技术应用于英语教学，可以根据学生的学习习惯来引导他们拆分记忆知识点，并进行相应的标记。这些标记包括知识点的难易程度和相关词汇等，从而帮助学生提高学习效率。同时，系统可以通过学生学习情况的反馈，自动监测学生在英语学习中存在的盲区。在接下来的教学中，教师可以有针对性地调整教学计划，提供更多关于学生盲区的知识点，以加深学生对知识的理解。这种个性化教学方法可以更好地满足学生的学习需求，提高他们的学习效果。

四、5G+人工智能技术在大学英语教学中的实践应用

（一）5G+人工智能技术在翻译教学中的应用

翻译作为英语教学的核心切入点，其重要性不言而喻，5G+人工智能技术在翻译教学应用领域中有充足的发挥空间。在云平台上，依托 5G+人工智能技术对英语教学模式进行创新，可以实现更加高效、精准、个性化的翻译教学，让学生能够更好地掌握英语翻译技能。教师可以通过云平台发布各种训练任务，如口语翻译和书面翻译等，供学生选择。通过数字化评价系统，教师可以对学生的翻译成果进行评价和分析，促进学生不断提高自己的翻译能力。

同时，5G 的应用还可以解决翻译训练中的一些难点。例如，传统的翻译训练模式往往不能够快速展现文本内容，导致学生需要耗费大量时间来理解句子和文本语境。而 5G 则可以快速传输课件和资料，让学生更加清晰地了解文本内容和翻译难点。同时，5G 可以实现教师和学生的实时互动，让学生能够及时获取教师的指导和建议。这样，学生的翻译能力可以得到较快的提高，学习效果也会得到极大的提升。

（二）5G+人工智能技术在语法讲解中的应用

通过应用 5G+人工智能技术，教师拥有了一个全新的教学系统，可以结合学生实际，设计和构建智能化的教育模块，从而提升大学英语教学的效果。智能教

学的设计必须包括对重点和难点的归纳和总结，以及对学生基础能力的强化。在这个过程中，教师可以使用各种数据类型来呈现复杂的英语知识，如文本、图像、影视、动画等。这样的设计不仅能提升学生的学习兴趣和创新意识，而且使得英语知识更加形象化和直观化，提高学习效率。

另外，在教学的过程中，教师可以运用英语词根、前缀以及后缀等要素，有针对性地指导学生理解记忆英语词汇和语法。这种方法比传统的机械背诵和反复抄写更加高效，有助于学生掌握更多的词汇。同时，教师可以使用思维导图教授语法知识，帮助学生更好地理解不同知识点间的关联，提高他们的知识迁移能力。

为了培养学生的学习能动性，校方可以与专业技术人员合作，搭建线上平台，建立人工智能专家系统，学生可以根据自身学习需求进行自由提问。专家系统以其强大的知识库，能够在第一时间智能化、自动化解答学生的问题。同时，教师可以根据学生的问题进行深入的线下讲解，深化学生的知识和理解，丰富他们的知识层次，以此提高学生的学习效率。

（三）5G+人工智能技术在听力训练中的应用

大学英语教学中的一个关键难点是如何有效地进行听力训练，因为学生是否能够听懂英语并理解文本的意思直接影响他们的英语学习效果。因此，在开展英语教学工作时，教育者需要站在学生的立场，结合实际情况，创新英语教学模式，并加强现代化信息技术的运用，以提高英语听力教学的灵活性和趣味性。5G+人工智能技术的普及与应用能够最大限度地丰富听力资源，并满足大学生的听力训练需求。

教师可以利用5G+人工智能技术，从海量的网络资源中搜索并汇总优质的听力素材，通过分析大学生的听力状况，设计相应的听力训练方案，以引导学生全身心地参与听力训练。例如，学校可以将5G+人工智能技术与听力数据资源库进行整合，构建一个数据自动集成系统，用于记录学生的学习情况，从而准确把握学生听力训练的方向。此外，教师还可以基于5G+人工智能技术，实现学习资源与大学生个体之间的精准对接，以针对不同学生提供可行的指导措施，从而确保不同水平的学生都能够提升听力能力。

（四）5G+人工智能技术在口语交流中的应用

在大学英语教育领域，传统的教学方法已逐渐暴露出无法满足学生口语交际需求的瓶颈。为了提升学生的口语表达能力,教师们在5G+人工智能技术的助力下,开始探索新的教学形式。通过利用文本对话视频等工具,教师可以及时纠正学生的口语错误,同时渗透西方文化背景,从而拓宽学生的文化视野。此外,搭建在线对话平台使学生能够与来自不同国家的人进行交流,有助于提升他们的跨文化交际能力。利用5G+人工智能技术打造虚拟职业场景,引导学生置身于虚拟情境中,不仅能够增强他们的跨文化交际体验,更能为他们未来的职业发展奠定坚实基础。通过创新教学方法,大学英语口语训练正朝着更加丰富、有效的方向迈进。

(五)5G+人工智能技术在课后指导中的应用

长期进行课后训练对于巩固大学生英语理论基础具有重要作用。传统的高校英语教学往往偏重于课堂知识传授,而对于课后训练的价值未能给予足够重视。因此,构建一个长期且高效的英语虚拟化课堂显得尤为重要,以便对传统课堂教学进行有效拓展,使学生随时随地进行复习与巩固。5G+人工智能技术的广泛应用,为大学生的英语课后指导提供了新的发展机遇。教师可根据学生的学习特点,设计不同难度或开放性的课后作业,并通过网络平台向学生传送,引导学生在线学习,与同学互动讨论,积极参与并完成相关学习任务。

在这一进程中,5G+人工智能技术的运用实现了作业的智能化纠错,并对学生的英语学习进行了个性化指导,从而形成具有人性化特色的课后辅导方案。例如,对于掌握英语理论基础知识较弱的学生,可以重点布置词汇、语法等方面的练习,教师可设计相应习题,引导学生按照正确的语法规则进行口语和写作练习。而对于基础知识掌握较好但口语表达能力不足的学生,则可设计更多交互性或实践性作业,以提高其口语表达能力。

在当前的教育发展和英语教学改革中,应用5G+人工智能技术已成为一项必然要求。通过先进的信息技术,教师能够创造多样化的教学模式,从而提高课堂的交互性和趣味性,让学生获得更好的学习体验。基于5G+人工智能技术的大学英语教学改革旨在将这两项技术有机地融入大学英语教学中,应用于翻译教学、语法讲解、听力训练、口语练习以及个性化的课后指导。同时,针对学生的实际情况进行智能化的教学,多方面整合教学资源,并通过线上教学平台创建英语学习氛围,激发学生的求知欲和探索兴趣,以加速推进大学英语教学改革与发展。通过这种方式,学生能够在更丰富的学习环境中获得知识和技能的提升。

第二节　线上、线下混合英语教学模式创新

目前，大学课程在创新教学模式方面取得了显著的进展，其中慕课平台为教育改革提供了全新的思路。慕课平台资源已成为许多大学课程创新与融合的常态，尤其是对大学英语课程思政的教学资源的开发和应用，慕课平台为课程思政教学提供了新的视角和路径。

随着大学教育的全球化、全面化和信息化的发展，慕课平台与各个学科的结合已经取得了积极进展。慕课平台几乎涵盖了所有一级学科的各种慕课课程体系。在这样的背景下，越来越多的大学资源受益于慕课平台，使得更多受众能够受益于这些资源。对于大学教师而言，可以参考和借助慕课平台上的课程资源进行自身课程的教学设计。而对于大学生来说，可以利用慕课平台进行自主学习。因此，这种教学形式备受欢迎。

此外，慕课平台不仅为学习提供了丰富的资源，还可以作为进行课程思政的途径。慕课平台上的资源可以培养大学生的文化素养，同时也可以塑造他们的积极健康的三观。通过参与慕课平台上的课程，学生可以更好地理解思政内容，提升他们的思想政治素质。

大学课程借助慕课平台的丰富资源进行创新和融合已经成为常态。尤其是对大学英语课程思政的教学资源的开发和应用，慕课平台为课程思政教学提供了新的视角和路径。在全球化、全面化和信息化的背景下，慕课平台与各个学科的结合为大学教师和学生提供了更多的学习资源，并且可以通过参与慕课平台上的课程思政教育来培养学生的文化素养和思想政治水平。

一、慕课平台与大学英语教学的融合

通过慕课平台上相关单词的扩展课程，学生可以学习和巩固课文单词，从而提升对单词的理解水平和应用能力。这有助于学生更加熟练地运用英语单词，并且对学生的价值观进行积极引导。以汉字和英语词汇的“说文解字”为切入点，在课堂中借助慕课平台资源，与学生一起探讨相关英语词汇的构成、语义变化以及单词多义的动态机制。这样的教学方法能揭示英语词汇与历史文化之间

的因果关系,为非英语学生学习英语词汇提供全面的知识图谱。

在这样的教学背景下,课程的主要教学目标是让学生掌握科学的单词学习、记忆和使用方法,培养学生对英语词汇的理解和应用能力,建立正确的词汇与文化学习观念,以及正确的文化发展比较观念。此外,这样的课程还能增强学生的世界意识,实现可持续发展。通过与大学英语课程的整合,这种课程形式能够减少传统课程中学生学习单词耗时长、效率低等问题。因此,借助慕课平台进行词汇教学是为了改进和优化大学英语课程,同时也为课程思政教育提供了切入点。

具体而言,这类词汇课程可以从慕课平台上的《英语词源探秘》《英语词汇与文化》《大学英语词汇解析》等资源中进行挖掘,这些课程涉及大学历史文化中英语的词源探索、英语词汇与文化以及英语词汇分析等内容。作为大学英语课程的辅助材料,慕课平台上的课程资源可以综合英语中出现的重、难点词汇和短语为线索来组织课程内容,为课程思政教育提供铺垫和支持。

(一)教学目标分析

词汇教学的目标不仅仅是学习和巩固词汇知识,更加重要的是通过学习现代英语词汇,尤其是形容词和副词,学生能使用准确的词汇来表达自己的情感,并通过预测方法分析话语,提高他们的口头表达能力。

在课程中,我们将引导学生学习一些具有特定情感色彩的词汇,例如积极乐观和消极压抑的形容词和副词。通过学习这些词汇,学生可以更好地理解和表达自己的情感,增强他们的情绪管理能力。此外,我们还将学习一些与心理状态相关的词汇,如焦虑、压力、幸福等,以帮助学生更准确地描述自己和他人的心理状态。

除了学习具体的词汇,教师还能通过讨论和分析相关话题的方式,引导学生思考和讨论与思想政治有关的问题。例如,我们可以探讨一些有关自由、公正、平等等价值观的词汇,并引导学生思考这些词汇在不同文化和社会背景下的意义。通过这样的学习,可以培养学生具有欣赏、尊重和包容不同文化、不同思想观念的能力,从而提高他们的跨文化交际能力和思政水平。

(二)教学材料分析

1.慕课平台资源

以上文中提到的教育目标为例,可以选择慕课平台资源中的《英语词源探秘》第2章、《梦想的自由》第4章第1节和第4节,以及《文化差异与英语学习》

第5章第2节等内容来辅助教学。通过介绍英语词源前缀记忆方法的含义和优点,并通过汉字之间的关系阐述和证明英语词根与语源之间的关系,以及词根的特征。

首先,学生们可以通过分析汉语词根,将汉语知识和生活经验结合起来,更好地理解这种记忆方法中的概念。

其次,让学生更好地理解词汇结构的内在规律,并为接下来的课程深入学习奠定基础。再次,可以对词缀知识进行总结、归纳和扩展。从理论上讲,这些内容可以为学生演讲的核心语句结构提供必要的准备和指导。

最后,主要通过探索英语起源、解释语言与文化的相对关系来说明文化差异与英语学习的关系。这样的课程设计可以帮助学生更好地理解和应用词汇知识,并且通过了解文化差异培养跨文化交际能力和思政能力。

2. 慕课资源的融合应用

慕课平台的授课内容和线下教育使用的素材内容可以通过细致的整理和多种方式进行融合。

可以通过说明英语语源和词缀的记忆方法,引导学生发现语源是英语词汇发展的产物,是先辈们留给后代的宝贵财富。因此,在学习词根时,教师可以帮助学生寻找词汇的起源,探索词汇的内在规律,扩大词汇的日常应用,并重新组织词汇的学习策略。

教师可以使用动态思维导图将"-liber-"解释为一个词根,并引申出更多的相关词语,以辅助学生记忆和理解。

在实践中,慕课平台的授课资源可以通过精心整理和多种方式进行融合,这样的课程设计能够帮助学生更好地理解和应用词汇知识,同时也培养他们的思政能力和跨文化交际能力。

二、基于慕课平台开展大学英语课程思政教学

在目前的课程设计中,语言和文化知识往往以文档的形式引入,这容易被学生忽视。此外,英语教师对于中国传统文化的宣传相对较少,导致学生对中西方文化差异和对比的关注不足。这样的情况可能成为教育操纵和文化殖民的工具。为了解决这个问题,教师可以重新考虑课程设计,更加注重语言和文化知识的融合。比如,教师可以通过故事、民俗、传统音乐等方式介绍中国传统文化,使

学生能够深入了解和体验中西方文化的差异。另外，教师在课堂上要多角度、多维度地呈现语言和文化知识。不仅要强调语言技能的培养，还要关注文化背景、社会价值观等方面的教育。通过一些具体而有趣的例子，可以帮助学生更好地理解文化的影响和表达方式的多样性，从而提高他们对中西方文化差异的理解和认识。通过多样化的教学资源、多角度的呈现和实践活动的加强，可以提高学生对中西方文化差异的关注度，促进他们的思维发展和综合素养的提升。同时，这也有助于避免教育操纵和文化殖民的可能性。

在进行视听说“课程思政”教学时，教师可以利用慕课平台上的教学资源来扩充教学材料。慕课平台内的视听教学资源主要包含英语听力和口语材料，其中涵盖了读写、综合运用、跨文化交流和考试训练等内容。除此之外，还融入了一些重要信息，如政府为国家经济发展和经济复苏所投入的努力，以及传染病大流行期间的全球防疫状况。

在收集到足够的资源后，教师可以选择适合学生英语水平的视听教育资源作为补充材料。通过使用这些资源，不仅可以提高学生的听力水平，还能让他们深刻地感受到我国治国理政的优势，并加深对民生的重视，进而增强学生的民族情感，达到爱国主义教育的目的。

在口语训练方面，教师可以结合听力和口语中的跨文化交流和对外汉语等模块内容，以讲好中国故事和家乡故事为目标，借鉴慕课平台上的教学资源。在英语学习中，可以通过中国寓言小说、传统美德等内容来探索学生口语训练的内容。作为教师，我们应该通过这些练习加强与学生的口语训练。举例来说，我们可以借用综合教程第二卷第七部分的第一篇课文中详细描述法国普罗旺斯美食的句子，从文本中提取描绘美丽场景的句子，然后结合学生所在的家乡实际，在慕课平台上收集美丽的照片和视频，制作一个介绍性的视频。通过利用这些句子的结构，向学生展示家乡的美丽。同时，我们还可以引导学生使用口语介绍家乡的风景和美食，从而帮助他们进行有效的口头表达。

通过这样的教学方法，学生不仅可以提高听力和口语能力，还能更好地了解中国文化和自己家乡的特色。这样的教学方式将有效地丰富教学内容，激发学生的学习兴趣，并提高他们的学习效果。同时，这也使得课程思政教学更富有实际意义和影响力。

在进行视听说“课程思政”教学时，我们还可以开发阅读素材，例如慕课平台上的《英语阅读》和《主题英语阅读》等英文文章就是良好的教学材料。这些慕课平台资源具有鲜明的特色,可以从不同角度深入了解问题,并且适合快速阅读材料,提高英语技能。在选择课程平台资源后,教师需要根据学生的学习水平和进度进行删减和改写等。同时,在阅读拓展和写作方面,教师可以结合教材与慕课相关的思政内容进行紧密结合。让学生在阅读中为下一篇应用文的写作做好准备,并为他们布置不同的作业任务。教师可以要求学生根据实际情况,站在当前社会背景下,给美国朋友和官员写一封信。在信中,学生可以分享自己的思考和想法,包括中国有效的疫情预防措施和中医治疗方案。通过这个任务,学生不仅可以运用英语进行写作,还可以加深对中国的疫情防控工作的理解和认识。

通过这样的阅读与写作任务,学生不仅能够提升英语阅读和写作能力,还能培养他们的思辨能力和创新思维。同时,这也把慕课平台资源与课程思政内容相结合,进一步加深学生对当前社会问题的了解和思考,培养他们的社会责任感和国家意识。

除了视听说教学,翻译部分也是课程资源开发的重要内容,主要涉及介绍中国的旅游目的地和城市。在第二册第二单元中,教材呈现了古代丝绸之路在中西文化交流中的作用。而在慕课平台上,教师可以介绍一个国家与另一个国家之间的整体语言文化知识和跨文化交际技能,并试图介绍丝绸贸易、经济合作、"新四大发明"的应用,以及语言和传统文化领域之间的差异。通过这样的学习,基于哲学观点和跨文化交流人才的培养,加强语言基础设施、提高沟通技能、培养国际视野和传播中国文化,使学生在学习上实现有效的衔接。

通过在翻译部分的课程资源开发中引入旅游目的地和城市的介绍,可以让学生了解和认识中国的文化和地理特色。在慕课平台上,教师可以提供相关的翻译材料,让学生进行翻译练习和交流。这样的学习方式不仅可以提高学生的翻译能力,还可以加深他们对中国文化的理解和认同。

此外,在慕课平台上介绍不同国家之间的语言文化知识和跨文化交际技能,可以帮助学生培养国际视野和跨文化交流的能力。学生们可以通过学习不同国家之间的差异和共同点,理解不同文化间的互动和相互影响。这样的学习体验有助于培养学生的全球意识和跨文化交往能力。

三、利用慕课平台教学突出学生主体地位

在传统课堂上,学术英语往往局限于知识和材料的传授,缺乏与思想政治相

关的教育内容。这种被动学习方式对学生的学习动机产生了很大影响。然而，在慕课平台上，英语教师可以充分利用平台资源来优化教学方法，突出学生的主体地位。为此，教师需要思考英语教育与思想政治教育之间的联系，并利用适当的课堂资源将两者紧密结合起来。

首先，教师应该适应慕课课堂的特点，改变传统的教育理念和方法，充分发挥学生的主导作用，打破死板的教学方式。通过引导学生参与角色扮演和小组工作等不同的学习形式，教师可以在课堂上发挥更好的指导作用，培养学生更高的主体性。

其次，教师可以充分利用慕课提供的优质课程资源，将课程的学习内容与思想政治教育的需求相结合。通过选择优质的学习资源，教师可以丰富教育内容和方法。同时，学习英语的习俗和概念在学习英语中是不可避免的。因此，教师可以通过教育资源加强国内外文化的比较教育，让学生学习和了解中国传统文化以及西方文化的差异，提高学生对中西方文化学习的整体性，培养学生的民族自豪感。

中国传统文化具有深刻的教育意义，教师还可以充分利用传统文化对学生能力的影响，更好地将思想政治教育融入日常英语教学过程。通过引用中国传统文化中的名言警句或典故，教师可以向学生传达正确的价值观和道德观，培养他们正确的思想政治观念。同时，教师还可以通过讨论和辩论等形式，促使学生思考国家、社会和个人责任等核心思想，并运用英语表达自己的观点和理解。这样，学生不仅可以学好英语，还能够在学习中获得更广泛的思想政治教育。

四、任务型教学法在大学英语线上课程的应用探索

虽然大多数高校外语教师对任务型教学法有一定的了解，并且一部分教师接受过相关培训，但是由于大学英语授课班级学生较多，课堂管理难度大，线上教学又增加了授课难度。加上长期受到传统教学法的影响，学生的自主性较差，教师为了保证教学进度通常会回避任务型教学。另外，目前教材鲜有为任务型教学所设计，教师需要花费时间和精力自己设计任务，增加了备课的难度，也打消了一部分教师采用任务型教学的积极性。

任务型教学法是交际教学法的延伸，但一些教师对其的理解流于表面，把教学环节误认为是任务。而另一些教师则将“师生互动”和“生生互动”作为任务

的核心,过于重视任务的“意义”而忽视了任务的“形式”,这并不符合任务型教学的定义。任务型教学起源于国外小班教学的情境中,与我国实际情况有一定的偏差,大班教学的课堂管理难度较大,教师对任务的理解也不完全,很容易导致课堂混乱和效率不高,这阻碍了任务型教学在高校中的进一步实施和推广。

然而,尽管存在这些问题和障碍,任务型教学在英语教育中仍然具有巨大的潜力。任务型教学着重于培养学生的语言运用能力和交际能力,强调学生的主体地位和积极参与。对于大班教学,教师可以通过合理的分组和组织形式,将任务分解为小组任务,让学生在小组内相互激励和合作,提高学习效果。此外,教师可以选择合适的教材或开发自己的任务型教学材料,减轻备课负担,让任务型教学更加容易实施。针对任务型教学的推广,除了教师自身的努力,也需要教育部门和学校的支持和倡导。教育部门可以加强对任务型教学的研究和培训,提供更多的教学资源和案例,为教师提供教学支持。学校可以鼓励教师创新教学方法,提供更多的教学支持和资源,建立起一个良好的教学环境。

任务型教学不仅仅是一种教学方法,更是一种教育理念和教育方式。它强调学生的主动性和合作性,旨在培养学生的综合能力和创新精神。在未来的教育改革中,任务型教学有望成为一种重要的教学模式,对学生的学习动机和能力培养起到积极的推动作用。

在语言教学中,设定任务的目标是通过教学提高学生解决实际问题的能力,将其与传统的语言练习区分开。根据任务型教学的定义,任务应满足四个标准。

首先,任务的关注点应该是语言意义,而非仅仅追求语言形式。

其次,任务中双方需要交换不同的信息,以达到完成任务的目标。

再次,学习者在完成任务时主要依靠自己的语言或非语言能力。

最后,任务的产出应以解决问题为导向,而非仅仅关注语言本身。

然而,需要注意的是,在任务型教学中,语法或语言练习仍然具有一定的地位,语言意义和语言形式不能完全割裂。在任务中,语法和语言形式是实现语言意义的一种手段,通过语言形式的运用才能更好地表达出语言意义。因此,在任务型教学中,教师需要合理设置任务,使语法的学习和语言形式的练习与任务的目标相结合,帮助学生掌握正确的语言用法和表达方式。

任务型教学的目的是培养学生解决实际问题的能力,强调学生的语言输出和交际能力的提升。通过任务型教学,学生可以在实际情境中运用所学的语言知识,改善他们的语言交际能力,增强他们思考和解决问题的能力。在任务型教学中,学生不是被动地接受语言知识,而是积极参与到任务的完成中,通过实践来提升他们的语言能力。

(一)教学前准备

为了在课堂上充分利用互联网资源,教师可以在授课前准备中选择一些有趣的短视频或简明的英文段落,与语篇的主题和特点相匹配,让学生在课前有时间和兴趣了解背景,提前进入文篇情境,为课堂教学做铺垫。在此之后,教师可以利用线上学习平台的讨论板块,设置一些简单的问题,引导学生进行回答。这些问题应该与学生的生活和认知紧密相关,确保学生有话可说。例如:

1. 你喜欢音乐吗?为什么?

2. 描述一下你喜欢的音乐类型(音乐流派)或你喜欢的歌手,以及喜欢的原因。(你在何时何地听音乐?它是如何改变你的情绪的?)

这种设置符合任务型教学的定义中的第二个标准,即双方存在信息差,促成自然的交流,而不是机械地重复。同时,教师还需要考虑学生的不同水平,在设计问题时尽量考虑到多种情况,给予一定引导,避免学生无话可说。这样的设计可以避免学生在英文对话和写作中遇到问题时,要么只用“yes”或“no”来回答问题,无法展开思路;要么回答与问题无关的内容,凑字数,导致交流过程中的压力和焦虑,严重影响学生的学习热情。

这种课前的准备和导入需要包含一个任务,旨在锻炼学生的交流能力。可以根据问题的难度设置音频和文字两种回答模式,引导性的问答形式也可以用来进行思维训练,为今后的交流提供思路和方法。学生通过任务可以找到英语对话中“有话可说”的关键和路径,促进双语交流。通过这样的任务型教学设计,学生在课前就能够接触到相关主题的背景知识,准备好交流所需的词汇和表达方式。在课堂上,学生可以展示他们的回答,并且可以相互交流和讨论。教师可以提供反馈和指导,帮助学生改进他们的语言表达和交流技巧。这样的任务型教学设计不仅能让学生更主动地参与学习,也能提高他们在真实语境中应用语言的能力和信心。

(二)教学实施过程

虽然目前以慕课、微课等为代表的线上课程蓬勃发展,但其面向群体多为程度较好、自主学习能力较强的学生,根据自身需求选修课程,以兴趣和目的为导向。可以说,线上课程的灵活性和便利性满足了一部分学生的需求,但仍有许多学生在校内必修课程方面面临一些特殊情况。

大学英语作为校内必修课,首先有指定教材,其次有教学进度要求,因此在实际教学过程中必须在一定框架内进行任务设计。这些要求大大限制了教师在任务设计方面的自由。与线上课程相比,校内必修课更注重对学生的指导和引导,需要教师在教学中发挥更大的作用。因此,在任务设计过程中,教师应充分考虑学生的学习需求和学科特点,并结合教材内容制定合适的任务。

线上授课首先需要考虑的是学生的设备和网络稳定性。学生使用不同的设备进行学习,而这些设备的兼容性和稳定性会对课堂产生影响。此外,网络稳定性也是线上授课很有可能会遇到的一个问题。由于网络的不确定性,突发事件和不可控因素可能导致学生无法正常参与学习。为了降低这些影响,任务设计应尽量避免过于依赖在线直播的形式。可以通过提供预先录制的课程视频、提供学习资料和利用在线学习平台提供的交流工具等方式来保证学生的学习体验。

在任务型教学中,任务设计必须基于教材,充分体现教材内容,使学生的学习有本可依、有本可查。这样才能确保学生能够在任务中获得实际的语言运用能力和文化意识。此外,课外知识的补充也必须与课文或练习紧密相关,以帮助学生更好地理解和应用所学知识。任务设计应注重培养学生的语言思维能力和交际能力,使他们能够在实际情境中运用所学知识,提高语言运用能力。

尽管许多研究认为任务型教学以意义表达为核心,但强调应平衡语用和语义间关系。任务型教学常受诟病的特点就是过于强调意义,造成学习效率低下。因此,在任务设计中,教师应注重语言形式的训练,并将语言形式和意义相结合,使学生能够在任务中既能表达自己的意思,又能正确运用语言。传统教学法的缺陷是过于强调语言形式,忽视了语言的意义。任务型教学可以弥补传统教学法的不足,使学生在真实的语言环境中进行交际,提高语言运用能力。

任务设计中确实不能回避语言点的练习,任务中的语言点练习与传统教学中的练习有所不同。在任务型教学中,语言点的练习不是机械性的,而是为了更好地进行交流。教师可以通过在线平台发布课文讲授视频,并在任务中设置与内容密切相关的知识点练习,使学生能够及时得到反馈和训练。这一部分主要针对语言形式进行训练,练习和讲解应在完成任务之后进行,避免传统教学中教师讲解、学生练习的模式，让学生先了解意义，然后在做中学、错中学，符合任务的特点。

任务型教学往往忽视或轻视语言形式，过于偏重于意义的教学方法。然而，完全以意义为中心的教学需要大量的语言输入进行反馈和纠错，以帮助学习者提高。但是，课堂教学的时间和内容局限性可能无法产生有效的容错率。如果不及时纠正语言错误，学生可能会加深错误的理解，因此在线上教学中必须及时纠正错误，防止学生陷入错误而不自知的状态。

此外，在任务设计中教师还需要用中文清楚地说明任务的要求，避免学生浪费时间和精力。这是任务型教学研究的共识之一。清楚地说明任务要求，学生能够更好地理解任务的目标和要求，提高任务的完成效率，有效促进学生的语言能力和交际能力的提高。

（三）教学后反馈

针对课程讲解中出现的问题，可以采取群体微课和个别讨论相结合的形式来解决。微课作为当前教学的趋势，具有传播及时、针对性强、可反复回看等优点。教师可以制作短视频解答特定语法和语用点，尤其是针对课后练习中学生较为薄弱的改写句子等题型。这些微课视频可以辅以适当的练习，帮助学生加深记忆和理解。同时，通过 QQ 群、学习通群聊、讨论区等相关功能，教师可以与学生进行单独辅导，查缺补漏。

根据学生特点和教材内容，课后测试应注重形式的适合和多样性，以全面检测学生对课程的掌握情况。对于内容较为抽象的课文，可以采取随机朗读的形式，检测学生对课文的熟悉程度。对于标准的记叙文，可以采取缩写文章的形式，检测学生的学习状况，同时锻炼学生的总结能力。虽然大学英语课程中不涉及写作，但通过缩写文章的形式，可以锻炼学生的写作能力，尤其是对于较高水平的学生来说，这是向更高难度延伸的任务，符合有效输入理论的教学方式，能够提高任务的挑战性，从而促进学生的学习积极性。

微课视频能够有效地传达知识点，帮助学生理解和记忆；而个别辅导则可以针对学生的个体差异，解答他们在学习过程中的疑惑，促进个体进步。同时，在课后测试中注重形式的适合和多样性，可以更全面地了解学生的学习情况，推动他们在语言学习方面的发展。在教学过程及后续中，教师要充分利用线上学习平台提供的资源和工具，为学生提供多样化的学习内容和形式。通过不断改进任务设计，可以更好地满足学生的学习需求，促进他们在课程中的成长和发展。

五、线上线下结合教学的总结与展望

大学英语作为大学的公共必修课，近年来，创新大学英语课程已成为英语教师们思考的重要问题之一。英语教师们应积极负责地对这门课进行反思，并加强对学生自主学习管理的引导。总体而言，慕课平台可以为大学英语教学提供丰富的资源。英语课程为学习者提供了许多选择，但由于其自身的特殊性，课程中融入思政要素至关重要。因此，英语教师不仅需要担当起传授知识的角色，还需演变为在学生学习过程中起到指导、协助和推动作用的角色。在这样一种全新的教学方式下，传统的大学英语教学已经不能满足当今快速发展的社会对人才综合素质的需求。这一教育改革让学生有机会主动成为学习活动的中心，与此同时，教师也有能力提供全方位的监控和方向性指导，更契合新时代大学生的学习态度和方法。

在创新大学英语课程中，英语教师起到了重要的指导和辅助作用。他们应该通过慕课平台提供的丰富资源，为学生提供多样化的学习选择。在课程设计中，教师需要将思政要素融入教学内容，以帮助学生了解和思考国家、社会以及人生价值观方面的问题。此外，教师还应帮助学生建立有效的学习管理机制，引导他们根据自身情况制订学习计划、提高自主学习能力，并在学习过程中及时提供反馈和指导。通过在线学习平台的交流和讨论功能，教师可以与学生进行实时互动，解答学生的疑问，促进学生进步。

此外，线上平台也为学生提供了更多自主学习的机会。学生们可以根据自身兴趣和学习需求，选择适合自己的学习方式和内容。他们可以根据自己的学习进度和时间安排，自由地学习和掌握知识。同时，学生们也需要积极探索新的学习方法和技巧，发展综合素质，提高语言能力和学习能力。

线上线下平台的综合应用，可以为大学英语教学提供更丰富的资源，提高学生的学习效果和满意度。同时，教师和学生之间的互动和合作也得到了进一步的促进，有利于形成良好的学习氛围，达成更好的学习效果。

第三节　文化自信与大学英语课程思政教学模式创新

随着全球化和信息技术的快速发展,大学英语教学模式创新也要与时俱进。当前,大学英语教学更加注重语言知识和语言技能的有机结合,以实现更高层次的语言能力和学生个性化需求的满足。在这个过程中,如何结合民族文化元素实现课程的育人价值是一个需要思索和解决的问题。

大学英语课程建设需要积极探索并加强民族文化元素的融入,以此增强学生的文化自信,提高学生的道德水准和语言能力。同时,这种课程设计也需要关注学生个性化需求的满足,并注重培养学生的创新精神和批判思维。因此,大学英语课程设计需要从多个方面进行思考和创新。

使广大学生在大学英语教育实践中,践行社会主义核心价值观,乃是当前高等教育中亟待关注的重要议题。在这一背景下,大学英语教师的责任不可小觑,他们不仅需要注重学生语言技能的提升,更需要通过传授民族文化的核心价值观和思想精髓来引导学生树立正确的世界观、人生观和价值观。

为了实现这一目标,大学英语教师应当深入挖掘中国文化的内涵,引导学生深入理解中国传统文化的深邃智慧和价值取向。通过深入学习中国传统文化,学生能够更好地认识自我,树立起坚定的文化自信心,并将这种自信与民族特色文化相结合,从而在国际舞台上展现中国文化的独特魅力。此外,大学英语教师还应当积极引导学生参与跨文化交流,促进不同文化之间的理解与沟通。通过开展跨文化交流活动,学生能够更深入地了解其他国家和地区的文化特点,拓宽自己的国际视野,培养包容性思维,从而更好地适应全球化时代的发展需求,成为全面发展的社会主义建设者和接班人。

一、文化自信立场下的大学英语课程思政建设核心

1. 全要素参与

成功实施大学英语课程思政的关键在于深入分析和积极调动各种教学要素。教师需具备广泛而专业的思政教育知识和能力,以引导学生深入探讨道德、

伦理和社会问题。更进一步，教师应扮演启发者和指导者的双重角色，通过精心设计的教学活动和引人入胜的课堂讨论，激发学生的积极参与与思考。为此，采用多样化的教学方法显得尤为关键，包括但不限于案例分析、小组讨论、角色扮演等形式，以培养学生的批判性思维和是非观念。

当下，结合现代技术手段成为大学英语教学不可或缺的一部分，教师需要善于运用在线教学平台，并运用多媒体素材和互动式教学工具，以增强课程的互动性和视听效果。这样的做法不仅能为学生提供更加生动直观的学习体验，也有助于教师更好地传递知识与思想，进一步激发学生的学习主动性和积极性。

2. 全方位覆盖

大学英语课程思政应当不仅仅被视作课堂内外的思政教育的简单组合，而应将课堂内外的学习活动有机融合，以确保课上内容能够在实践中得到转化。在这一进程中，教师在设计相关的实践任务时需多加考虑，以促使学生将在课堂上所学到的思政知识应用于实际情境，并由此推动其思想发展。值得一提的是，随着网络技术的飞速发展，网络形式的教学活动在大学英语课程思政中也日益占据重要地位。在线教学平台为学生创造了更加灵活的学习环境，同时也为思政教育提供了更加广阔的空间和更多的机遇。

3. 全过程实施

构建一个完整的大学英语课程需要综合考虑听、说、读、写、译等基本技能，同时融入思想政治教育元素以实现全面育人的目标。教师应基于实践经验，在每个基本环节中巧妙地融入思政元素，以提升学生的思想道德素养和社会责任感。然而，单纯将思政和文化元素融入各环节并不能达到教育目的，还需将这些环节有机整合为一个连贯的课程框架。这一框架应当确保各环节在教学实践中相互关联、相互渗透，使得学生在学习过程中既能够提升英语技能，又能够全面发展综合素质。

二、基于文化自信的大学英语课程建设思路

1. 充分利用数字技术，全面优化学习体验

在大学英语教学中，教师应当充分利用现代技术的优势，结合大数据技术的信息集成性、人工智能的交互性以及互联网的实时性，借助云端智慧平台等工具，将文化自信有机融入英语教学中，为学生提供更加全面丰富的学习体验。教

师在制定教学方案时,应当依托如 POA 等教学理论,进行整体设计。在课前预习阶段,通过智能化教学平台提供相关学习资源和资料,激发学生完成课前任务并提升对中国传统文化的认识。这一环节不仅能促进学生的阅读技能,也能达成目标子任务的产出。在课堂教学中,教师可设计各类探究性活动,引导学生参与讨论,通过分析和解读相关文化材料,如诗歌、散文或传统音乐,将英语学习与文化传承相结合,培养学生对民族文化的认同感。同时,通过这些活动进一步增强学生的听说能力,实现更多子任务的产出目标。在课后阶段,教师可引导学生参与创作和表演等拓展活动,展示他们对传统文化的理解和表达,同时促进学生英语表达能力的提升,巩固社会主义文化立场。通过在线评估工具和互动平台,教师能够及时了解学生学习进展,指导学生在语言和文化方面的成长,为进一步教学奠定坚实的基础。

2. 增强教师的思政素养,融合新的教学理念

从教学角度来看,教师的思想观念、教育理念等多种因素都会对育人效果产生影响。为了提高个人的教学能力,教师需要在多个方面持续提升自己。通过培训、自学等多种途径,教师可以不断增强自身的教学能力。此外,他们还应关注时事政治,深入理解社会发展的背景和国家的政策方向。

党的二十大精神鼓励教师实现教学理念的全面转变,从传统的知识传授向注重素质教育、创新、公平和信息化等方向发展。因此,教师需要明确把握教育教学工作的方向和目标。同时,教师也应不断提升自身的文化修养,了解中国悠久灿烂的文化历史,熟悉传统思想、文化继承以及艺术表达。在日常教学中,教师应努力让学生感受到中华文化的魅力和价值。另外,教师还需要积极转变教育理念,摒弃过度关注学生学业成绩的教育方式。教师应更加关注学生的实践过程,促进知识的内化。在此过程中,教师应融入思想道德教育的元素,通过设计具有思政教育特色的活动,丰富学生的文化体验。教师还应引导学生讨论社会热点问题,激发他们对社会问题的深入思考,培养他们的思辨能力和创新意识。

3. 积极开展社会实践,促进文化自信的内化

为了进一步提升课程思政教学的效果,教师需要通过不断优化教学方式,增加实践互动性并与学生建立良好的师生关系。在实际教学中,教师应将文化自强教育视为自己的职业使命,以推动课外实践活动和课程思政的有机融合为目

标,积极利用社团活动和校园社会实践的平台,为学生提供更多活动的机会和平台,以丰富学生的第二课堂经历。例如,教师可以组织学生对展馆和革命基地宣传文字进行翻译实践,以使红色基因内化于心,自觉传承民族文化。通过推动优秀传统文化融入学生生活,教师可以帮助学生更好地理解和传承中华优秀传统文化的精髓。这样的实践方式不仅可以提升学生的跨文化交际能力,还可以逐步培养学生的民族自豪感,使学生感受到文化自信。

除了课堂内的教学,教师还应重视课堂外的一对一交流,倾听学生的需求和关切,从而根据学生的特点灵活调整教学方法,激发学生的学习动力。通过与学生的面对面交流,教师可以更加准确地了解学生的学习情况和困难,进而为学生提供更有针对性的指导和支持。

4.将思政教育纳入授课目标,多模式完成教学

在当前强调文化自信的背景下,思政教育尤为重要,旨在培养学生对中华传统文化的认同感,使学生具备较强的中西文化思辨能力。因此,在目标指引下,需要通过不同的教学手段来实现学生文化素养的全面提升。在实施这一目标时,课堂教学成为重要的教学载体。

传统的理论教学课堂能够提供思政和文化教育的有效平台,教师可以向学生介绍和解读中华传统文化的核心价值观和思想,引导学生思考和探讨相关议题,引导他们认识和理解中国文化的深层次内涵,并调动学生的主观能动性,使其感受到民族文化的魅力和价值。然而,仅仅通过课堂教学是不够的。教师还需要利用各类网络资源开展线上课堂,为学生拓展学习空间,拓宽学生的视野。通过线上课堂,学生可以利用网络资源进行自主学习和独立思考,访问各种优质的教育资源。教师可以在线上课堂中提供丰富的学习资源,如在线课程、网络讨论、电子资料等,以促使学生积极参与学习,了解不同的文化。同时,教师还可以推荐学生阅读优秀的英语文学作品,观看相关的文化视频,以此拓宽学生的学习领域,提高他们的跨文化素养。这样,学生可以通过线上课堂获得更多的学习资源和文化背景,从而提升对中华传统文化的认同感和中西文化思辨能力。

5.补充评价机制,检验思政教育效果

在大学英语课程思政中,教学评价具有关键作用。传统教学评价侧重于学生知识和技能的习得效果,却忽视了学生思想、文化层面的关注。针对这一问题,大学英语课程思政需要建立完善的评价机制。

首先,评价内容应当更加丰富多元,不仅考查学生英语知识和应用能力,还需关注学生在思想修养、道德情操、文化认知和文化思辨等方面的表现,以全面体现课程思政教学效果。

其次,评价过程应激发师生的积极性,促使教师和学生主动参与。学生可通过自评、互评等方式参与评价,发现问题并主动提升。同时,教师应提供综合评价,包括学生学习态度、参与度和对课程思政的理解与应用等,以增加评价客观性和可靠性。

最后,评价应贯穿整个学习过程,包括阶段性评价和终结性评价。阶段性评价侧重不同时段、环节和实践活动中学生对思政和文化的认知与践行效果,例如通过小组讨论、个人报告或项目展示等任务可评价学生对思政教育理念的理解和应用情况。终结性评价在课程结束时进行,用以综合评估学生学习效果,如通过问卷调查评估课堂文化融入的效果及学生实际掌握情况,更好地观察学生成长与发展过程。

三、“网络+课堂+实践”模式下的大学英语课程思政教学实践

(一)第一课堂

第一课堂作为大学英语课程思政教学的核心,不仅是传授专业知识和培养语言能力的重要平台,更承载着思想政治教育的使命。在第一课堂中,教师应当精心设计教学环节,将思政教育有机融入专业知识传授和能力培养中,实现内容的有机结合与互相促进。通过有计划、有针对性的教学设计,教师能够有效引导学生思考,激发其自主学习的激情,塑造积极向上的人生观和价值观。这种融合教学模式能够有效提升学生的综合素质,帮助他们在学术与思想上达到更高的境界。具体方法有以下几种。

1. 利用教材中的思政元素进行引导

教师可以结合教材中的相关文章或话题,引导学生进行深入的讨论和交流。这些思政元素涵盖了中国特色社会主义、社会主义核心价值观、中华优秀传统文化、国际形势与中国外交等方面的内容。与此同时,教师可以结合时事热点和学生关注的问题,引导学生以主题写作、英语口语练习、主题演讲等形式,加强对这些话题的理解和认识,从而增强学生的理想信念、国家认同、文化自信以及国际视野。

2. 利用多媒体资源来扩展教学内容

多媒体资源具有直观、生动、感染力强的特点，可以为思政教育提供丰富的素材。教师可以根据教学目标和内容的需要，选择适当的多媒体资源，如视频音频、图片动画等，展示我国社会经济发展的成就、人民生活的变化以及科技创新的进步等。通过向学生展示这些素材，可以激发学生的爱国情怀和奋斗精神，同时使他们对民族优秀传统文化、集体主义等方面有更深入的了解。通过这种方式，可以引发学生情感共鸣，使其加深对中华文化的认知，同时巩固他们的英语学习。

3. 利用情景模拟来增强学生应用能力

教师可以设计各种情景模拟活动，如演讲比赛、辩论赛、联合国模拟会议等，让学生在具体的语境中运用所学知识和技能。这样的活动不仅可以培养学生的思辨能力、创新能力和团队合作能力，还能够增强他们的社会责任感和道德修养。例如，在七夕节前后，教师可以带领学生围绕《牛郎织女》创编英语故事剧，让学生饰演不同角色，通过表演牛郎织女的故事，了解中国传统文化中的美好寓意。再如，在春节主题下，教师可以创编故事，以多人对话的形式表演戏剧，通过问答向他人介绍我国春节的由来、典故和习俗等。这种情景模拟的方式不仅可以提升学生的英语听力和口语表达能力，同时也能够让学生感受到中华文化之美，提升他们对中华文化的思维认识。

（二）第二课堂

第二课堂作为大学英语课程思政教学的重要组成部分，具有重要的教育意义和实践功能。通过第二课堂的开展，学生得以将课堂理论知识与社会实践相结合，实现理论联系实际的教学目标。在第二课堂的实践中，学生不仅能够运用所学知识和技能，还能通过参与社会实践和服务学习来提升自身素质和能力，增加社会阅历，培养主动参与社会活动的意识和能力。这种实践教学模式能够有效促进学生的全面发展，促使他们在课堂内外都能够具备扎实的知识储备和实践能力，为将来的社会发展做好充分的准备。第二课堂在实践中的具体方式有以下几种。

1. 校外社会调研活动

社会调研作为一种常见的社会实践形式，对于学生的综合素养和社会参与能力有着重要意义。通过参与社会调研活动，学生得以深入了解国情民情、社会现实和发展趋势，培养社会关怀与问题意识。在教师的指导下，学生可以根据教学内容和目标，选定合适的调研主题，制订详尽的调研方案，开展数据采集工作，并撰写相应的调研报告。在这一过程中，学生需要运用英语进行有效的沟通交流、资料整理以及成果展示。

2. 英语志愿者服务活动

志愿服务作为一种重要的服务学习形式，对于培养学生的公民意识和奉献精神具有重要意义，使他们能够关注社会问题、回馈社会贡献以及服务社会需求。在教学过程中，教师可以根据教学内容和目标，引导学生参与各类志愿服务活动。这些活动包括支教助学、扶贫济困、环境保护以及文化传播等，而学生需要用英语进行宣传推广、活动组织和经验总结等工作。

教师可以指导学生选择合适的志愿服务项目。比如，学生可以前往社区或农村参与“三支一扶”活动，或者到博物馆或旅游景点进行文化传播。在选择服务项目后，学生需要制订服务方案，然后分组前往服务地点，进行志愿服务活动。在服务的过程中，学生需要运用英语进行宣传推广、活动组织以及交流沟通等活动，并且记录下自己的服务过程和感受。学生回到学校之后，需要整理和总结自己的服务经验和收获，并且用英语撰写服务报告，并进行汇报和展示。通过分享自己的服务心得和体会，学生可以与他人共享他们的志愿服务经历。同时，教师也会对学生的服务过程和成果进行点评和评价，并且学生也需要对自己的服务进行自我评价。同时，学生还需要总结和提炼出在服务过程中涉及的思政教育要点和价值观念。通过参与“英语志愿者”服务活动，学生不仅可以提高自己的英语应用水平和志愿服务能力，而且能够提升自己的社会责任感和奉献精神。

3. 英语创新创业活动。

创新创业作为高度挑战性的实践形式，为学生提供了展现个人特长、实现个人才华、塑造个人价值的平台。通过参与各类创新创业活动，如科技竞赛、创意大赛以及创业项目等，学生得以培养和发展创新意识和创业能力。教师在教学中需根据教学内容和目标，引导学生运用英语进行创新创业项目的规划、推广以及成果评估。

教师可以帮助学生选择适当的创新创业项目，如设计一款英语学习软件或游戏，拍摄一部英语微电影或短视频，开发一款英语教育产品等。学生在小组合作的方式下，完成项目的实施，包括产品设计、市场调研以及商业计划等方面。

在整个项目过程中,学生需要运用英语进行项目方案的策划、产品的推广,以及交流合作等活动,并记录项目经历和感悟。通过参与“英语创新创业”活动,学生不仅能提升英语实践能力和创新创业潜能,还能增强自身的创新意识和创业精神。

四、翻转课堂

翻转课堂作为大学英语思政教学的重要保障,标志着一种以学生为主体、以教师为辅助的创新教学模式的兴起。在该模式下,教师将部分教学内容和资源上传至网络平台,以便学生自主预习和复习;而课堂时间则用于引导学生展开讨论、交流和探究等深层次教学活动。具体的实施方法包括在课前通过网络平台进行预习和复习。网络平台在翻转课堂中扮演着至关重要的角色,它不仅为教师提供了多元化的教学资源和工具,同时也为学生提供了灵活便捷的学习方式和学习空间。教师可以根据教学内容和目标,选择或制作适用于学生预习和复习的网络资源,并将其上传至网络平台供学生自主下载学习,要求学生在课前完成预习任务,并在课后进行复习巩固。

课后利用网络平台进行探究反思在翻转课堂教学中具有重要意义。网络平台作为教学的延伸,可为教师和学生提供持续的教学支持和服务,有助于促进教学方式改进和质量提升。通过网络平台,教师可以根据教学内容和目标,进行探究反思活动。而学生也需要按照要求,在课后进行深入的探究和反思,解决遗留的问题,巩固和拓展所学知识和技能。

就笔者所在的院校而言,教师会使用“新视野大学英语读写教程”思政版,并结合 U 校园平台进行辅助教学。在这个平台上,教师会发布单词和文章的音频朗读,以便学生在课前进行预习。此外,教师还会发布单元测试和期中在线测试来检验学生的学习情况。同时,教师也会使用超星学习通平台发布课前签到,以确保学生的参与度。课后,教师通过平台发布作业、在线测评、在线答疑和在线辅导等活动。此外,教师还会利用批改网发布翻译和写作训练作业,学生提交后,教师会给出相应的成绩和提升改进的建议。教师还会根据班级学生的学情发布每单元或四六级的作文和翻译训练,以提高学生的写作和翻译能力。此外,教师还会利用讯飞口语平台,每周发布口语作业,以训练学生的英语口语能力。

学生只需利用手机端App，即可完成教师布置的各类听、说、读、写和译的作业。通过类似网络平台的使用，教师和学生之间的教学互动得到了增强，学生的学习效果得到了提升。同时，教师也能更加方便地了解学生的学习情况，及时进行教学改进。

近年来的教学实践表明，利用网络学习平台，比起以前单一的教学模式，不仅优化了大学英语课堂教学手段，激发了学生的学习兴趣，而且更易于使课程思政在英语课堂中落地生根，同时也提升了教学效果。如某高校开发了一个名为“英语预习宝”的微信小程序，学生在课前通过手机扫描二维码，进入小程序界面，即可完成相关的预习任务，为课堂教学做好准备。

综上所述，为了更好地实现教育目标，教育工作者需要站在文化自信的视角审视英语课程教学现状，结合自身教学实践，明确英语教育和文化教育之间密切的联系和互动方式，积极探索新的教学思路和方法。在教学实践中，教师需要有机地融入文化元素，从而帮助学生更加深入地理解英语学习的文化内涵，从而有效提升教学效果。此外，教师还要深入分析不同层次学生的学习需求和背景，为他们提供个性化的教学，培养他们的思辨能力、审美情操以及价值取向等重要素养。

本节内容中介绍了“网络+课堂+实践”的教学模式，引入了“三种课堂”的立体教学体系，并详细探讨了该模式在大学英语课程思政教学中的具体应用和实践成果。通过开展多样化的实践活动，学生不仅能够增长知识和见识，也能够磨炼意志品德，提升综合素养。同时，通过网络平台和信息技术的应用，教育者得以增加教学资源和扩展空间，激发学生的学习积极性和主动性，最终提高教学效果和效率。这一教学模式为高校英语教育改革和创新提供了有益的借鉴。不过，本文所讨论的模式仍存在改进和完善的空间，需要在未来的教学实践中不断探索和创新，以不断提升教学质量和学生综合素养。